読解 DOKKAI × kakeru 記述 KIJUTSU

重層的な読みと合目的な書きの連動

樺山 敏郎 著

教育出版

はじめに

　本書の趣旨は、国内外の学力調査において再三にわたり指摘されている、読解と記述に焦点を当て、両方を意図的に絡ませながら相まって向上できるような国語科授業及び日常的な実践の方向を提唱するものである。書名は、『読解×記述 “重層的” な読みと “合目的” な書きの連動』である。読解には “重層的” という視点を強調する。段落や場面を輪切りにせず、層を重ねる読みを提唱する。記述には “合目的” を求める。合目的とは、文字どおり目的に合わせることであり、それは第三者から付与される諸々の条件に即応することなどを含む。「読むこと」の単元構想において、これまで以上に “記述” を重視する方向を具体化して示すことを中核とする。読解と記述とが重なり合い、読解する能力のみならず、記述する能力が連動して高まっていく授業改革を唱える。

　読解は「読むこと」、記述は「書くこと」と置き換えることができる。「〜こと」は使い勝手のいい表現である。それぞれは活動であり、能力でもあると捉えられるからである。両方を活動として捉えてみる。すると、それは「読んで書く」、あるいは、「書いたものを読む」という行為を指す。では、両方を能力として捉えるとどうであろう。「読んで書くことを通して身に付く読解と記述の能力」といった意味になる。両方の能力は、２＋２＝４、２×２＝４のように同じ成果となることもあるが、それらは相乗効果をもたらし、足し算を優に超える成果を生み出すに違いない。読解は記述によって一層深まり、記述は読解の深まりと共に確かさを増す。書名の「×（かける）」は、活動としての足し算を超え、掛け算による能力の向上を企図したものである。万人がその重要性を認める言語能力、その要となる読解と記述は全ての学力の基盤である。

　本書の構成としては、Chapter 1 で読解と記述に関わる国内外の学力調査を概観して考察し、Chapter 2 では、読解を深める “重層的な読み” と記述の鍵となる “合目的な書き” の連動の基本的な考えを提起した上で、それを踏まえた国語科授業改革の具体像を描くことができるよう、「読むこと」の事例を集成する。Chapter 3 では、近年における全国学力・学習状況調査（以下、全国学力調査と言う。）の小学校国語科のみならず算数・理科の記述式問題の課題を整理しながら、教科等横断的な視点に立った今後の読解と記述の方向性やポイントを示す。事例の間には Column を掲載する。Column では、国語科のみならず各教科等や実生活において読解と記述が連動し向上していくための日常的な取組や実践のヒントを盛り込むようにする。

　言語能力の要となる読解と記述の能力の育成は、国語科を超えた各教科等の学習指導においても喫緊の課題である。本書が全国の子供たちの学力向上の一助となり得れば幸甚である。

文学的な文章

Chapter1

国内外の学力調査における
読解と記述に関する現状と課題

読解と記述との関連を検討する際、「読解の結果は、記述に表れる」と捉えることができよう。読解は、思考・判断を伴う。それは内言から始まる。その内言は外言へと移行する。国語科における外言とは言語表現であり、その一つの側面が記述である。つまり、外言化された記述に内言を伴う読解の結果が反映される。人は言語を通して事象を認識し、言語を通して文章を読解し、言語を駆使してその認識や読解したことを表現（記述）し、他者に伝達していく。

　読解力の全てを記述で測るということではない。文字言語による表現である記述のほか、音声言語表現でもその力を見取ることができる。国語科における読解とは、言語と対話し内的な思考・判断（比較、分類、整理、統合等）を織りなしながら精査・解釈し、事実や感想、意見などを文字や言語による外言として表出するという一連の行為と捉える。読解の様相は、記述によって把握し評価される。消えてなくなる音声言語（記録媒体に残す場合を除く）よりも文字言語による記述のほうが、その位相を具体的に捉えることができる。

　では、読解と記述はどのように統合され、どのようにしてそれらの能力は評価されているのだろうか。一体、課題はどこにあるのだろうか。

　ここでは、国際的に認知されている経済協力開発機構（OECD）による子供の学習到達度調査（以下、PISA調査という。）の記述式問題、国内で大学入試改革として導入が検討されていた（見送られた）大学入試における記述式問題、そして国家プロジェクトとして継続して実施されている、義務教育段階における全国学力調査の記述式問題に注目して検討する。

1　PISA調査の記述式問題の特徴

　PISA（Programme for International Student Assessment）とは、OECDが進めている国際的な学習到達度に関する調査である。本調査では15歳児を対象に読解力、数学的リテラシー、科学的リテラシーの三分野について、3年ごとに本調査を実施しており、我が国も参加している。本調査の読解力に注目し、その中で出題されている記述式問題の傾向を整理する。本調査において測ろうとしている読解力の枠組みとはどのようなものであろうか。

　読解力の定義は、「自らの目標を達成し、自らの知識と可能性を発達させ、社会に参加するために、テキストを理解し、利用し、評価し、熟考し、これに取り組む」[1]こととしている。この定義は、文章の単なる解読や理解といったものではないことを示している。我が国の国語教育が従来用いている「読解」あるいは「読解力」は、語句や文、文章を正

確に読み解くという狭義な意味であり、それとは大きく異なる。

　PISA 調査には、対象である 15 歳の子供が実際に文章を読めるかどうかの技術的な意味での評価によって測定されるものでないという特徴がある。定義の一部にある「自らの目標を達成し、自らの知識と可能性を発達させ、社会に参加するため」という目的語が示すように、私的あるいは公的な用途、学校のみならず市民生活や生涯学習の場面における社会的・文化的な生活までを含んだ、あらゆる状況下で必要とされる読解の応用力をより広く、より深く測ろうとしている。PISA 調査で求める読解力は、「個人の願望—学歴を得て仕事を得るといった目的志向的なものから、個人の私的な生活を充実させるといったものまで—を達成することを可能にするとともに、公的な制度や複雑な法体系をもつ現代社会のニーズに対応するための手段」[2) であると捉えられている。2009 年より定義の一部に「これに取り組む」という文言が加わったことにもそうした意味合いが強化されている。これについて、OECD は、「読解力はただ単に読む知識や技能があるというだけでなく、様々な目的のために読みを価値付けたり、用いたりする能力によっても構成される」[3) という見解を示している。読み手としての価値志向に関わる能動的な態度も読解力の一部であると捉えることができる。

　こうした概念を踏まえてテキストが開発されている。テキストとは、2009 年調査では「言語が用いられた印刷物、手書き文章、電子表示された文章などで、図、画像、地図、表、グラフなどの視覚的表現は含まれるが、映画、ＴＶ、アニメーション、言葉のない映像は含まれない」[4) としている。こうしたテキストを理解し、利用し、評価し、熟考することは、読解に相互作用的な性質があるという認識を示している。読み手はテキストに連動して自分の考えや経験を呼び起こすという概念を強調しているのである。同調査では、テキストとして段落を構成する文章からなる「連続型テキスト」（新聞記事、エッセイ、小説、短編小説、批評、手紙など）及び図表のような「非連続型テキスト」（リスト、表、グラフ、図、広告、予定表、カタログ、索引、書式など）、さらには「複合型テキスト」「混成型テキスト」を幅広く読み、これらを広く学校の内外の様々な状況に関連付けて、組み立て、展開し、意味を理解することになる。「複合型テキスト」とは連続型テキストと非連続型テキストが組み合わさったもので、「混合型テキスト」とはウィブサイトの情報のように独立したテキスト・データを組み合わせたものである。

　読む行為の側面には、「情報へのアクセス・取り出し」「統合・解釈」「熟考・評価」の三つがある。「情報へのアクセス・取り出し」は、情報を見つけ出し、選び出し、集める

ことである。

　「統合・解釈」は、テキストの中の異なる部分の関係を理解し、推論によりテキストの意味を理解することである。「熟考・評価」は、テキストと自らの知識や経験を関係付けたり、テキストの情報と外部からの知識を関連付けたりしながら、テキストについて判断することである。これら三つの側面と合わせて、テスト開発の際の目標となる側面として五つがある。それらの関係は次のように構造化できる（図1）。

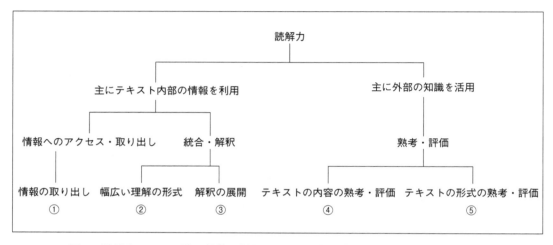

図1　読解力における読む行為の側面とテスト開発の際の目標となる側面との関係

（国立教育政策研究所（2010）『PISA2009年調査　評価の枠組み　ＯＥＣＤ子供の学習到達度調査』p.52）

（筆者が○番号を加筆）

　①「**情報の取り出し**」については、前述したように、与えられたテキスト内部の情報空間に順応し、一つまたは複数の別個の情報を探し出し、取り出すことである。アクセスは、取り出すまでのプロセスを指し、必要な情報が位置する場所を探し当て、情報を発見するなどの行為が含まれる。

　②「**幅広い理解の形式**」については、「統合・解釈」の一側面である。「統合」とは、「テキストの統一性に対する理解を示すこと」[5]、「解釈」とは、「意味を理解するプロセス」[6]と説明されている。言及されていないものから意味を成立させるプロセスと捉えることができよう。「幅広い」と修飾される「理解」に係る問題としては、「主要なテーマやメッセージを特定」[7]したり、「テキストの全般的な目的や用途を明らかに」[8]したりするほか、「物語の主人公、背景、境遇を説明させたり、文学的テキストの主題を書かせたり、地図・挿絵の目的や用途を説明させる」[9]ものがある。

③「解釈の展開」については、②「幅広い理解の形式」と同様に、「統合・解釈」の一側面である。「展開」とは、初期の印象、大枠の理解をより深く、具体的に、または完全な理解へと進めることである。そのために、テキスト内部の情報を論理的に分析して理解することが求められる。問題内容としては、「テキストに特有のニュアンスを与えている語やフレーズの意味を推論する」[10] ものや、「著者の意図を推論する、その意図を推論するのに至った証拠を特定する」[11] ものなどがある。

　④「テキストの内容の熟考・評価」については、「熟考・評価」の一側面であるとしている。「熟考」は、自らの経験や知識に照らしながら、比較・対照したり、仮説を立てたりすることが求められる。「評価」は、テキストに含まれない基準に即して判断することが求められる。④は、テキストの内容面についての「熟考・評価」である。ここでは、「読み手はテキスト内の情報と他の情報源からの知識を結び付ける必要」[12] があるとともに、「また、世界に関する自らの知識に照らし合わせてテキストで主張されている内容を評価」[13] することも必要となる。問題内容としては、「テキストの外部にある事実や議論を提供する、特定の情報や事実の妥当性を評価する、あるいは、道徳的または美的ルール（基準）と比較する」[14] などである。

　⑤「テキストの形式の熟考・評価」については、テキストの形式が重要な意味をもつ。「読み手はテキストと距離を置き、それを客観的に検討して、その質や妥当性を評価すること」[15] が求められる。問題内容としては、「ある目的のために特定のテキストがどの程度役立つかを判断すること、著者が一定の目標を達成するために特定のテキストの特徴をどう用いるかを評価する」[16] ことなどがある。

　テキストは、2000 年から 2006 年までは印刷テキストのみであったが、2009 年調査より電子テキストも採用されている。テキストの内容としては、解説、物語、議論、指示などがある。テキストが作成・利用される用途・状況としては、私的な手紙や小説、伝記は私的な用途、公式の文書は公的な用途、マニュアルや報告書は職業的な用途、教科書やワークシートは教育的な用途などの種別に分かれる。テキストの内容をまとめる（表1）。

表1　読解力の枠組みと内容

枠組み	内　容
テキストの形式	連続型　非連続型　混成型　複合型
読む行為の側面	情報へのアクセス・取り出し　統合・解釈　熟考・評価

テキストのタイプ	解説　物語　議論　指示　など
用途・状況	私的　公的　職業的　教育的

　PISA 調査の問題形式は、大別すると多肢選択問題と記述式問題の二通りであるが、細別した場合は5分類となる（表2）。多肢選択問題（A、B）と記述式問題（C、D、E）の割合はほぼ同じである。記述式問題は、知識、能力、経験をもとに、将来の実生活に関係する事柄にいかに対処するかなどについて自分の答えを作り上げ、文章あるいは語句でそれを表現するもので正解が一つではない。記述式問題は、読む行為の側面である「情報へのアクセス・取り出し」「統合・解釈」「熟考・評価」のそれぞれにおいて採用されるが、「熟考・評価」の側面での出題の割合が高くなっている。これは、社会生活においては結論そのものより思考の質を評価することがねらいとされる場合が多いからである。PISA 調査では自由記述形式問題がことさら重要とされている。

表2　PISA 調査の問題形式

問題形式	問題の特徴
A　選択肢形式問題	与えられた選択肢から一つの答えを選択する問題
B　複合的選択肢形式問題	真／偽または、はい／いいえのどちらかを選択する問いが連続している問題
C　求答形式問題	答えが問題の部分に含まれており、短い語句また数値で答える問題。正答は一つしかない。
D　短答形式問題 （論述形式）	短い語句または数値で答える問題。正答は複数ある。
E　自由記述形式問題 （論述形式）	答えを導いた考え方や求め方、理由を説明するなど、長めの語句で答える問題。

　公開されている読解力を測る問題 [17]（2000 年、2003 年、2006 年調査）のうち、記述式問題（表2で示す論述形式のD、E）計 17 問を抽出し、それらの特徴を分析すると、次のように整理することができる（図2）。

　図2で示す五つの特徴のそれぞれについて補説する。

　一つ目は、「熟考・評価」に係る記述力が問われる傾向が強い。それは、設問の割合が高いことが根拠である。17 問のうち、12 問である。12 問の内訳は、「テキストの内容の熟考・評価」が9問、「テキストの形式の熟考・評価」が3問である。PISA 調査の読解力を測る問題は、その背景や目的との関連において、「熟考・評価」という側面が重視されている。

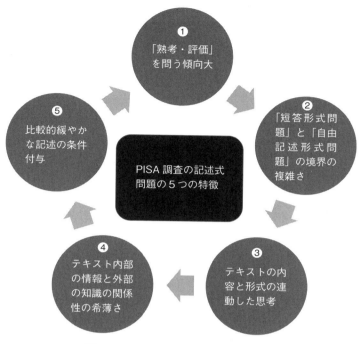

図2　PISA調査の記述式問題の特徴

　二つ目は、記述式問題は「短答形式問題」と「自由記述形式問題」の二通りとしているが、それらは截然と分類することは難しいという点である。冗長的に説明しなくても短い語句で端的に解答して正答を満たす場合がある。一例として問題2を取り上げる（表3）。

表3　問題2

問題名	インフルエンザ		設問	2
＜設問文＞ 　この通知の内容（何を述べているか）について考えてみましょう。そのスタイル（内容を伝える方法）について考えてみましょう。町田さんは、この通知を親しみをこめて誘いかけるスタイルにしたいと考えました。うまくできていると思いますか。通知のレイアウト、文体、イラストなどについて詳しく述べながら、そう考えた理由を説明してください。				
＜設問の特徴＞⑤─E 　⑤「テキストの形式の熟考・評価」（図1参照）に係る、E「自由記述形式問題」（表2参照）である。 　設問文に書かれた重要な言葉を捉え、テキストの形式的な特徴に言及することが求められている。正答となる記述に至るには、書き手の「親しみをこめて誘いかける」という主旨が実現できているか否かを、レイアウト、文体、イラストなどの観点に即して評価する必要がある。				

　本問は、⑤「テキストの形式の熟考・評価」に係る、E「自由記述形式問題」である。完全正答例として、「マンガのように描いたウイルスの絵が親しみやすい」「絵によって文章が分けられていて、読みやすい」などがある。設問文では、「通知のレイアウト、文体、

イラストなどについて詳しく述べながら、そう考えた理由」を記述するように求め、それに即して完全正答例は取り上げた事実や賛否の理由と共に簡潔に表現している。解答する一文に作問者が要求する要素を満たしていればよい。「詳しく」とあるが、PISA調査の記述の分量は解答者に委ねられている。自由記述形式問題のみならず短答形式問題においても正答は複数ある場合があり、設問の趣旨に合わせてテキスト内外の情報を関連付けながら多様に思考して詳述してもよい。

　　三つ目は、「テキストの内容の熟考・評価」と「テキストの形式の熟考・評価」は一体化し連動して思考する必要がある点である。言語内容と言語形式は表裏一体の関係であるため、それは往還しながら解答へ向かうものである。一例として問題1を取り上げる（表4）。

表4　問題1

問題名	チャド湖	設問	3
＜設問文＞ 　筆者は、このグラフの始まる年として、どうしてこの年を選んだのですか。			
＜設問の特徴＞④―D　（丸数字は図1、アルファベットは表2に示したものとする） 　④「テキストの内容の熟考・評価」に係る、D「短答形式問題」である。 　筆者が取り上げたグラフの内容及びその意図を捉えることが求められている。正答となる記述に至るには、取り上げたグラフの意図を理解し、その内容の一部である数値との関係を説明する必要がある。			

　本問は、④「テキストの内容の熟考・評価」に係る、D「短答形式問題」である。完全正答としては、「チャド湖は、紀元前20,000年ごろに完全に姿を消した後、紀元前11,000年に再び出現した」などである。こうした正答に至るのは、設問文に示された「グラフの始まる年」に注目し、テキスト形式つまりグラフを正しく理解することが前提となる。正答へのプロセスとしては、一般的にまずはテキストの形式が大枠として概観され、次にテキストの内容の統合・解釈を経由して、テキストの形式の意味や役割などについての精査が総合的に進むものと考えられる。

　　四つ目は、前述の図1で示した読解力の構造として大別した観点に、「主にテキスト内部の情報を利用」と「主に外部の知識を活用」の二つがあるが、これらの関係としては十全に整っていないという点である。「主に」という曖昧さを残している表現がその理由でもある。外部の知識を活用する場合においては、その前提としてテキスト内部の情報との関連付けが必要である。外部だけの知識を活用した記述では、完全な正答になり得ないと

いう状況が発生する。一例として、問題5を取り上げる（**表5**）。

表5　問題5

問題名	落書き		設問	3
＜設問文＞ 　あなたは、この2通の手紙のどちらに賛成しますか。片方あるいは両方の手紙の内容にふれながら、自分なりの言葉を使ってあなたの考えを説明してください。				
＜設問の特徴＞④—E 　④「テキストの内容の熟考・評価」に係る、E「自由記述形式問題」である。 　テキストの内容を捉え、賛成する考えを述べることが求められている。正答となる記述に至るには、片方または両方の手紙の内容を比較しながら手紙の筆者の主張全般を捉え、いずれかの側に賛成する立場をとり、その理由となる内容を取り上げて自分の言葉で説明する必要がある。				

　本問は、④「**テキストの内容の熟考・評価**」に係る、E「**自由記述形式問題**」である。「主に外部の知識を活用」することが意図である。誤答例として、「人びとは、社会に余分の損失を生じさせないで自分を表現する方法を探すべき、というヘルガの意見に賛成だ」がある。この誤答は、設問文「あなたは、この2通の手紙のどちらに賛成しますか。片方あるいは両方の手紙の内容にふれながら、自分なりの言葉を使ってあなたの考えを説明してください」の前半部「どちらに賛成しますか」「片方あるいは両方の手紙の内容にふれながら」のいずれにも正対しているが、後半「自分なりの言葉を使ってあなたの考えを」を満たしていない解答である。テキストの内部の情報を的確に捉え、解釈を施し、それを利用して、自分の言葉を追加するなどして解答する必要がある。外部の情報は内部の情報を引用したり要約したりするなどして活用されなければ文脈が整わなくなると判断されている。

　五つ目は、記述の仕方に条件が付与される場合が少ない点である。付与される条件は比較的緩やかであり、設問文に「詳しく」「自分なりの言葉」「具体的な理由」など抽象的な表現で条件を示している。字数をはじめ、必要となる語句の指定や数量の制限、記述の文体の指示などはなく、文字通り自由な記述形式である。

2　大学入学共通テストで出題を検討していた記述式問題の設計

　新たな時代に向けて国内外に大きな変動が起こっている中、教育改革は国家の存亡に係る重要な意味をもつことは言うまでもない。平成29・30年改訂の学習指導要領（平成29年3月幼稚園・小学校・中学校、平成30年3月高等学校）においては、初等中等教育から高等教

育まで一貫して、学校教育法に示す学力の3要素（①知識・技能　②思考力・判断力・表現力等　③主体性を持って多様な人々と協働して学ぶ態度）を育成することを基軸としている。こうした背景には、高等学校教育、大学入学者選抜、大学教育という接続に関して長年にわたる課題改善への示唆がある。高等学校教育での課題は、いまだ一方的な知識の伝達にとどまる授業が散見され、学力の3要素を踏まえた指導が十分浸透していないことである。大学教育での課題は、学生の力（学士力）をどれだけ伸ばして社会に送り出せているかについて社会からの評価が厳しいことである。その高等学校と大学を接続する大学入学者選抜においては、知識の暗記・再生や暗記した解法パターンの適用の評価に偏りがちであることや、一部のAO（総合選抜型入試）・推薦入試はいわゆる学力不問と揶揄される状況にあることなどである。これらに対して、高大接続システム会議の最終報告[18]では、多様な背景をもつ子供の夢や目標の実現に向けた努力をしっかりと評価し、社会で花開かせる高等学校教育改革、大学教育改革及び大学入学者選抜改革を創造すべく、これらをシステムと捉え、一貫した理念の下、一体的に高大接続改革を推進することの重要性を唱えている。

　文部科学省では、この報告並びに平成28年12月に出された中央教育審議会答申を踏まえ、高大接続改革の実施方針等[19]を平成29年7月に策定し公表した。その方針の概要としては、高等学校段階において「高校生のための学びの基礎診断」を導入し、義務教育段階の学習内容も含め、社会で自立するために必要な基礎学力に関する定着度合いを把握する施策を推進していく方向である。併せて、大学入学者選抜については、受験生の学力の3要素を多面的・総合的に評価する入試に転換することとし、大学入試センター試験に代わり、「大学入学共通テスト」を導入した（2021年1月開始）。大学入学共通テストは、大学入学希望者を対象に、高等学校段階における基礎的な学習の達成の程度を判定し、大学教育を受けるために必要な能力について把握することを目的としている。高等学校段階における学習の達成状況であるため、各教科・科目の特質に応じ、学習指導要領で示す目標や内容が出題されることになる。つまり、知識・技能を十分有しているかの評価を行いつつ、思考力・判断力・表現力等を中心に評価を行うことへ移行していく。本テストは2021年度から開始し、国語と数学（数学Ⅰ・数学A）において記述式問題の導入、英語では外部検定試験を活用して「読む」「聞く」「話す」「書く」の4技能での評価を検討していた。

　しかし、大学入試共通テストに記述式問題を導入することは、その作問の構造化や採点方法・体制の在り方、とりわけ採点の信頼性や開示との関連について、相当数の時間をか

けて議論をしたが、最終的には見送られることとなった。記述式問題の採点の精度の不完全さがその要因の一つであるが、そもそもなぜ記述式問題を導入しようとしたのであろうか。その意義はどのような点であろうか。先に策定された実施方針を読み解くと次のような点が明らかになる。

　一つ目は、高等学校教育の改革及び充実を図るねらいがあるという点である。大学入学者選抜においては、その物差しはやはり高等学校学習指導要領の目標及び内容である。そこで求める資質・能力をより的確に評価することが第一義である。平成20年度改訂の学習指導要領では、知識・技能を活用して課題を解決するために必要な思考力・判断力・表現力等を育むために国語をはじめとする全教科等において、言語活動を充実することを定めていた。言語活動として書くこと、記述することによる評価を更に充実させることに整合性はある。従来のマークシートによる選択式では、思考力・判断力・表現力を構成する多様な要素を評価する上で限界との指摘もある。選択肢自体がヒントとなり、必ず正答が一つ含まれるため、問題を正攻法で解くのでなく、選択肢を当てはめて逆算的に正答を見付けるなどの対応がなされる場合もあることに対する改善である。こうした点から考えると、記述式問題の導入は授業改善へとつながることが期待できる。高等学校に対して、学校教育法に示す学力の3要素をバランスよく育成すること、そうした資質・能力の育成を図るために言語活動の充実を一層図るとともに、主体的・対話的で深い学びに向けた授業づくりを促していくことになる。

　二つ目は、大学における入試改革やその充実を図るねらいがあるという点である。センター試験は、法律上、「大学が共同して実施する」という性質を保持している。大学入試共通テストにおいてもその性質は継続され、利用大学が共同して実施するテストであることを十分認識することが求められる。なお、最終報告では、各大学の個別選抜においても記述式問題の導入を求めている。各大学の個別選抜においてもその意義を波及させようとする意図があるものと考えられる。

　記述式問題の対象教科・科目については、高等学校学習指導要領で「国語総合」「数学Ⅰ」が共通必履修科目として設定されていることを踏まえ、当面、大学入試共通テストの「国語」「数学Ⅰ」「数学Ⅰ・数学A」において出題される予定であった。予定としては、国語・

数学における記述式問題導入の成果を検証しながら、歴史総合、地理総合、公共が共通必履修科目となる次期学習指導要領に基づくテストとして実施することを目論んでいた。2025年度のテストから、地理歴史・公民分野や理科分野等でも記述式問題を導入する方向で検討を進めようとしていた。それらが断念されたのである。

　その当時、国語で問う記述力をどのように捉えていたかを検討する。文科省の実施方針では、記述式問題で評価すべき能力・問題類型等について次のように整理している[20]。

　　多様な文章や図表などをもとに、複数の情報を統合し構造化して自分の考えをまとめたり、その過程や結果について、相手が正確に理解できるように根拠に基づいて論述したりする思考力・判断力・表現力を評価する。
　　設問において一定の条件を設定し、それを踏まえ結論や結論に至るプロセス等を解答させる条件付記述式とし、特に「論理（情報と情報の関係性）の吟味・構築」や「情報を編集して文章にまとめること」に関わる能力の評価を重視する。

　こうした整理に基づき、80字から120字程度の記述量が課せられる計画であった。記述式問題では、最終的な結論を記述することのみならず、結論に至る思考プロセス等を記述することを求めようとしていた。大学入学共通テストでは、こうした思考を「テクスト（情報）の理解」と「文章や発話による表現」という二つの柱に分け、次のように分類していた（表6）。

表6　大学入学共通テストにおける記述式問題の分類

```
１　テクスト（情報）の理解
(1)テクストの部分の内容や解釈
　　テクストの部分を把握、精査・解釈して解答する問題
(2)テクストの全体の内容や解釈
　　テクストの全体を把握、精査・解釈して解答する問題

２　文章や発話による表現
(1)テクストの精査・解釈に基づく考えの形成
　　テクストを基に、考えを文章化する問題
(2)テクストの精査・解釈を踏まえた自分の考えの形成
　　テクストを踏まえて発展させた自分の考えを解答する問題（解答の自由度が高い記述式
　　問題）
```

1(1)と1(2)は、テクストに書かれていること（構造や内容）をテクストの部分や全体から精査・解釈する。テクストに含まれている情報について解答を求める記述力が問われる。2(1)と2(2)は、1(1)と1(2)を経由して形成される考えを文章化する記述力が問われる。テクストに書かれていること（構造や内容）を把握した上で、テクストの部分や全体から精査・解釈することを前提とし、文章や発話によって表現することである。「精査・解釈」に「基づく」、「踏まえた」という文言がそのことを示している。つまり、1と2は並列の関係ではなく、2は1を包含する関係であり、1から2へ思考が移行し発展していくのである。

　2(1)と2(2)の違いは、テクストに含まれている情報に基づく考えについて解答する記述力が2(1)であり、テクストに含まれている情報のみならず、テクストに含まれていない情報を用いつつ自分の考えを発展的に解答する記述力が2(2)である。

　PISA調査の読解力問題及び大学入学共通テストにおける記述の関係を整理して捉えると、次のようになる（図3）。

　PISA調査における読む行為の側面は、「情報へのアクセス・取り出し」「統合・解釈」「熟考・評価」の三つである。「情報へのアクセス・取り出し」は、目的に応じて情報を見つけ出し、選び出し、集めることである。「統合・解釈」は、テクストの中の異なる部分の関係を理解し、推論によりテクストの意味を理解することである。「熟考・評価」は、テキストと自らの知識や経験を関係付けたり、テキストの情報と外部からの知識を関連付けたりしながら、テキストについて判断することである。PISA調査における「情報へのアクセス・取り出し」と「統合・解釈」が、大学入学共通テストにおける「テクスト（情報）

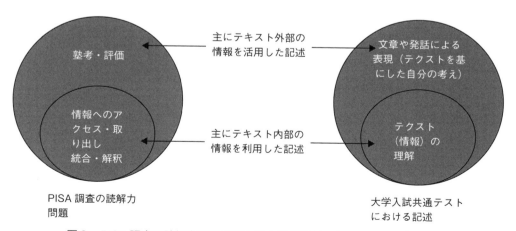

図3　PISA調査の読解力問題及び大学入学共通テストにおける記述の関係

の理解」と類似した枠組みと捉えることができる。いずれも主にテキスト内部の情報を利用することが共通する。一方、テキストの外部の情報、つまり自分を関与させるのがPISA調査における「熟考・評価」であり、大学入学共通テストにおける「文章や発話による表現」に当たるものと捉えることができる。

3 読解と記述の内容構造

PISA調査の読解力の枠組みや構造、問題の特徴を整理するとともに、実施予定であった大学入試共通テストの記述式問題の設計を考察してきた。こうした知見を援用し、読解と記述の内容構造を整理する（図4）。読解と記述の関係については、書かれたテキストを認識し思考し、それらを一定の状況下において文字言語にするものと言い換えることができる。

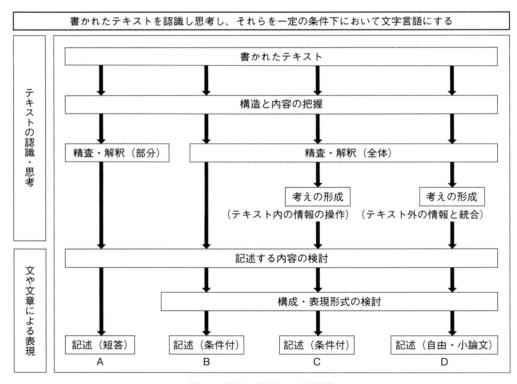

図4　読解と記述の内容構造

（高大接続会議による「大学入学希望者学力評価テスト（仮称）」の国語・数学の記述式問題で評価すべき能力や作問の構造について（素案）[21] を参考に筆者が修正したもの）

読解と記述との関連を検討する際には、所与のテクスト（情報）の読解を通した記述が前提となる。PISA調査の読解力を問う問題及び大学入学共通テストも同様に書かれたテクスト（連続型・非連続型）が存在する。それをまずは認識し読解することを前提とし、課された問題に即して思考し判断した内容を文や文章によって表現する能力が記述の一側面である。Ａ、Ｂ、Ｃ、Ｄのそれぞれの記述に至る一連の過程を説明する。

> 　Ａ**「記述（短答）」**は、書かれたテクストの構造と内容を把握し、テクストの部分（語句や文、段落のレベル）に精査・解釈を施し、課された問題に対して記述する内容を検討し、端的に短く解答する記述である。

> 　Ｂ**「記述（条件付）」**は、Ａと同様に書かれたテクストの構造と内容を把握し、テクストの全体を通して精査・解釈を施し、課された問題に対して記述する内容及び条件に即した構成や表現形式を検討した上での記述である。

> 　Ｃ**「記述（条件付）」**は、Ｂと同様にテクストの全体を通した精査・解釈によって得られたテクスト内の情報を操作して考えを形成し、課された問題に対して記述する内容及び条件に即した構成や表現形式を検討した上での記述である。ここでの考えの形成は、テクスト内の情報に対するものであるので、辞書的な解釈でなく文脈的な意味や書き手の意図などを推論することになる。

> 　Ｄ**「記述（自由・小論文）」**は、フローの中にある「テクスト外の情報と統合」以外はＣと同様な過程を辿る。テクスト外とは、書かれた情報と関連した個人として収集する情報（知見、見聞、経験など）である。その情報をテクスト全体としての精査・解釈と統合し構造化して自分の考えとして解答する記述である。一定の条件も付与される場合もあるが、ある程度自由な形式で論述する小論文の形態となる。

　Ａ、Ｂ、Ｃ、Ｄを読みの特質から検討すると、ＡとＢには論理性、Ｃには批判性、Ｄには創造性が求められていることが分かる。

4　全国学力調査の記述式問題の結果からみる課題

　ここでは、PISA 調査及び大学入試改革における読解や記述の考え方の上に立って、全国学力調査が実施された背景やねらいを捉え、調査問題の設計や記述式問題の構造を整理する。

　我が国の児童生徒の学力に関して、平成 16（2004）年末に公表された国際学力調査（PISA2003 等）の結果において、全体として国際的に上位にあるものの、読解力などが低下傾向にあることが明らかになった。また、平成 17（2005）年 4 月に文部科学省から公表された教育課程実施状況調査[22] においても、小・中学校の国語の記述式問題や中学校の数学に課題が見受けられた。そこで、文部科学省は、中央教育審議会や全国的な学力調査の具体的な実施方法等に関する専門家検討会議の提言を踏まえ、平成 19（2007）年 4 月 24 日に小学校第 6 学年及び中学校第 3 学年の全児童生徒を対象とした、全国学力調査を実施する運びとなった。対象学年の全ての児童生徒に対して実施する学力調査としては 43 年ぶりであり、約 225 万人の児童生徒が参加した。

(1)　調査問題の設計と記述式問題の構造

　調査問題は、「全国的な学力調査の具体的な実施方法等について（報告）」[23]（以下、報告書という。）の問題作成の基本理念に基づいている。出題範囲・内容については、次の二つの枠組みをもつ。一つ目は、主として「知識」に関する問題（以下、「A 知識」の問題という。）。身に付けておかなければ後の学年等の学習内容に影響を及ぼす内容や、実生活において不可欠であり常に活用できるようになっていることが望ましい知識・技能などである。二つ目は、主として「活用」に関する問題（以下、「B 活用」の問題という。）。知識・技能等を実生活の様々な場面に活用する力や、様々な課題解決のための構想を立て実践し評価・改善する力などに関わる内容などである（平成 31 年度調査「A 知識」と「B 活用」が一体化されているが、基本的な考え方に変更はない）。この二つの枠組みからも明らかなように、「実生活」に立脚する学力が含まれている。これは、学校で学習してきた知識・技能等が、児童生徒を取り巻く様々な生活場面において、活用できるようにすることが求められているからである。児童生徒にとっての「実生活」は、各教科等の学習に加え、家庭生活や地域での生活を含めたものである。国語の側面から考えると、読書などに親しむ生活（読書

生活）、音声や文字で表現する生活（表現生活）などの言語生活を視野に入れて問題を作成している。

　なお、報告書では、調査問題自体が学校の教員や児童生徒に対して、土台となる基盤的な事項を具体的に示すとともに、教員の指導改善や児童生徒の学習改善・学習意欲の向上などに役立つことを求めていることにも配慮するとしている。

　小学校国語の出題の範囲として、「Ａ知識」の問題並びに「Ｂ活用」の問題のいずれも（平成30年度実施分まで）、小学校学習指導要領国語（以下、平成29年度要領という）の目標及び内容に基づき、「Ａ話すこと・聞くこと」、「Ｂ書くこと」、「Ｃ読むこと」の各領域及び〔伝統的な言語文化と国語の特質に関する事項〕に示された指導事項をバランスよく出題することとしている。調査時期が第6学年の4月であるので、第5学年の修了段階において習得すべき指導内容が出題の範囲となる。「Ａ知識」の問題は、第5学年の修了段階において習得すべき指導事項を焦点化した出題としている。「Ｂ活用」の問題は、第5学年の修了段階において習得すべき指導事項を、小学校学習指導要領解説国語編第2章に示す言語活動例などを遂行する中で活用できるかどうかをみることにしている。そのため、「話すこと・聞くこと」、「書くこと」、「読むこと」の各領域及び〔伝統的な言語文化と国語の特質に関する事項〕に示された指導事項を複合させて出題する場合がある。

　問題形式は、選択式、短答式、記述式の3種類である。記述式の問題では、知識・技能等を生かし、相手や目的、意図、場面や状況などに応じて言語を操作したり運用したりする能力をみることにしている。「書くこと」の問題に加え、「話すこと・聞くこと」、「読むこと」の問題においても記述式を採用している。

⑵ 平成19（2007）年度実施以降10年間における小学校国語の調査結果

　平成19（2007）年度から平成29（2017）年度までの10年間における小学校国語の調査結果について、問題冊子別と問題形式別の二つの側面から正答率を比較し概観する。

①問題冊子別の平均正答率

　10年間における「Ａ知識」と「Ｂ活用」の問題冊子別の問題数と平均正答率を比較し整理する（表7）。

表7　10年間における「A知識」と「B活用」の問題冊子別の平均正答率

区分	A知識		B活用	
	問題数（問）	平均正答率（％）	問題数（問）	平均正答率（％）
平成 19 年度	18	81.7	10	63.0
平成 20 年度	18	65.7	12	50.7
平成 21 年度	18	70.1	10	50.7
平成 22 年度	15	83.5	10	78.0
平成 24 年度	16	81.7	11	55.8
平成 25 年度	18	62.9	10	49.6
平成 26 年度	15	73.1	10	55.6
平成 27 年度	14	70.2	9	65.6
平成 28 年度	15	73.0	10	58.0
平成 29 年度	15	74.9	9	57.6
平　均	16.2	73.7	10.1	58.5

※問題数は、設問数の合計である。
※平均正答率は、国・公・私立学校において、ある一定の期間に調査した子供数を対象としたものである。小数第2位を四捨五入した数値である。
※平成22年度の平均正答率は、95％の確率で全員を対象にした調査（悉皆）の場合の平均正答率が含まれる範囲である。Aの95％信頼区間は83.3％－83.6％、Bの95％信頼区間は77.9％－78.2％である。

　10年間における問題冊子別の全体的な傾向を捉えると、「A知識」は毎年平均16.2問が出題され、平均正答率は73.7％であり、「B活用」は毎年平均10.1問、平均正答率は58.5％である。平均正答率の差は、「B活用」が「A知識」に対して15.2％低い。「B活用」の問題は、「A知識」を基盤としてそれを活用する能力を問うものであるので、こうした結果は想定できるものである。知識・技能等を実生活の様々な場面に活用する力や、様々な課題解決のための構想を立て実践し評価・改善する力に課題がある。

②問題形式別の平均正答率

　10年間における「A知識」と「B活用」の問題冊子別の問題形式別の平均正答率を比較し整理する（表8）。

表8　10年間における問題形式別の平均正答率の状況

区分	選択式			短答式			記述式		
	A知識	B活用	平均	A知識	B活用	平均	A知識	B活用	平均
平成 19 年度	81.7	63.0	72.4	81.9	62.6	72.3	－	62.3	62.3
平成 20 年度	55.9	47.8	51.9	64.9	51.1	60.3	－	51.5	51.5
平成 21 年度	80.2	66.0	73.1	66.0	48.9	57.5	68.2	46.2	57.2
平成 22 年度	81.0	75.6	78.3	84.9	91.7	88.2	－	73.7	73.7
平成 24 年度	72.8	60.3	66.6	84.5	45.3	64.9	－	48.8	48.8
平成 25 年度	66.5	59.9	63.2	62.1	46.1	54.1	45.1	42.6	43.9

平成 26 年度	66.7	62.2	64.5	78.6	67.9	73.3	－	34.6	34.6
平成 27 年度	66.6	68.8	67.7	73.8	80.9	77.4	－	55.5	55.5
平成 28 年度	77.3	60.1	68.7	70.2	－	70.2	－	54.9	54.9
平成 29 年度	71.9	64.7	68.3	79.6	69.4	74.5	－	41.9	41.9
平　均	72.1	62.8	67.5	74.7	62.7	69.3	56.7	51.2	52.4

※平均は、小数第2位を四捨五入した数値である。

　10 年間における問題形式別の全体的な傾向を捉えると、選択式の平均正答率は 67.5％、短答式が 69.3％、記述式が 52.4％である。記述式の問題は、毎回「Ｂ活用」で出題されている。「Ｂ活用」に注目すると、選択式の平均正答率は 62.8％、短答式が 62.7％であるのに対して、記述式は 51.2％とそれらより約 10％低くなっている。「Ａ知識」において記述式の問題が 2 回出題され、平均正答率は 56.7％である。「Ａ知識」と「Ｂ活用」の記述式の問題の平均正答率は、52.4％である。記述力に課題があることが指摘できる。

(3)　平成 19（2007）年度実施以降 10 年間における小学校国語の記述力の現状

　10 年間の調査において出題された小学校国語の記述式の問題の全問を取り上げ、作問の特徴や解答状況を捉えるとともに、前章で規定した記述力の定義や内容構造に基づいて問題を独自に分類し、記述力の現状を探る。

① 10 年間で出題された記述式の作問の特徴及び解答状況

　記述式の問題の全問を列挙し、それらの正答率を一覧（表9）にするとともに、作問の特徴を捉える。

表9　10 年間で出題された記述式の問題とその正答率

問	出題年度	問題番号		大問名	正答率（％）
1	平成 19 年度 Ｂ活用	大問 1	設問二	話し合いを計画的に進める <交流計画の司会>	79.2
2		大問 2	設問二	新聞記事を書く <環境問題>	45.7
3		大問 2	設問三(2)		75.4
4		大問 3	設問一-(1)	比べて読む <二人の感想文>	56.2
5		大問 3	設問一-(2)		55.1
6	平成 20 年度 Ｂ活用	大問 1	設問一	聞き方を工夫する <先生へのインタビュー>	76.7
7		大問 1	設問二	人物や場面の描写をとらえる <椋鳩十「母グマ子グマ」>	69.6
8		大問 2	設問三		45.3

9		大問3　設問二	情報を読み取って書く	33.0
10		大問3　設問三(2)	<図書館だより>	32.7
11	平成21年度 A知識	大問7	司会の進め方のよいところを説明する	68.2
12	平成21年度 B活用	大問1　設問二	調査報告文を書く <小学生の体力>	17.8
13		大問2　設問二	表をもとに話し合う <家の中のそうじや整とん>	25.9
14		大問3　設問二(2)	自分の考えをまとめるために読む	62.8
15		大問3　設問二(2)	<マナーやルール>	51.1
16		大問4　設問二ア	図を使って説明する	57.5
17		大問4　設問二イ	<バスケットボールの作戦>	62.2
18	平成22年度 B活用	大問2　設問一(2)	読書発表会をする	73.3
19		大問2　設問二	<つりずきの宇宙人>	82.5
20		大問3　設問二	写真を使って発表する <家の屋根の形>	73.3
21		大問4	情報を関係付けて読む <目覚まし時計>	65.7
22	平成24年度 B活用	大問1　設問二	依頼の手紙を書く <動物園への訪問>	55.5
23		大問2　設問二	立場や意図を明確にして話し合う<中学校の部活動>	52.9
24		大問3　設問四	雑誌を効果的に読む <特集「マラソン」>	38.1
25	平成25年度 A知識	大問4　ウ	資料から分かったことを書く	45.1
26	平成25年度 B活用	大問1　設問三	話し手の意図を捉えながら助言する<レクリエーション活動>	67.3
27		大問2　設問三	目的や意図に応じてリーフレットを編集する <打ち上げ花火の伝統>	17.9
28	平成26年度 B活用	大問1　設問三	立場や意図をはっきりさせながら討論する <卒業文集>	28.4
29		大問2　設問二	科学に関する本や文章などを効果的に読む <動物の鼻>	27.1
30		大問3　設問三	詩を比べて読む <まど・みちお「タンポポ」「たんぽぽさんがよんだ」>	48.3
31	平成27年度 B活用	大問1　設問三	目的や意図に応じて新聞を書く <学校新聞>	34.9
32		大問2　設問二	目的に応じ、文章と図とを関係付けて読む	78.6
33		大問2　設問三	<だれが選び　どれを選ぶ>	41.8
34		大問3　設問二	相手や目的に応じて読み聞かせをする <とんち話「びょうぶのとらのお話>	66.8
35	平成28年度 B活用	大問1　設問三	話題の展開に応じて質問し、必要な情報を得る <スーパーマーケットの店長へのインタビュー>	50.6

36		大問 2　設問二(1)	活動報告文を書く	51.5
37		大問 2　設問二(2)	＜「早ね早起き朝ごはん」運動＞	64.4
38		大問 3　設問三	将来なりたい職業について調べ、紹介する ＜職業「パン職人」＞	53.2
39	平成 29 年度 B 活用	大問 1　設問三	スピーチの練習をする ＜「折り紙」の紹介＞	48.6
40		大問 2　設問三	協力を依頼する文章を書く ＜緑のカーテン作りへの協力のお願い＞	33.2
41		大問 3　設問三	物語を読んで、感想を伝え合う ＜あまんきみこ「きつねの写真」＞	43.9

※平均は、小数第 2 位を四捨五入した数値である。

　同調査の記述式の問題は、10 年間で計 41 問（「Ａ知識」2 問、「Ｂ活用」39 問）出題されている。こうした記述式の問題は、前述したように小学校学習指導要領国語の「書くこと」の能力をみる問題に加え、「話すこと・聞くこと」「読むこと」の能力をみる問題においても記述式を採用している。

②各領域の記述式問題の特徴

　記述式問題の特徴を捉えると、「書くこと」の記述式の問題では、「書くこと」の一連のプロセスの各段階で必要とされる能力を抽出し、様々な文章の種類や形態の特徴に応じて調べたことや考えたことなどを適切に書くなどの内容を取り上げている。

　「話すこと・聞くこと」の記述式の問題では、スピーチ原稿などのように話す事柄を分かりやすく整理したり、インタビュー記録などのように聞いた事柄やそれらに対する感想、意見などを区別したり、また話合いの中で自分の考えなどをまとめたりして書くなどの内容を取り上げている。

　「読むこと」の記述式の問題では、目的に応じて本や文章を読み、その内容や構造などについて理解したことや、要旨や書き手の意図について解釈したことを書くなどの内容を取り上げている。これまでの読書経験、体験などと関係付けながら、感想や評価などを書く内容もある。

　なお、「話すこと・聞くこと」、「書くこと」、「読むこと」のそれぞれの記述式の問題には、具体的な評価の観点を明確にする上で、必要に応じて解答の条件を付している。

　同調査における記述力は、「書くこと」「話すこと・聞くこと」「読むこと」の能力をみるものであるが、いずれの問題もテキストの読解を経由している。実際には「話すこと」「聞くこと」「話し合うこと」の音声言語の能力をみる問題であっても、テキストの読解に基

づく記述力が問われる。つまり、「話すことを記述する」「聞いたことを記述する」ということになる。「読むこと」の能力をみる問題は、「読んだことを記述する」ことで、解釈の精度が問われる。また、読んだことに対する自分の考えやその理由や根拠を記述によって表出することが求められる。ここでは、前述したとおりこうした記述力は「書かれたテキストを認識し思考し、それらを一定の条件下において文字言語にする能力」と捉えられる。

⑷　4分類に基づく記述力の現状

　前述した読解と記述の内容構造（図4・14頁参照）で示した、ABCDの4分類に即して、同調査の記述式の問題について全体的な考察を加える。それぞれの分類に該当する同調査の問題は次のとおりである（**表10、11、12、13**）（問題番号は**表9**による）。

表10　Aに該当する問題と正答率

A領域　「記述（短答）」	問題	正答率（％）
書かれたテキストの構造と内容を把握し、テキストの部分（語句や文、段落のレベル）に精査・解釈を施し、課された問題に対して記述する内容を検討し、一定の分量（短い分量（一・二文））で解答する記述である。	2	45.7
	9	33.0
	10	32.7
	16	57.5
	17	62.2
	22	55.5
	26	67.3
	36	51.5
	37	64.4
計9問　平均正答率		52.2

※平均は、小数第2位を四捨五入した数値である（B、C、Dも同様）。

表11　Bに該当する問題と正答率

B領域　「記述（一定の分量～条件付）」	問題	正答率（％）
Aと同様に書かれたテキストの構造と内容を把握し、テキストの全体を通して精査・解釈を施し、課された問題に対して記述する内容及び指示された構成や表現形式を検討した上での記述である。	8	45.3
	12	17.8
	13	25.9
	14	62.8
	15	51.1
	18	73.3
	21	65.7
	25	45.1
	29	27.1
	31	34.9
	32	78.6
	33	41.8

	38	53.2
	39	48.6
	40	33.2
計 15 問　平均正答率		47.0

表12　Cに該当する問題と正答率

C領域　「記述（一定の分量〜条件付）」	問題	正答率（％）
Bと同様にテキストの全体を通した精査・解釈によって得られたテキスト内の情報を操作して考えを形成し、課された問題に対して記述する内容及び構成や表現形式を検討した上での記述である。ここでの考えの形成は、テキスト内の情報に対するものであるので、辞書的な解釈でなく、文脈的な意味や書き手の意図などを推論することになる。	1	79.2
	4	56.2
	5	55.1
	6	76.7
	7	69.6
	11	68.2
	20	73.3
	23	52.9
	24	38.1
	27	17.9
	28	28.4
	30	48.3
	34	66.8
	35	50.6
	41	43.9
計 15 問　平均正答率		55.0

表13　Dに該当する問題と正答率

D領域「記述（自由・小論文）」	問題	正答率（％）
Cと同様な過程を辿る。テキスト全体を通した精査・解釈と自分の考えを統合し構造化して解答する記述である。ここでは、書かれた情報と関連した個人として収集する情報（知見、見聞、経験など）を取り上げることとなり、それをテキスト外の情報と捉える。一定の条件も付与される場合もあるが、ある程度自由な形式で論述する小論文の形態となる。	3	75.4
	19	82.5
計 2 問　平均正答率		79.0

　4分類した各領域の平均正答率は、A領域が52.2％、B領域が47.0％、C領域が55.0％、D領域が79.0％である。D領域は2問と出題された問題数が少ないため単純に比較はできないが、テキスト外の情報を活用し、自由な形式で論述する記述力には一定の成果があると捉えることができる。各領域における記述力の現状を整理する。

■A・B領域に係る記述力の現状

　A領域とB領域に注目する。A領域の平均正答率が52.2％、B領域が47.0％であり、C

領域とD領域よりも平均正答率が低い。A・B領域は、「書かれたテキスト」の「構造と内容の把握」、そして「精査・解釈」のプロセスは同様である。違いは、「精査・解釈」においてA領域はテキストの部分的な読解を経由しての解答が求められる一方、B領域はテキスト全体を通した読解ができないと正答へは至らない問題である。部分と全体との違いはあるが、書かれたテキスト認識や思考が前提となる。「精査・解釈」の能力が記述にどのように関係付くのか、どのような問題を「精査・解釈」できていないのか。

A領域の平均正答率52.4%を下回った問題（B領域も同様52.4%を基準とした）を全て抽出し、それらの問題の特徴や解答状況を示す（**表14**から**表24**まで）。

➤ **A領域で記述式の平均正答率52.4%を下回った問題**

抽出した問題とその正答率は次のとおりである。

> 問題10…正答率32.7%、問題9…正答率33.0%、問題2…45.7%、問題36…51.5%

表14　問題10

平成20年度	B	大問3	情報を読み取って書く＜図書館だより＞	
設問三(2)	木村さんたち図書委員は、この図書館で行われる行事を学校のみんなに広く知らせるために、次のような案内状に書きかえて配ることにしました。行事の内容の二つめとして、ふさわしい内容をオの中の二つの文で書きましょう。			
条件	二つの文			
正答例	六月十五日（日）、午後二時三十分から午後三時まで、読み聞かせが行われます。作品は、「からすたろう」です。			
正答率	32.7%		無解答率	21.4%
誤答	日時や作品名が正確でなかったり、「からすたろう」ではない作品を書いたりしているものがある。こうした必要な情報を取り出して書いていない誤答が、21.6%である。			
問題の特徴と解答状況	目的に応じて必要な情報を取り出して書く問題である。必要な情報を判断して、的確に取り出すことが求められる。正答率は32.7%であり、記述式の問題の平均正答率52.4%と比較して19.7%低い。			

表15　問題9

平成20年度	B	大問3	情報を読み取って書く＜図書館だより＞	
設問二	木村さんたち図書委員は、「図書館だより」を読んで、「家や図書館での一日の読書時間」について話し合いました。次は、そのときの記録の一部です。あなたなら、ウのところでどのような内容を発表しますか。あとの条件に合わせて書きましょう。			
条件	・話し合いのテーマに合わせて、グラフから分かったことと、それをもとにして考えたことを書くこと。 ・分かったことについては、木村さんの発表の内容と同じにならないこと。 ・80字以上100字以内にまとめて書くこと。			
正答例	家や図書館で一日に読書を全くしない六年生は、約二十%もいることが分かりました。読書時間を増やすためには、家での読書の目標や計画を立てたり、学校や町の図書館で調べ学習をしたりすればいいと考えます。			
正答率	33.0%		無解答率	17.5%
誤答	分かったこととして、グラフの数値を正しく読み取っていない誤答が、16.7%である。			

問題の特徴と 解答状況	目的に応じて情報を読み取り、分かったことや考えたことを書く問題である。考えたことの前提となる分かったことを的確に捉えることが求められる。正答率は33.0％であり、記述式の問題の平均正答率52.4％と比較して19.4％低い。

表16　問題2

平成19年度	B	大問2	新聞記事を書く＜環境問題＞
設問二	資料1の5段落に、「一度使い終わった紙を古紙として、再生利用することが重要な課題となってきました」と書いてありますが、なぜ、重要な課題となってきたのですか。その理由を本文中から探して、二つ書きましょう。			
条件	なし			
正答例	・新しく木から作り出す紙だけでは不足するようになってきているから。 ・紙の原料である森林を守るためにも、古紙を利用して、むやみに木を切ることがないようにする必要があるから。			
正答率	45.7％		無解答率	4.0％
誤答	正答となる二つの理由のうち、一つしか満たしていない解答が、40.3％である。			
問題の特徴と 解答状況	事実を書いた前後の文脈を捉え、その事実を裏付ける理由や根拠を正しく読む問題である。事実や理由などを区別することが求められる。正答率は45.7％であり、記述式の問題の平均正答率52.4％と比較して6.7％低い。			

表17　問題36

平成28年度	B	大問2	活動報告文を書く＜早ね早起き朝ごはん＞
設問二(1)	高野さんは、「2　課題」について＜図2＞を用いて書こうとしています。Bの中に入る内容を、次の条件に合わせて書きましょう。			
条件	・＜図2＞の結果から考えて書くこと。 ・書き出しの言葉に続けて、四十字以上、六十字以内にまとめて書くこと。なお、書き出しの言葉は、字数にふくまない。			
正答例	次の日に学校がない日は、学校がある日に比べて、ねる時こくが二時間以上おそくなる人の割合が減っていないことです。			
正答率	51.5％		無解答率	6.7％
誤答	次の日に学校がない日は、学校がある日に比べて、ねる時こくが二時間以上おそくなる人がいることです。 →グラフや表を基にして、今回の活動で改善できなかったことを活動前と活動後の状況を比較して捉えることができていない。このように目的に応じてグラフの数値を正しく読み取っていない誤答が、40.5％である。			
問題の特徴と 解答状況	目的に応じて、グラフや表を読み取って書く問題である。課題となる事実をグラフの数値を基にして的確に捉えることが求められる。正答率は51.5％であり、記述式の問題の平均正答率52.4％と比較して0.9％低い。			

➤ B領域で記述式の平均正答率52.4％を下回った問題

　抽出した問題とその正答率は次のとおりである．

問題12…正答率17.8％、問題13…正答率25.9％、問題29…27.1％、問題31…34.95％
問題33…正答率41.8％、問題25…正答率45.1％、問題8…45.3％

表18　問題12

平成21年度	B	大問1	調査報告文を書く＜小学生の体力＞
設問二	山中さんは、報告文のAの中に、調べて分かったことを書きました．あなたならどのような内容を書きますか。			
条件	・第一小学校の六年生の平均タイムの変化が分かるように書くこと。 ・報告文の「一調べた理由」に書かれた内容を結び付けて書くこと。 ・八十字以上百字以内にまとめて書くこと。			
正答例	第一小学校の六年生の平均タイムは、男子も女子も昭和六十二年よりも平成二十一年の方がおそくなっていた。このことから、ぼくたちの学校でも記事と同じように、平均タイムがおそくなっていることが分かった。			
正答率	17.8%		無解答率	12.5%
誤答	第一小学校の六年生の現在の平均タイムと二十年前の平均タイムとの変化について触れているものの、報告文の「一　調べた理由」に書かれている、全国と自校との比較という観点から分かったことを書いていない誤答が、26.0%である。			
問題の特徴と解答状況	目的や意図に応じて、事象や意見などを関係付けて書く問題である。全体を見通して書く事柄を整理し、事実と意見とを区別することが求められる。正答率は17.8%であり、記述式の問題の平均正答率52.4%と比較して34.6%低い。			

表19　問題13

平成21年度	B	大問2	表をもとに話し合う＜家の中のそうじや整頓＞
設問二	あなたは、アのところで、前のページの□にあるAの意見の立場から発表することにしました。あなたならどのような内容を発表しますか。次の条件に合わせて書きましょう。			
条件	・平成十七年の割合（％）を取り上げること。 ・六十字以上八十字以内にまとめて、発表するように書くこと。			
正答例	平成十七年の「ときどきしている」は四十八％もいて、約半分です。「いつもしている」の十四％も合わせると、六十二％もあります。だから、よく取り組んでいると思います。			
正答率	25.9%		無解答率	11.6%
誤答例	平成十七年のいつもとときどきが平成十六年よりへっているので、もっと取り組んだ方がいいと思います。 →この誤答は、問題で提示されたA（よく取り組んでいる）の立場ではなく、B（あまり取り組んでいない）の立場に立っていること、さらに解答の条件とした平成十七年の割合（％）を取り上げていない。こうした問題の状況や解答の条件などを踏まえていない誤答が、24.0%である。			
問題の特徴と解答状況	立場や意図を明確にして書く問題である。資料の内容や数値を正しく引用することが求められる。正答率は25.9%であり、記述式の問題の平均正答率52.4%と比較して26.5%低い。			

表20　問題29

平成26年度	B	大問2	科学に関する本や文章などを効果的に読む＜動物の鼻＞
設問二	原田さんと野口さんは、書いたふせんを整理しながら【疑問】に対するまとめを書いています。【野口さんのまとめ】のBの中には、どのような内容が入ると考えられますか。ふさわしい内容を、【原田さんのまとめ】の書き方を参考にし、次の条件に合わせて書きましょう。			
条件	・【野口さんのふせん】③と④の両方の内容を使って書くこと。 ・【野口さんのふせん】③の内容については、【科学読み物】の－（傍部）の二文を一文にして書くこと。また、④の内容については、「例えば」という言葉を使って書くこと。 ・書き出しに続けて、百字以上、百二十字以内にまとめて書くこと。なお、書き出しの言葉は字数にふくむ。			

正答例	水場や食べ物をさがすことや、仲間を見つけることもできる。調べていくうちに新たな疑問も出た。においを感じ取ることにすぐれた動物とはどのような動物かということだ。例えば、イヌはどれくらい先のにおいを感じ取るのか調べたい。		
正答率	27.1％	無解答率	7.4％
誤答例	①水場や食べ物をさがすことができ、においを感じ取ることで仲間を見つけることもできる。このように調べていくうちに新たな疑問も出た。においを感じ取ることにすぐれた動物はいるのか。イヌはどれくらい先のにおいを感じ取るのか。 →この誤答は、解答の前半部分について、二文を一文にすることはできているものの、後半部分については、「例えば」を使って書くことができていない。 ②二、三キロメートル先のにおいをかぎ分けるとも言われている。調べていくうちに新たなぎ問も出た。においを感じ取ることにすぐれた動物は何かということだ。例えばイヌはどれくらい先のにおいを感じ取れるか調べてみたい。 →この誤答は、解答の前半部分について、【野口さんのふせん】②の内容を基にしており、③の内容について二文を一文にすることができていない。 ①、②のように複数の事実を整理して捉えることができていなかったり、示された条件に踏まえていなかったりする誤答が、23.7％である。		
問題の特徴と解答状況	目的や意図に応じて分かったことや疑問に思ったことを整理し、それらを関係付けながらまとめて書く問題である。複数の情報をまとめ、示された条件に合わせて記述することが求められる。正答率は27.1％であり、記述式の問題の平均正答率52.4％と比較して25.3％低い。		

表21　問題31

平成27年度	B	大問1	目的や意図に応じて新聞を書く＜学校新聞＞
設問三	【ふれあい新聞（六月号）】のアの中には、あやとりのコーナーに参加した中田とよさんの感想をのせることにしました。次の【中田とよさんへのインタビューの様子】の内容をまとめて書きます。あとの条件に合わせて書きましょう。		
条件	・－（傍）部についての理由が分かる言葉を、＜話した内容＞の中から「　」を使って取り出し、その言葉と＜表情や声の調子＞の中の内容を合わせて、一文で書くこと。 ・書き出しに続けて、四十字以上、七十字以内で書くこと。なお、書き出しの言葉は字数にふくむ。		
正答例	「一年生のみんなに様々な形を教えてあげたら喜んでくれた」と、目を細めながら話してくださいました。		
正答率	34.9％	無解答率	4.0％
誤答	「一年生のみんなに様々な形を教えてあげたら喜んでくれたから参加してよかった」と、言ってくださいました。 →この誤答は、示された条件である＜表情や声の調子＞の中の内容を取り上げていない。このように複数の情報を取り上げていない誤答が、50.1％である。		
問題の特徴と解答状況	目的や意図に応じて、内容を整理しながら書く問題である．複数の情報を関係付けることが求められる。正答率は34.9％であり、記述式の問題の平均正答率52.4％と比較して17.5％低い。		

表22　問題33

平成27年度	B	大問2	目的に応じ、文章と図とを関係付けて読む＜だれが選ぶ　どれを選ぶ＞
設問三	森山さんの学級では、音楽の学習でグループごとに合奏をすることになりました。そこで、森山さんのグループの五人は、それぞれの希望をもとに、担当する学期を決めることにしました。次の【楽器の分担図】は、【文章】の内容を参考に五人の希望を整理したものです。あとの（問い）に答えましょう。（問い）森山さんのグループでは、「希望者が一人の場合には、その人がその楽器に決まる」ということを確認しています。グループの五人は、楽器の分担をどのように決めていくことになりますか。【楽器の分担図】をもとにし、次の条件に合わせて書きましょう。		

条件	・「リコーダー①」「小だいこ」「木きん」という三つの言葉を使って書くこと。 ・「木きん」の決め方については、【文章】の□の中で説明していること、決めるときに大切なことを取り上げて書くこと。 ・書き出しの言葉に続けて、八十字以上、百字以内で書くこと。なお、「しかし」から始まる書き出しの言葉は字数にふくむ。		
正答例	一人しか希望どおりにいきません。木きんから外れた二人は、リコーダー①か、小だいこを担当します。三人がなっ得するように折り合いをつけて決めていく必要があります。		
正答率	41.8%	無解答率	8.7%
誤答	三人とも木きんを希望しています。ですが、木きんは一人しかできないので、リコーダー①と小だいこにだれか一人ずつ移らなければなりません。 →この誤答は、【文章】の□の中の必要な内容を取り上げていない。このように目的に応じて文章の内容を的確に捉えていない誤答が、30.2%である。		
問題の特徴と解答状況	文章と図を関係付けて書く問題である。目的に応じて必要な情報を整理し関係付けて記述することが求められる。正答率は41.8%であり、記述式の問題の平均正答率52.4%と比較して10.6%低い。		

表23　問題25

平成25年度	A	大問4	資料から分かったことを書く
設問ウ	ウは、「見られた」と「見れた」の二つの言葉を用いて、四十字以上、五十字以内で書きましょう。		
条件	二つの言葉を用いて		
正答例	年代が上がるにつれて、「見れた」を使う人のわり合よりも「見られた」を使うわり合が大きくなることが分かる。		
正答率	45.1%	無解答率	20.2%
誤答	60才以上の人の方は16～19才の人より「見られた」と言う人が多い。年れいによって使う言葉がちがう。 →この誤答は、示された条件を踏まえていない。このような誤答が、6.2%である。		
問題の特徴と解答状況	図を読み、分かったことを書く問題である。図全体から読み取った傾向を示された条件を踏まえて記述することが求められる。正答率は45.1%であり、記述式の問題の平均正答率52.4%と比較して7.3%低い。		

表24　問題8

平成20年度	B	大問2	人物や場面の描写をとらえる＜椋鳩十「母グマ子グマ」＞
設問三	小川さんは、おかあさんグマの気持ちがよく表れているところとして、本文中の□（点線枠）の部分を例に挙げてしょうかいします。その中で、－（傍）部の「わるいことに」には、おかあさんグマのどのような気持ちが表れていると考えられますか。次のメモをもとにし、あとの条件に合わせて書きましょう。		
条件	・「犬」と「イタドリの芽」の二つの言葉を入れて書くこと。 ・四十字以上八十字以内にまとめて書くこと。		
正答例	犬が近づいて来て早くにげなければならないのに、子グマの好きなイタドリの芽が目の前にあることが分かり、それを食べようとしてにげおくれてしまうことを心配している。		
正答率	45.3%	無解答率	22.5%
誤答	「わるいことに」という表現とおかあさんグマの気持ちを関係付けられない誤答が、21.6%である。		
問題の特徴と解答状況	場面の描写を捉えて書く問題である。人物の心情や場面の描写を叙述と関係付けて記述することが求められる。正答率は45.3%であり、記述式の問題の平均正答率52.4%と比較して7.1%低い。		

■C領域に係る記述力の現状

　C領域に係る記述力の現状について検討する。C領域の平均正答率は55.0％である。C領域は、A・Bの領域と同様に「書かれたテキスト」の「構造と内容の把握」、「精査・解釈」を行うまでのプロセスは同様である。しかし、C領域には「考えの形成（テキスト内の情報の操作）」が求められる。A・B領域には自分の考えは要求されず、C領域にはテキスト内の情報に基づいた自分の考えを記述する必要がある。若干ではあるが、C領域がA・B領域よりもやや高い正答率であることをどのように捉えればいいだろうか。

　C領域に該当する問題の中から、平均正答率が高い問題を3問、低い問題を3問抽出し、それらの問題の特徴や解答状況を示す。抽出した問題とその正答率は次のとおりである（表25から表30まで）。

・平均正答率が高い問題

問題1…正答率79.2％、問題6…正答率76.7％、問題20…正答率73.3％

表25　問題1

平成19年度	B	大問1	話し合いを計画的に進める＜交流計画の司会＞
設問二	1司会から3司会までの発言を通して見られる進め方のよいところを書きましょう。		
条件	なし		
正答例	（例1）出された意見をまとめ、条件に合わせて話し合いを進めている。 （例2）話し合う内容を示し、その内容で話し合いを進めていいかを確かめている。 （例3）条件に合わせて意見をまとめ、次に話し合う内容を示すとともに、その内容で話し合いを進めてもいいかを確かめながら進行している。		
正答率	79.2％	無解答率	6.9％
問題の特徴と解答状況	司会者の話し合いの進め方のよさについて説明する問題である。司会の役割や働きには、発言者の様々な意見や提案を整理したり、話し合う内容を明確に示したり、合意を得て進行したりすることなどがあることを簡潔に記述することが求められる。正答率は79.2％であり、記述式の問題の平均正答率52.4％と比較して26.8％高い。		

表26　問題6

平成20年度	B	大問1	聞き方を工夫する＜先生へのインタビュー＞
設問一	アー（傍線）部については、「よかった」という評価になりました。そのような評価になった理由は、どのようなことだと考えられますか。		
条件	四十字以内で説明すること。		
正答例	（例1）前もって聞いたことをもとに、先生が答えやすい内容を取り上げているから。 （例2）スポーツに関する質問をする理由をはっきりと伝えているから。 （例3）先生に対して失礼にならないように、ていねいに質問をしているから。		
正答率	76.7％	無解答率	8.6％

問題の特徴と解答状況	インタビューにおいて、下調べをしたことを基にし、質問する内容や順序を考えながら、相手に応じた丁寧な言葉遣いで聞く問題である。質問の内容や話し方について「よかった」という評価の理由を簡潔に記述することが求められる。正答率は76.7%であり、記述式の問題の平均正答率52.4%と比較して24.3%高い。

表27　問題20

平成22年度	B	大問3	写真を使って発表する＜家の屋根の形＞		
設問二	丸山さんの発表を聞いた福島さんは、――（傍線）部「なぜ、このように角度が急になっているのだと思いますか」について、「聞き手に問いかけたところがよかった」と言いました。なぜ、問いかけるとよいのかを説明しましょう。				
条件	なし				
正答例	（例1）聞き手が興味や関心をもって聞いてくれるから。 （例2）聞き手が自分のこととして考えようとするから。 （例3）話し手が話そうとすることを聞き手にはっきりと伝えることができるから。				
正答率	73.3%			無解答率	11.1%
問題の特徴と解答状況	発表において、話し手が聞き手に問いかけることのよさについて説明する問題である。話し手が聞き手を引き付けることの効果を簡潔に記述することが求められる。正答率は73.3%であり、記述式の問題の平均正答率52.4%と比較して20.9%高い。				

・平均正答率が低い問題

> 問題27…正答率26.5%、問題28…正答率28.4%、問題24…正答率38.1%

表28　問題27

平成25年度	B	大問2	目的や意図に応じてリーフレットを編集する＜打ち上げ花火の伝統＞		
設問三	今村さんたちは、「4　まとめ」のCについて、【編集会議での町田さんと山下さんの意見】を受け、書き出しの文に続く内容を考えました。あとの条件に合わせて書きましょう。				
条件	・【編集会議での町田さんと山下さんの意見】を受け、【下書きの一部】の「2　打ち上げ花火の種類」と「3　花火師の小野さんの声」の「イ　つくり出す伝統」の両方から内容を取り上げて書くこと。 ・取り出した内容について、あなたが考えたことを具体的に書くこと。 ・書き出しの文に続けて、八十字以上、百字以内にまとめて書くこと。なお、書き出しの文は、字数にはふくみません。				
正答例	現在では、型物の開発が進んでいます。また、中間色も使ったカラフルな花火を作ったり、音楽に合わせて打ち上げたりしています。長い伝統を受けつぎ、新たなことにちょう戦する花火師さんたちの思いに感動しました。				
正答率	17.9%			無解答率	20.3%
誤答例	現在では、打ち上げ花火の種類も多くなり、いろんな色も増えてきました。音楽に合わせて花火を打ち上げるなどの新しい挑戦もしていて、私はいろんな挑戦をしてがんばっているんだなあと思いました。 →この誤答は、条件で示された、「2　打ち上げ花火の種類」の中の必要な内容及び「イつくり出す伝統」の中の必要な内容を取り出すことができていない。こうした両方の内容を正しく取り出せていない誤答が、30.2%である。				

問題の特徴と 解答状況	複数の内容を関係付けながら自分の考えを具体的に書く問題である。問題となっている状況を把握し、示された条件を満たして記述することが求められる。正答率は26.5%であり、記述式の問題の平均正答率52.4%と比較して25.9%低い。

表29　問題28

平成26年度	B	大問1	立場や意図をはっきりさせながら討論する＜卒業文集＞
設問三			あなたは、【討論会の様子】の中のイのところで、大野さん②の発言に対して、手書きの立場から「質問」か「意見」かのどちらかを述べます。解答用紙の□の中に「質問」か「意見」かのどちらかを選んで書き、その内容を次の条件に合わせて書きましょう。
条件			・大野さん②の発言の中の言葉を、「　」を使って引用して書くこと。なお、「　」の中に引用する言葉は二十五字以内とする。 ・書き出しの文に続けて、八十字以上、百字以内にまとめて書くこと。なお、書き出しの文は字数にふくむ。
正答例			・例　質問：「去年の卒業文集には読みにくいところがありました」と言いましたが、どの部分が読みにくかったのですか。また、文字以外に読みにくいところはありましたか。 ・例　意見：パソコンであれば、「文字の形や大きさがそろう」と言いましたが、手書きでも原こう用紙のますに合わせてていねいに書けば、読みやすい文集になると思います。
正答率		28.4%	無解答率　4.9%
誤答例			大野さんの発言に対して意見があります。読みやすさも大事だけど、手書きの字にその人の個性が表れ、もう一度見たときに、学級のみんなを思い出し、なつかしむことができると思います。 →この誤答は、条件で示された、大野さん②の発言の言葉を引用して書いていない。こうした引用に係る誤答が、55.7%である。
問題の特徴と 解答状況			立場を明確にして、質問や意見を述べる問題である。相手の発言を引用した上で、それに正対する質問や意見を考え、条件を満たして記述することが求められる。正答率は28.4%であり、記述式の問題の平均正答率52.4%と比較して24%低い。

表30　問題24

平成24年度	B	大問3	雑誌を効果的に読む＜特集「マラソン」＞
設問四			金子さんは、日本の女子選手と男子選手のそれぞれについて考えたことをまとめています。【金子さんがまとめた内容】の□の中には、どのような内容を書くとよいですか。あとの条件に合わせて書きましょう。
条件			・「マラソンの世界記録上位5人」と「日本人選手の記録」の二つの記事を結び付けながら読み、金子さんの考えの理由となる事実を、両方から取り出したり、まとめたりして書くこと。 ・「そのように考えた理由は、」に続くように、四十字以上、六十字以内にまとめて書くこと。
正答例			野口みずき選手、渋井陽子選手、高橋尚子選手の三人が二時間十九分台の記録をもち、世界第十位までに入っているからです。
正答率		38.1%	無解答率　16.9%
誤答			金子さんの考えの理由となる事実を、二つの記事でなく一つの記事のみから取り出している誤答が、28.1%である。
問題の特徴と 解答状況			複数の記事に書かれている内容を結び付けて、理由となる事実を基にした自分の考えを書く問題である。記事に書かれた事実を基にし、条件を満たして記述することが求められる。正答率は38.1%であり、記述式の問題の平均正答率52.4%と比較して14.3%低い。

■D領域に係る記述力の現状

　D領域に該当する問題の特徴や解答状況を示す。抽出した問題とその正答率は次のとおりである（表31、32）。

問題3…正答率75.4%、問題19…正答率82.5%

表31　問題3

平成19年度	B	大問2	新聞記事を書く＜環境問題＞
設問三 (2)			

<table>
<tr><td>平成19年度</td><td>B</td><td>大問2</td><td>新聞記事を書く＜環境問題＞</td></tr>
<tr><td>設問三
(2)</td><td colspan="3">　川本さんは、資料を読んだあと、次の「地球わくわく新聞」の記事の下書きを書くことにしました。あとの問いに答えましょう。
　資料1の第8段落に、「わたしたちの身近なところからごみを減らすことを考えて、取り組んでいくことが必要ではないでしょうか」と書いてあります。そこで、新聞記事のウの中に、自分でもできるごみを減らす取り組みを書くことにしました。あなたなら、どのような取り組みをしようと思いますか。</td></tr>
<tr><td>条件</td><td colspan="3">・あなたが見たり、聞いたり、読んだり、体験したりしたことなどをもとにして、具体的に書くこと。
・八十字以上百二十字以内で書くこと。</td></tr>
<tr><td>正答例</td><td colspan="3">　ごみとしてすてるようなものをできるだけ減らすことが大切です。店に行って、おにぎりを一個しか買わなくてもふくろに入れてくれますが、そのふくろは使わずに家からバッグを持っていくようにしたいものです。</td></tr>
<tr><td>正答率</td><td colspan="2">75.4%</td><td>無解答率　10.3%</td></tr>
<tr><td>問題の特徴と
解答状況</td><td colspan="3">　与えられたテーマについて字数を意識し、書く事柄を整理しながら自分の考えを書く問題である。条件としては、個人の見聞や生活経験、読書経験等を基にして、具体的かつ自由に書くことを求めている。
　正答率は75.4%であり、記述式の問題の平均正答率52.4%と比較して23%高い。</td></tr>
</table>

表32　問題19

<table>
<tr><td>平成22年度</td><td>B</td><td>大問2</td><td>読書発表会をする＜つりずきの宇宙人＞</td></tr>
<tr><td>設問二</td><td colspan="3">　この物語を読んで、あなたが思ったことや考えたことを、次の条件に合わせて書きましょう。</td></tr>
<tr><td>条件</td><td colspan="3">・思ったことや考えたことをはっきりと書くこと。
・思ったことや考えたことの理由が分かるように書くこと。
・六十字以上、八十字以内にまとめて書くこと。</td></tr>
<tr><td>正答例</td><td colspan="3">　なんとかしてコイノボリをつり上げようとする二人の宇宙人の様子を想像し、思わず笑いたくなりました。なぜなら、コイノボリを大きなさかなだと思いこんでいたからです。</td></tr>
<tr><td>正答率</td><td colspan="2">82.5%</td><td>無解答率　7.7%</td></tr>
<tr><td>問題の特徴と
解答状況</td><td colspan="3">　物語を読んで、登場人物の行動や場面についての描写など、優れた叙述について自分が思ったことや考えたことを、理由を明確にしてまとめて書く問題である。正答率は82.5%であり、記述式の問題の平均正答率52.4%と比較して30.1%高い。</td></tr>
</table>

　各領域の現状に基づき課題を整理する。

　A領域は、テキストの部分的な読解が求められるものである。解答状況からみると、課題は2点に整理することできる。

　一つ目の課題は、目的に応じて必要な情報を判断して、的確に取り出すことが不十分な

点である。「目的に応じて」とは、調査問題の場合、作問者からの課題を理解し、それに即して解答するということになる。その課題の理解が十分でなかったり、ある程度理解していたとしても類似の情報に惑わされたりしているものと考えられる。問題2の誤答からも分かるように、取り出す内容が事実であるか、それを裏付ける理由や根拠なのかなどの精査が十分でない。また、問題10の誤答が示すように、取り出す内容は捉えたとしても、引用する際など一言一句まで精緻に記述することができていない。

　二つ目の課題は、**非連続型テキストである図やグラフの正確な読み取りが不十分である点である。**図やグラフを用いた調査問題では、そこに含まれる数値を根拠とした意見などが求められる。したがって、数値の読み取りに的確さが欠けると根拠不十分となり、意見そのものが要件を満たしていたとしても誤答として扱われる。問題9、問題36の誤答がそうした典型で、グラフの数値の読み取りが十分ではないことが、記述へ影響を及ぼしている現状が明らかになった。

　B領域は、テキスト全体の読解が求められる。精査し解釈する範囲が広くなることからA領域よりも難解となると考えてよい。解答状況からみると、課題は2点に整理できる。

　一つ目の課題は、**目的や意図に応じて、事実と事実を結び付けたり、事実と意見などを関係付けたりすることが不十分な点である。**問題12では、調査報告文における考察力が問われた。ここで求められる解答は、事実のみの記述は誤答となる。調査当初に設定した目的を達成できた否かを押さえて記述する必要がある。全国的な調査結果、そして自校での調査結果の二つの事実を結び付けたり、調査結果と当初の疑問とを関係付けたりすることに課題がある。問題29の誤答①、②は事実と事実との関係性を捉えることに係る課題である。問題31、33、8の誤答も必要となる複数の情報を整理し関係付けて記述することに係る課題である。

　二つ目の課題は、**自分の立場や意図を明確にした上で、示された条件を踏まえることが不十分である。**問題13の誤答例が示すように、ある一つの立場に立って資料を読み取ることに課題がある。問題13、25の誤答が示すように、資料の全体を概観し、その傾向を考察することやある視点をもって数値などを読み取ることができていない。また、問題12及び29の問題の特徴や誤答からも明らかなように、示される条件が複数になるとそれらに対応できていない状況がある。

A・B領域に係る記述力の現状及び課題を総括的に考察する。

　A・B領域は、「書かれたテキスト」の「構造と内容の把握」、そして「精査・解釈」のプロセスを辿る。明らかになったB領域の課題は、A領域の課題を包含するものである。A領域の課題の一つ目とした、目的に応じて必要な情報を判断して、的確に取り出すことは、B領域の読解のプロセスの一部と重なる。また、同じくA領域の二つ目の課題とした、非連続型テキストである図やグラフの正確な読み取りは、連続した文や文章とを関係付けて全体の読解を進める上での肝である。B領域には、目的や意図に応じて、テキスト全体を精査・解釈し解答を導き出し、記述に至る。

　A・B領域を統合した課題は、まずは非連続型テキストを含む一つひとつの事実を的確に読み取り、そして目的や意図に応じて必要な事実を取り出すこと、さらに事実と事実を結び付けたり、事実と意見などを関係付けたりすることが不十分な点である。加えて、自分の立場や意図を明確にした上で、示された条件を踏まえることが不十分である点が指摘できる。

　C領域に該当する問題の中で平均正答率が高い問題の特徴や解答状況をみると、D領域と同様、正答に必要となる条件が緩やかで、比較的に自由な形式で記述することが共通している。また、指定される字数は少なく、簡潔な記述が求められている。C領域とD領域とを関連付けて考察すると、解答の条件が緩やかではある場合、自分の考えを一定の分量で記述することができるという点が明らかになる。

　一方、平均正答率が低い問題の特徴や解答状況をみると、平均正答率が高い問題と同様、テキストに基づいて形成した考えを記述することが求められる問題であるが、考えの形成の前段階であるテキストの精査や解釈に障壁があり、誤答となっている。C領域は、テキストの一部でなく全体が対象となるため、読解量は多い。平均正答率が低い問題は、高い問題と比較して読解量が多く、また複数のテキストが対象となっている。テキスト内部に複数の資料や情報が複雑に配置されたものが多く、それらを関係付けて精査・解釈しなければならないような問題設計になっている。さらに、問題27、問題28、問題24の3問共に、示される条件の項目が多く、条件そのものの確かな読解が必要となる。加えて、条件の文言には、「……受け、……両方を取り上げて」「引用して」「両方から取り出したり、まとめたりして」など、条件の制約が厳しいことが分かる。

　C領域に係る記述力の現状を総括すると、テキストの全体を精査・解釈し、それに基づ

いて形成した考えを記述する際、テキストの読解量に影響を受け、テキスト内の複数の情報の関係付けが不十分であると、考えの形成に十分に至らない場合があることが明らかになった。また、示される条件への対応が不十分であり、それに応じて必要な内容を取り出せないなどの課題がある。

　D領域は、正答率が比較的高い。なぜだろうか。それは、自由記述の形式であること、正答に必要となる条件が緩やかであることなどが要因と考えられる。問題3では、テーマを踏まえ、与えられた字数を合わせて自分の考えを何らか記述することができれば正答に近づく。問題9でも物語の全体あるいは部分に関わらず、自分の考えを理由とともに明記することで正答につながる。実施対象である小学生に限らず、人は本来形式にこだわらず、条件に拘束されずに自由に書くことに抵抗は少ない。しかし、それは書き綴ったものに対する処理意識に左右されるものである。記述したものがどのような他者に届けられるのか、評価されるのかなどの意識が書き言葉には付きまとう。評価者の存在があれば、自由記述は少量よりもある程度の分量を確保して記述すべきと判断しがちではないだろうか。調査に対する解答者は、表現者である。その表現者は、採点者となる相手に対して自分の考えを記述することになる。

　自由度の高い記述は、相手に対する説明や説得、納得を前提にした表現というよりは、個々の解答者、あるいは読者が素直に感受したものを表出するものである。問題3や問題9のような記述式の問題では、テキスト外の情報を統合する必要がある。独自の視点からの個性的な表現が許容されることになる。こうした問題は、正解を一つに絞ることができないのである。

　このように全国学力調査から得られた記述に係る日本の子供の現状を分析し総括すると、次の4点が課題として浮かび上がった。図化すると、次のようになる（図5）。

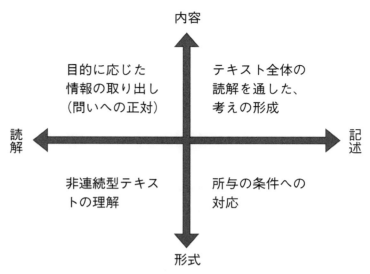

内容

目的に応じた
情報の取り出し
（問いへの正対）

テキスト全体の
読解を通した、
考えの形成

読解 ←——————————→ 記述

非連続型テキス
トの理解

所与の条件への
対応

形式

図5　全国学力調査から明らかになった記述式問題の4大課題

読解の内容面としては、目的に応じた情報の取り出しに課題がある。

　目的に応じて必要な情報を判断して的確に取り出すことが不十分である。記述の前段階でつまずいている。前述したとおり、作問者からの問いの理解が十分でなかったり、ある程度理解していたとしても類似の情報に惑わされたりしているものと考えられる。複数の情報を的確に処理できないのである。解答として取り出す内容が事実であるか、それを裏付ける理由や根拠なのかなどの精査が十分でない。また、取り出す内容は捉えられたとして、引用する際など一言一句まで精緻に記述することができていない。

読解の形式面としては、非連続型テキストの確かな理解に課題がある。

　非連続型テキストである図やグラフの正確な読み取りに課題がある。図やグラフを用いた調査問題では、そこに含まれる数値を根拠とした意見などが求められる。数値の読み取りに的確さが欠けると根拠不十分となる。意見を裏付ける数値という情報を正確に読解した上で記述することにつなげることができていない。

記述の内容面としては、テキストに基づく自分の考えの形成に課題がある。

　テキスト全体の読解を通して自分の考えを形成し、それを記述することが十分ではない。テキスト全体を精査・解釈し、それに基づいて形成した考えを記述する際、テキストの読解すべき分量に影響を受けているものと考えられる。情報量が多くなることによりテキス

ト内の複数の情報の関係付けが不十分となり、自分の考えが十分に形成されない傾向にある。テキスト内の事実と事実を結び付けたり、事実と意見などを関係付けたりした上で自分の考えを記述することが不十分である。

記述の形式面としては、所与の条件に対応した記述に課題がある。

自分の立場や意図を明確にした上で、示された条件を踏まえて記述することが不十分である。記述する字数、盛り込む内容、使用する言葉など、示される条件が複数になるとそれらに対応できていない状況がある。

【引用文献】
1) 国立教育政策研究所。『PISA2009年調査　評価の枠組み　OECD子供の学習到達度調査』。株式会社明石書店、2010年、37頁。
2) 国立教育政策研究所。『生きるための知識と技能4　OECD子供の学習到達度調査（PISA）2009年調査国際結果報告書』。株式会社明石書店、2010年、17頁。
3) 同上。
4) 2) 同上。
5) 1) 同上、54頁。
6) 同上。
7) 同上。
8) 同上。
9) 同上。
10) 1) 同上、55頁。
11) 同上。
12) 同上、56頁。
13) 同上。
14) 同上。
15) 同上。
16) 同上。
17) 国立教育政策研究所、『PISAの問題できるかな？　OECD子供の学習到達度調査』、株式会社明石書店、2010年。
18) 平成27年3月に文科省が立ち上げた会議で、1979年の共通一次試験や1990年の大学入試センター試験の導入といった大学入試の改善にとどまらず、明治から始まった学制以来の思い切った教育改革、ある意味では社会改革を目指すことが求められている。その最終報告は、平成28年3月31日に発出された。
19) 文部科学省は、平成29年7月13日、中央教育審議会答申（平成26年12月）、高大接続システム改革会議「最終報告（平成28年3月）」等を踏まえ、高大接続改革の一環として、「高校生のための学びの基礎診断」実施方針及び「大学入学共通テスト」実施方針を策定し「平成33年度大学入学者選抜実施要項の見直しに係る予告」を決定した。
20) 19) 同上。
21) 平成28年8月31日、高大接続会議による議論の中途に出された「大学入学希望者学力評価テスト（仮称）」の国語・数学の記述式問題で評価すべき能力や作問の構造について（素案）である。
22) 学習指導要領における各教科の内容に照らした学習の実現状況を把握し、今後の教育課程や指導方法等の改善に資する目的で、児童生徒を対象としたペーパーテスト及び質問紙調査を実施している（抽出調査）。
23) 全国的な学力調査の実施方法等に関する専門家検討会議、「全国的な学力調査の具体的な実施方法等について（報告）」、平成18年4月25日、文部科学省。

Chapter2

読解と記述の連動を図る
基本的な考え方と授業事例の集成

1 重層的な読みと合目的な書きの連動とは

　本書では全般にわたって、「書くこと」を“記述”と呼ぶ。文字言語表現である「書くこと」は、その形成過程において常に本や文章の読解を伴うものではない。学習指導要領国語において、“読んで書く”（読解を経由した記述）という行為は、「読むこと」の領域に位置付く。時に「読書感想文を書く」は、「読むこと」の指導ではなく、「書くこと」の指導の位置付けではないかといった議論がある。確かに、読書感想文を書くとき、「書くこと」の能力は当然必要である。

　「書くこと」を目的とした読解（読書）の経由は、「書くこと」の一連の形成過程における「情報の収集」の段階と捉えることができる。書き手が題材に即して収集する情報は、読解（読書）を経由するほか、自らの体験（直接・間接）や調査（インタビュー・アンケート等）をその対象とする。論文やレポートを書くとき、こうした対象にアプローチする。そう考えると、読解を経由する記述は、「書くこと」に位置付けることもできなくはない。ややこしい。

　言語を介する日常的な「読むこと」「書くこと」そして「話すこと・聞くこと（話し合うこと）」の三領域は、循環しているのである。「読んで、書いたり話したり聞いたり」「書いたものを、読んで話し合ったり」「話すために書いたり、聞いたことを書いたり」とそれぞれは分かち難く関連付いており、截然とした学習指導は困難である。学習指導要領国語の三領域の指導事項は、こうした循環や混在をある意味区別し、それらのいずれかにクローズアップして一つの領域に重点化を図りつつ体系的に指導するものと捉えることができる。

　本書で主張する“読解×記述”の重視は、“多読多書”を基盤とする。“多読多書”とは、筆者の造語である。文字どおり、“多く読み、多く書く”ということである。通常は、“多書多読”という四字熟語が用いられるが、これは“多くの書物を、多く読む”という意味である。造語は、“書”を「書物」でなく、「書く」と置換した。筆者の主張に合わせて、“多読多書”の熟語の並びを単に換え、新たな意味合いをもたせるようにした。

　では、読解と記述のそれぞれを、そして両方の関係をどのように捉えればよいだろうか。まず、“読解”について検討する。

　“読解”においては、“多読”に軸を置き、“重層的な読み”を提唱する。“多読”とは、前述のとおり、多く読むことである。ここでの「多く」について次のように捉えている。

- **目的に応じて、同じ文章を何度も繰り返し読む。**
- **目的に応じて、足りない情報を補ったり新たな情報を加えたりして読む。**
- **目的に応じて、他の文章と比べたり重ねたりして読む。**

　留意したいのは、単に多くの書物（本や文章）をただ読めばいい（与えればいい）と限定的に捉えないことが大切である。そこに「目的」を強く意識できるようにしたい。

　「読むこと」あるいは、"読んで書く"という目的に応じて、「同じ文章を何度も繰り返し読んだり、足りない情報を補ったり新たな情報を加えたり、他の文章と比べたり重ねたり」して読むことを重視するのである。それを、"重層的な読み"と呼ぶことにする。幾重にも層をなす読みを推進する。後述する事例においては、読みを重層化する具体を記述と関連付けて示す。

　重層とは、いくつもの層の重なりであり、その層がいくつもの要素によって組み合わさっているさまである。重層的な読みの大枠は、PISA調査及び大学入試改革、そして全国学力調査における読解の基本的な考え方を踏まえて、①論理的・分析的読み、②批判的・建設的読み、③生成的・共創的読みの三段階（三層）とする。その定義は後述する。

　次に、"記述"について検討する。

　"記述"においては、"多書"に軸を置き、"合目的な記述"を提唱する。"多書"とは、前述のとおり、多く書くことである。ここでの「多く」について次のように捉えている。

- **書く活動の機会（時間）を十分に確保する。**
- **多様な書く行為（書き足しや書き換え等）を経験する。**
- **よりよい完成を目指して何度（何回）も書き直す。**
- **一定の基準となる分量を満たして（越えて）書く。**

　"多書"を換言すると、書くことの絶対量を増加させることである。しかし、闇雲に多書を強制するものではない。記述量や記述にかける制限時間に一定の負荷を求めつつ、目的に応じて記述した結果が必要な要素（内容や形式）を具備しているか、他者が理解できるか否かなどを、学習者自身が主体的に問い直し、問い続けるように働きかけることが重要である。

　読解したことを記述として外化することは従来行われている。しかし、諸調査において緻密さに欠けていることが指摘される。何らかの記述が保障されていればよしとの指導の緩みがある。不十分な読解が要因となり、外化された記述は他者の理解を得るところまで至っていない。

　前述のとおり、全国学力調査の記述式問題においては、目的や条件に合わせて的確に記

述できていないことを指摘した。どのような内容を、どのような形式で記述するのかという観点からの意図的な指導が十分ではない。読解したことを制約されず自由に記述することに加え、一定の時間内で指定の字数で記述するなど第三者から付与される条件に応じて記述する活動を多様に取り入れることを重視する。それを、"合目的な書き"と呼ぶ。

　"多読"と"多書"を融合させることは、読み書きの体幹を鍛えることにつながる。読解を深める記述を検討する際、読解と記述の連動を如何に機能させるかが鍵となる。

2　重層的な読みと合目的な書きとが連動するポイント

　"重層的な読み"と"合目的な書き"が連動する具体的なポイントを下記に10か条にして示す。①重要語句を書き出し、その辞書的な意味や文脈的な意味を記述する。②段落の要点や場面の内容を短くまとめて、小見出しとして記述する。③叙述に即して捉えたり、描写に基づいて想像したりした内容を記述する。④文章全体と部分との関係を捉えた上で、要旨をまとめて記述する。⑤文章の中から必要な情報を見付け、それらを引用して記述する。⑥書かれていない情報を集め、補足した事柄やそれらに対して考えたことを記述する。⑦様々な立場に立って書かれていないことを想像し、自分が解釈したことを記述する。⑧中心となる語や文を捉えた上で、目的に応じて自分の言葉を使って要約を記述する。⑨文章を読んで理解したことと自分とを関連付けて考えたことを記述する。⑩他者の考えと比較することで広がったり深まったりした自分の考えを記述する。国語科学習指導における単元のまとまりを意識し、その全体の学習指導過程を第一次：導入段階、第二次：展開前段、第二次：展開後段、第三次：終末段階とする。

　重層的な読みとして、第一次での初読後、第二次：展開前段を「**論理的・分析的読み**」、第二次：展開後段は「**批判的・建設的読み**」、第三次：終末段階については「**生成的・共創的読み**」の段階と捉え、各段階を層として読みを刷り込むように累積させていく。こうした重層的な読みに目的を明確にした記述を意図的に連動させていく。そこには、導入段階におけるゴールイメージとプロセスデザインの共有が重視され、主体的な学びが促進されるようにする。図化すると、次のようなイメージである（図6）。

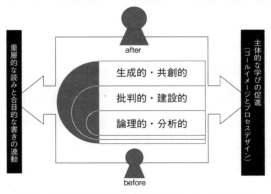

図6　読解と記述の連動を図るイメージの模式

読みと書きの連動のゴールイメージとプロセスデザイン

Let's **C**limb the **M**ountains of **L**earning （略称：LCML「ラーニング・マウンテン」）

> 「読んで書く」という目的に応じて、テキストとなる本や文章を検討し、読んで書く内容とその方法（形式）を決定していく段階である。
>
> 　何のために、どのような内容を、どのような方法（方略）で学んでいくかという視点を踏まえ、単元のゴールイメージとプロセス（ルート）をデザインすることが重要となる。導入段階では、"ラーニング・マウンテン"を子供たちとのやり取りを通して立案する。

　この段階では、学習者が単元の入口（before）に立ち、既習を想起する中でメタ認知能力が発動されるようにする。「読むこと」の前学年や前単元までに身に付いた資質・能力の自覚化が鍵となる。この段階において教科書を中核としたテキストが選択されることになる。テキストを大別すると、説明的な文章と文学的な文章となるが、それを教科書の単一の文章のみとするのか、それが所収された本（短編集やシリーズなど）を合わせて取り上げるのか、同じ書き手の他の文章や関連する事典、読み物資料などの複数を取り上げるのかなどを検討する必要がある。

　さらに、どのように読解した上で最終的な記述へどのようにつないでいくのかという、ゴールイメージ（after）をもち、プロセス（ルート）デザインすることが重要となる。ゴールイメージとは、単元全体を通して学習課題を解決した（評価規準を満たした）子供たちの姿となる。それは、学習指導要領国語が示す言語活動例の遂行と重なる場合が多い。言語活動を通して指導事項を指導した結果としての最終の子供の高まった姿を描く。第三次におけるまとまった言語活動は、伝え合う活動を中心とした音声言語表現の場合もあるが、本書では一定の分量と条件を満たした記述（文字言語表現）を重視する。以下、導入段階でのポイントを整理する。

Ⅰ　メタ認知能力の発動

　　単元に取り上げる資質・能力（指導事項）へどのように接近するのか（単元に関わって、これまでにどのような資質・能力を獲得しているか）

Ⅱ　テキストの選択

　　文章の種類や形態～どのような特性をもつ文章をテキストとして読むのかを決定する。

　　〔説明的な文章〕説明文、記録文、報告文（調査・活動）、意見文、随筆文、伝記　等

　　〔文学的な文章〕昔話、ファンタジー、物語（視点）、詩、短歌・俳句　等

学びの見通しとしての“読みと書きが連動する”ストラテジー（方略、戦略）

→書き足し、書き起こし、書き換え（視点）、引用、要約、図読、図解等

→言語活動の設定〜感想、紹介、説明、解説、推薦、批評

　次は、実際に単元の導入段階で作成する「LCML（ラーニング・マウンテン）」である。子供の主体的な学びを促進するために、単元全体の学習プランとして共有する（図7　参照『資質・能力を育成する小学校国語授業づくりと学習評価』明治図書出版 2021）。

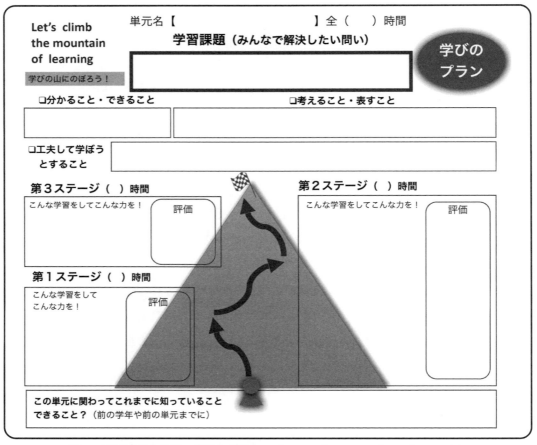

図7　単元の導入段階で子供と共有する「LCML（ラーニング・マウンテン)」

　中教審は、「これまで、評価規準や評価方法等の評価の方針等について、必ずしも十分に児童生徒等に伝えていない場合がある」と指摘している。この「LCML（ラーニング・マウンテン)」は、単元の目標や内容のみならず学習評価の方向も含めて子供と共有するものである。子供の学びの見通しと振り返りが意味あるものとなり、単元において育成す

べき資質・能力に向かう主体的で深い学びの実現を意図している。この「LCML（ラーニング・マウンテン）」は、単元の導入段階で教師と子供とのやり取りを通しての完成を重視する。既習事項を確認し、本単元の学習課題を設定するとともに、単元全体を通した学習内容を検討し、単元のゴールとして身に付ける（目指す）資質・能力を確認することを大切にしながら学びが進行していく。評価内容については教師が提示する。

　以下は、項立てとその解説である。

■学習課題（みんなで解決したい問い）

　言語活動を通して指導事項を指導するというかたちで、子供が遂行していく言語活動を位置付け、教師が育成しようとする重点化された指導事項を含む文言に仕立てる。

■「分かること・できること」、「考えること・表すこと」「工夫して学ぼうとすること」

　これらは、単元の評価規準の三観点を意味する。「分かること・できること」は「知識・技能」、「考えること・表すこと」は「思考・判断・表現」、「工夫して学ぼうとすること」は「主体的に学習に取り組む態度」に当たる。単元で取り上げる指導事項を教材の内容に合わせ、子供が分かる言葉で表記する。

■各ステージ（こんな学習をしてこんな力を！）・評価

　「こんな学習をしてこんな力を！」は、各ステージとして単元の導入部（第一次）、展開部（第二次）、終末部（第三次）に分けて設定する。各次のそれぞれの学習活動が学習課題の解決に向かう流れとなるよう、時間のまとまりを意識しながら設定する。「評価」に記入する内容については、教師側よりその内容や方法を提示し、いつ、どのような評価が行われるかについて子供に伝えるようにする。各ステージ（次）の中途では学びの方向を修正したり調整したりする余地を残す。

■この単元に関わってこれまでに知っていること・できること

　前学年までに経験した言語活動を通して習得してきた「知識及び技能」と「思考力、判断力、表現力等」について、単元の導入で自覚できるようにする。

　こうした考えのもと、子供と教師のやり取りを通して完成した「LCML（ラーニング・マウンテン）」は、ICT を活用しアニメーション化して画面掲示したり、手元用として用紙で配布したりすると、単元全体のゴールイメージをもって学習を進めることができる。また、ゴールまでのプロセスを山登りのルートとして捉え、そのルートで先々の学習の有効性を検討し調整することもできる。

　山登りの絵柄は、ユニバーサルデザインの発想に基づいている。視覚的にプロセスをデザインし、粘り強く学習に取り組む態度の育成につながるものである。毎時間の導入時に、

「"ラーニング・マウンテン"を見ましょう。皆さんは、何のためにこの山に登っているのですか。これまでの学習を通して、どんな力を付けてきましたか？　今日は、全体〇時間のうちの〇時間目ですね。今日は、どんな課題を設定し、どのように学習を進めていきたいですか。今日の学習の"まとめ"までの見通し（方法、形態、時間等）を立てましょう。」などと問いかけて学習の目的や解決の見通しを大切にして進行していく。

● 第二次　展開前段　第一層：論理的・分析的な読みと合目的な書き

第一次の導入段階を踏まえて、中核となるテキスト（教科書教材）を論理的・分析的に読解をする段階である。

「論理的な読み」とは、目的に応じて筋道立てて読み解くことである。

「分析的な読み」とは、観点を明確にして内部を細やかに読み解くことである。

「論理的・分析的な読み」とは、言語内容と言語形式の両面から文章全体を正確に理解することが中心である。平成29年要領では、「構造と内容の把握」、そして「精査・解釈」（テキスト内）の段階である。

説明的な文章においては、文章全体の構成を捉えたり、内容を理解したりすることが中心となる。序論から本論、そして結論へと展開される論の構成がどのような事実を基にしながら筆者の考えに結び付いているかを捉えることが鍵となる。語と語、文と文、段落と段落の関係などをそれぞれの接続関係に注目しながら理解することが求められる段階である。

文学的な文章であれば、例えば物語の場合、登場人物について名前や性別、年齢をはじめ、外見の特徴、境遇、周辺の人物との関係、性格、物語上の役割などに注目して人物の設定（キャラクターライゼーション）や状況の設定を捉えることが読みの第一歩となる。その上で、登場人物の行動を中心とした場面の展開構造を理解し、登場人物の心情を捉えていくことが中心となる。論理的・分析的な読みの段階では、物語の舞台や状況設定、人物設定、事件の発端から展開、山場から結末といった展開構造と合わせて変化する登場人物の心情を叙述に即して捉えることが中心となる。

この段階は、叙述から離れることのないよう、言語内容に即して忠実に理解することに主眼を置く。テキスト内の情報を利用した精査・解釈の段階であると捉えることができる。

こうした読解を深めるための記述を合目的に位置付けることが重要となる。

◇◇◇◇◇◇◇◇◇◇◇◇　POINT：第二次（展開前段）　◇◇◇◇◇◇◇◇◇◇◇◇

①重要語句を書き出し、その辞書的な意味や文脈的な意味を記述する。

②段落の要点や場面の内容を短くまとめて、小見出しとして記述する。

③叙述に即して捉えたり、描写に基づいて想像したりした内容を記述する。

④文章全体と部分との関係を捉えた上で、要旨をまとめて記述する。

⑤文章の中から必要な情報を見付け、それらを引用して記述する。

● 第二次　展開後段　第二層：批判的・建設的な読みと合目的な書き

　第二次の展開前段における中核となるテキストの論理的・分析的な読解の上に立って、批判的かつ建設的な読解を進める段階である。

　「批判的な読み」とは、書かれている内容に対する疑問を切り口として書かれていないことに注目し、読みを広げ深めることである。説明的な文章であれば、文章に用いられている図表などの効果、論理の整合性や書き手の主張の妥当性や信ぴょう性などを検討することでもある。文学的な文章であれば、視点人物を変えて読むことであり、人物の行動や発言の背景や裏側を想像しながら読むことである。

　「建設的な読み」とは、「批判的な読み」を経由した上で、学習者が書かれていることに書かれていないことを補足したり想像したりして読みを広げ深める読みである。説明的な文章であれば、分かるようで分からない、十分な説明がない事柄を見いだすことが必要となる。文学的な文章であれば、空所を読むことであり、作品の全体像を捉えることで書かれていない書き手の意図（メッセージ・主題）を推論することである。

　「批判的・建設的な読み」は、学習者の自律的な読みを促進する。この段階での読みにおいては、言語内容の面だけに傾斜するのでなく、言語形式の面に着目して検討することが重要である。文学的な文章であれば、感動やユーモアなどが生み出される叙述、暗示性の高い表現、メッセージや題材を強く意識させる表現などへ着目する。文章全体の場面設定や移り変わりの緩急、視点（一人称、三人称（限定・客観・全知））の転換などの構成の工夫が、読み手にどのような効果を与えるかという観点から検討するようにする。こうした読みは、平成29年要領上では、「精査・解釈」（テキスト外）の段階である。

　説明的な文章においては、説明されていない箇所や分かりにくい説明を学習者が他のテキストから補足（比較・関連・統合）などして読解を深める。学習者の目的に応じて、原文に別な言葉や情報を加筆しながら、自分の言葉で要約を記述することは有効である。

　文学的な文章であれば、描写を捉える中で空所を見付けて人物の心情を想像したり、視点人物を変換して内言を表現したりする。三人称を一人称で書き換える活動等は有効である。こうした活動が人物像を具体化させ、作品の全体像を捉えることにつながる。

　この段階は、比べ読みや重ね読みなどの多読を重視し、収集した情報を関連付けることに主眼を置く。テキスト外の情報を活用した精査・解釈の段階でもある。

　こうした読解を深めるための記述を合目的に位置付けることが重要となる。

⑥書かれていない情報を集め、補足した事柄やそれらに対して考えたことを記述する。

⑦様々な立場に立って書かれていないことを想像し、自分が解釈したことを記述する。

⑧中心となる語や文を捉えた上で、目的に応じて自分の言葉を使って要約を記述する。

● **第三次　終末段階**　第三層：生成的・共創的な読みと合目的な書き

　第二次の展開前段及び後段を踏まえ、単元の終末部においてこれまでに生成した読みを学習者が自分自身で総合し、学習者相互の交流により共創を生み出す段階である。

　「生成的な読み」とは、学習者が新たな読みを創り出すことである。初読の段階からの読みがどのような意味世界の広がりがあったかを自覚することが大切である。

　「共創的な読み」とは、多様な立場に立って対話しながら、新しい価値を共に創り上げていくことである。

　「生成的・共創的な読み」は、学習者の読みを形成し確立することを促進する。一人ひとりの感じ方や考え方の異同に気付き、新たな読みの地平をひらくことになる。こうした読みは、平成29年要領上では、「考えの形成」、「共有」の段階である。

　説明的な文章においては、批判的・建設的な読みと重ね合わせることで、文章の内容や形式に対して自分の考えを形成するとともに、社会的・科学的な事象に対して新しい特性や価値を見いだしたり、その説明の仕方や特徴についての考えを深めたりすることである。

　文学的な文章であれば、作品に対して自分の生活経験や読書経験などを関連付けながら、自分に引き寄せて考えを形成し、他者とその考えを共有し、自他の読みの共通点や相違点を自覚しながら新たな作品世界を創ることである。

　第三次は、第一次の導入段階における読んで書く目的を達成するために、まとまった言語活動を展開する段階でもある。第二次の展開後段を発展させ、自分の課題に応じてテキストを拡大していくことが考えらえる。本書で強調する記述については、一定の分量を確保したかたちで他者に届け、それらのよさや改善点などを共有することが重要である。

　第二次の前段と後段の記述を第三次の記述と関連付け、合目的に展開することが重要となる。

⑨文章を読んで理解したことと自分とを関連付けて考えたことを記述する。

⑩他者の考えと比較することで広がったり深まったりした自分の考えを記述する。

以上のように、単元全体を通して、「論理的・分析的読み」、「批判的・建設的読み」、「生成的・共創的読み」を重層的に展開し、各層に応じた合目的な記述を連動させる。

　次頁より重層的な読みと合目的な記述を連動する具体的な授業像を事例として示す。各事例には、冒頭の扉において、連動のポイントを端的に解説する。各事例は、「読むこと」の単元である。各単元において取り上げた資質・能力を身に付けることに読解と記述を連動させるようにした。各事例の軸は読解であり、目標は読むことの力を付けることが主となる。記述は目標でなく、読解を促進し、その状況を評価する方法であり、活動となる。よって、各事例には記述に係る指導事項の設定はない。本書は、読み書き関連を領域の複合とは捉えない。ただし、複合単元は、年間の見通しの中で設定することは有効である。

3　重層的な読みと合目的な書きが連動する小学校国語科の授業事例

　教科書に掲載されている説明的な文章を学年ごとに1本ずつ計6本、同じく文学的な文章を計6本の事例を掲載する。各事例の冒頭には、設定する単元における主たる資質・能力をキーフレーズにしタイトル化してその考え方をまとめた。各学年で取り上げる資質・能力は、平成29年要領の「読むこと」における核となる指導事項に注目している。その上で、重層的な読みと合目的な書きが連動する授業事例をデザインした。

授業事例の構成

- 事例のタイトル、ここに注目
- 単元名・教材名、学びのプラン
- 単元の目標・単元で取り上げる言語活動とその特徴、単元の評価規準
- 単元の指導と評価の計画、重層的な読みと合目的な書き
- 記述の具体と解説

文の構造・文と文との接続関係の理解

　文とは、一つの完結した言明を示す言語表現の単位である。文章を読解するためには一文ごとの正確な理解が必要であり、表現する際にも一文を簡潔明瞭にすることが重要である。小学校低学年においては、一文は句点で区切り、文節の分け方に注目して主語と述語の係り受けを正しく捉えるように指導する。しかし、主語と述語の係り受けは複雑である。主語や述語は省略されたり、その語順が変わったりすることで、文意の理解が曖昧になる場合がある。

　令和3年度実施の全国学力調査（小学校国語第6学年児童対象）において、「時には、みんなが使っていた一輪車がかたづけられずに残されています。」の「残されています」の主語を四択で選ぶ問題が出題された。正答率は67.2%であり、良好とは言えない。「かたづけられずに」を選択した割合は20.2%に上った。修飾語と被修飾語の関係にも注意しながら、主語と述語の関係を理解することが重要である。また、「が」や「は」の併用は文意を乱すことがある。「私が好きな果物はりんごが好きです。」といったねじれ文などを提示し、文の構造の基本を正しく理解できるようにすることが重要である。

　文と文との接続については、小学校中学年においてつなぎ言葉の習得を図り、それは中学校や高校においても継続して指導する。接続表現には、①累加系（第一に、次に、また、一方等）、②理由系（ですから、なぜなら、従って等）、③逆接系（しかし、ところが等）、④発展系（さて、ところで等）、⑤説明系（つまり、要するに等）の系統に分類できる。低学年においても接続表現は出現することから、文と文との接続の指導は必要である。本事例「はたらくじどう車」は、「ですから」という理由系の接続表現が各自動車の説明の二文目に置かれている。二文目の前後に事実を説明する文で挟む三文構造である。「はたらくじどう車」の三文目は、一文目と二文目を包括して詳述し、一文の文字数が多い。文の構造及び文と文との接続関係を分析して正しく理解できるように指導する必要がある。

ここに注目！

第1学年「文のつながりにきをつけて、よんだことをかこう」

POINT 1　論理的・分析的な読みと合目的な書き
…教材文を読み、文の構造と文と文との接続を捉えながら書かれていることを理解した上で、「バス」の文章に一文を挿入する活動を行う。

POINT 2　批判的・構造的な読みと合目的な書き
…グループの友達と相談し三つのじどう車の中から自分の担当を決め、そのじどう車の「役割」や「つくり」について一文を挿入する。

POINT 3　生成的・共創的な読みと合目的な書き
…これまでの学習を基に、自分のお気に入りのはたらくじどう車を選び、そのじどう車についての文章を書く。

文のつながりにきをつけて、よんだことをかこう

教材名「はたらくじどう車」

　本単元では、「はたらくじどう車」を読み、文の構造や文と文とのつながりに注目して一文を書き加えたり、新たな自動車を選び、教材文と同じ構造で続きの文章を書いたりする。

　続きの文章を書くには、文章全体の構造を正確に捉え、その構造に基づいて書くことが求められる。そのために、一つひとつの自動車の紹介が、「自動車の説明」「役割」「つくり」という構造で書かれていること、「ですから」という接続語で「自動車の説明」と「役割」がつながっていることなどを捉える必要がある。したがって、「それぞれの自動車を比較して読むこと」や「一文を付け足すために図鑑等を重ねて読むこと」などの観点からの重層的な読解が重要となる。

学びのプラン

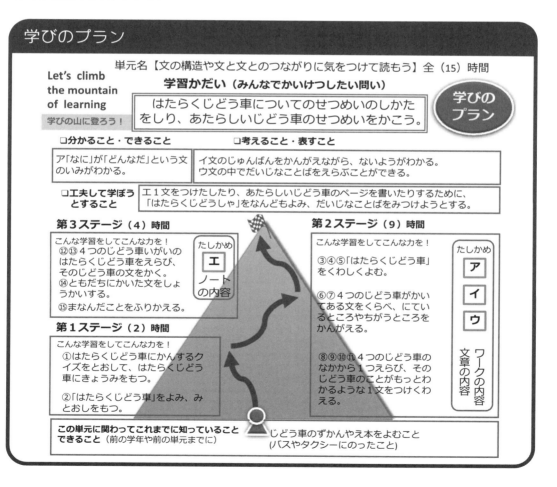

Let's climb the mountain of learning
学びの山に登ろう！

単元名【文の構造や文と文とのつながりに気をつけて読もう】全（15）時間

学習かだい（みんなでかいけつしたい問い）

はたらくじどう車についてのせつめいのしかたをしり、あたらしいじどう車のせつめいをかこう。

学びのプラン

□**分かること・できること**
ア「なに」が「どんなだ」という文のいみがわかる。

□**考えること・表すこと**
イ文のじゅんばんをかんがえながら、ないようがわかる。
ウ文の中でだいじなことばをえらぶことができる。

□**工夫して学ぼうとすること**
エ１文をつけたしたり、あたらしいじどう車のページを書いたりするために、「はたらくじどうしゃ」をなんどもよみ、だいじなことばをみつけようとする。

第３ステージ（４）時間
こんな学習をしてこんな力を！
⑫⑬４つのじどう車いがいのはたらくじどう車をえらび、そのじどう車の文をかく。
⑭ともだちにかいた文をしょうかいする。
⑮まなんだことをふりかえる。

たしかめ
エ
ノートの内容

第２ステージ（９）時間
こんな学習をしてこんな力を！
③④⑤「はたらくじどう車」をくわしくよむ。

⑥⑦４つのじどう車がかいてある文をくらべ、にているところやちがうところをかんがえる。

⑧⑨⑩⑪４つのじどう車のなかから１つえらび、そのじどう車のことがもっとわかるような１文をつけくわえる。

たしかめ
ア
イ
ウ
ワークの内容
文章の内容

第１ステージ（２）時間
こんな学習をしてこんな力を！
①はたらくじどう車にかんするクイズをとおして、はたらくじどう車にきょうみをもつ。
②「はたらくじどう車」をよみ、みとおしをもつ。

この単元に関わってこれまでに知っていることできること（前の学年や前の単元までに）

じどう車のずかんやえ本をよむこと（バスやタクシーにのったこと）

1 単元の目標

知識及び技能	思考力、判断力、表現力等	学びに向かう力、人間性等
・文の中における主語と述語との関係に気付くことができる。((1)カ)	・時間的な順序や事柄の順序などを考えながら、内容の大体を捉えることができる。(C(1)ア) ・文章の中の重要な語や文を考えて選び出すことができる。(C(1)ウ)	・言葉がもつよさに気付くとともに、幅広く読書をし、国語を大切にして、思いや考えを伝え合おうとする。

2 単元で取り上げる言語活動とその特徴

　本単元では、言語活動例「ア　事物の仕組みを説明した文章などを読み、分かったことや考えたことを述べる活動」を具体化し、文章の構成を理解した後に続きの文を書く活動を取り上げる。本活動では、教材文の「自動車の説明」「つくり」「役割」という構造や「ですから」という接続詞で文と文とが連結されていることを理解した上で、その構造に基づいて教科書の文章に新たな一文を挿入したり、自分が好きな自動車を選び新たな文章を書いたりする。そのためには、「バス」「コンクリートミキサー車」「ショベルカー」「ポンプ車」と四つの自動車についての文章を比べて繰り返し読みながら、それぞれの文章の類似点や相違点を見いだしていくことが必要である。こうした読みを展開することで、文章の内容の大体を捉える能力や文章の中の重要な語や文を選び出す能力を育成することができる。

　本単元の「思考力、判断力、表現力等」の目標との関連において、続きの文を書くという目的を意識しながら、重層的に読むことを通して、事柄の順序を考えながら内容の大体を捉えたり、文章の中の重要な語や文を選び出したりすることができるようにする。

3 単元の評価規準

知識・技能	思考・判断・表現
①文の中における主語と述語との関係に気付いている。(1)	①「読むこと」において、時間的な順序や事柄の順序などを考えながら、内容の大体を捉えている。(C(1)ア) ②「読むこと」において、文章の中の重要な語や文を考えて選び出そうとしている。(C(1)ウ)
主体的に学習に取り組む態度	
①文の中における主語と述語との関係に気付き、文章を読み分かったことや考えたことを書く活動を通して、文章の中の重要な語や文を考えて選び出そうとすることに向けた粘り強い取組を行う中で、自らの学習を調整しようとしている。	

4　単元の指導と評価の計画（全15時間）

次	時	育成する資質・能力と指導上の留意点	評価規準・評価方法等【B】おおむね満足できる状況	主な学習活動
第一次	1 2	■導入段階　Ⅰ　働く自動車を説明する文章を書くために、働く自動車について調べたり、文章を読んだりして意欲を高め、学習の見通しをもつ。		
		<学習課題>　はたらくじどう車についてのせつめいのしかたをしり、あたらしいじどう車のせつめいをかこう。		・知っている「働く自動車」を出し合う。 ・働く自動車について図鑑等で調べる。
第二次	3 4 5	■展開前半　Ⅱ　1文1文の主述関係を確認したり、「ですから」に着目しながら内容のまとまりで接続関係を確かめたりするとともに、バスの文章に一文を書き加える。【知・技①】		
		・文の中における主語と述語との関係に気付くことができる。	【B】一文一文の主述関係や接続関係について理解し、その関係を踏まえてバスの文章に一文を書き加えている。 <学びのプラン>「なに」が「どんなだ」という文のいみがわかる。（分かること・できることア）	・一文一文の主述関係や「ですから」に着目しながら、全文を読む。 ・バスの文章に一文を書き加える。
	6 7	■展開後半　Ⅲ—1　自動車ごとに書かれている内容について、それぞれの表記を比較しながら読み、類似点・相違点について明らかにする。【思・判・表①】		
		・時間的な順序や事柄の順序などを考えながら、内容の大体を捉えることができる。	【B】自動車ごとの表記を比較しながら読み、類似点や相違点について、ワークシートにまとめている。 <学びのプラン>文のじゅんばんをかんがえながら、ないようがわかる。（考えること・表すことイ）	・4種類の働く自動車の文章を並べて読み、似ているところや違うところを見つける。
	8 9 10 11	■展開後半　Ⅲ—2　4つの働く自動車から自分の担当する自動車を決め、自動車図鑑等を参考にして重要な語や文を選び出し、担当する自動車の文章に1文を付け加える。【思・判・表②】		
		・文章の中の重要な語や文を考えて選び出すことができる。 ・自動車図鑑や複数種類の教科書等を準備し、書き加える一文の参考図書とする。	【B】自動車図鑑等を参考にして重要な語や文を選び出し、その語や文を活用して、選んだ自動車の文章に一文を書き加えている。 <学びのプラン>文の中でだいじなことばをえらぶことができる。（考えること・表すことウ）	・グループで相談し、担当する自動車を決め、担当の自動車を図鑑等で調べる。 ・調べたことをいかして、担当の自動車の文章に一文を書き加える。
第三次	12 13 14 15	■終末段階　Ⅳ　自分のお気に入りの働く自動車を選び、自動車図鑑等を参考にしながら、教科書の文章と同じ構造で説明する文章を書いたり、これまでの学習を振り返ったりする。【主①】		
		・進んで文章の中の重要な語や文を考えて選び出そうとし、学習課題に沿って考えたことやわかったことを文章にまとめようとしている。 ・展開Ⅲ-2と同様、複数種類の資料を準備しておく。	【B】お気に入りの働く自動車を説明する文章を書くために、教科書の文章や自動車図鑑等を繰り返し読みながら、重要な語や文を見つけ出そうとしている。 <学びのプラン>一文をつけたしたり、あたらしいじどう車のページを書いたりするために、「はたらくじどう車」をなんどもよみ、だいじなことばをみつけようとする。（工夫して学ぼうとすることエ）	・教材文には出てこない自動車を選び、つくり等を調べる。 ・教材文の構造をいかし、自分が選んだ自動車について、説明する文章を書く。 ・自分の文章を友達に紹介する。 ・振り返りを行う。

重層的な読みと合目的な書き

● 導入段階　読解から記述へのゴールイメージとプロセスデザイン

Ⅰ　テキストや題材に対する意欲付けと読んで書くことの見通し

　導入段階では、教材文に関係する「はたらくじどう車クイズ」を行ったり、図鑑を読んだりすることで、教材文を読むことに対する興味を高める。また、どんな活動をするのかについても、学びのプランやモデル文を共有することで、学習活動についての見通しをもてるようにする。

　まずは、「クイズ」を行ったり、「図鑑の紹介」を行ったりすることにより、学習への関心を高める。その上で教材文「はたらくじどう車」を読み、わたしたちの身近で働いている自動車について書かれていることを確認し、学習課題「はたらくじどう車についてのせつめいのしかたをしり、あたらしいじどう車のせつめいをかこう。」を設定する。

　その後、教師が作成した「自分のお気に入りのはたらくじどう車」のモデル文（P57参照）を読む。「自分のお気に入りのじどう車」の文を書くためには、①教材文を詳しく読み、「何が書いてあるか」「どのように書いてあるか」を知ること、②お気に入りの自動車について図鑑等を使って調べること、などが必要であることを確認し、今後の学習活動の見通しにつなげていく。

● 展開前段　論理的・分析的な読みと合目的な書き

Ⅱ　文の主述関係や構造をつかんだ上で行う一文の挿入

　展開前半では、教材文を読み、各文の主述の関係を確認しながら書かれていることについて理解した上で、「バス」の文章に一文を挿入する活動を行う。

　まずは、一文一文の主語や述語について確認しながら、書かれている内容について詳しく読んでいく。その際、挿絵も確認しながら、「どんなことについて書かれているのか」を正確に理解できるようにしていく。その中で、どの自動車の文章にも「ですから」という言葉が使われていることを確認し、どのように使われているのかを考える。すると、それぞれの文章は「役割」と「つくり」という構造で書かれていることが見えてくる。ここから、「どのように書かれているか」について読むことにつなげていく。前半の「バス」や「コンクリートミキサー車」については学級全体で確認しながら丁寧に読み、後半の「ショベルカー」や「ポンプ車」については、一人ひとりが考える時間を十分に確保し、文章全体の構造を捉えられるようにする。

　その後、「役割」と「つくり」の構造を捉えたことをいかして、「バス」の文章に一文を挿入する活動を行う。挿入する一文を書く際は、バスの「役割」や「つくり」について調べることができる図鑑等の図書資料を活用させる。

Ⅲ　各文章の類似点・相違点の捉えをいかして行う１文の挿入

展開後段では、グループの友達と相談して、バス以外の三つの車の中から一つ自分の担当を決め、その自動車の「役割」や「つくり」について一文を挿入する。

まずは、教材に掲載されている四つの文章を比較しながら読むことが重要である。そのためには、例えばカードのような形にすることで、比べ読みがしやすくなる。そこから、四つの文章の書かれ方について、類似点と相違点を明らかにしていく。展開前段で確認した「役割」と「つくり」という構造や「ですから」という接続語の活用については類似点といえる。また、「バスは、『ですから』のあとが二文になっているが、その他のじどう車は一文になっている。」などといった相違点を見つけることも重要である。

その後、グループ内で分担を決め、バス以外の三つの自動車の中から一つ選び、選んだその文章に、一文を挿入する活動を行う。一文を挿入するためには、図鑑等を何度も読み返しながら、その自動車の文章の「どこに」「どんな文を」挿入するか吟味する必要がある。活動について、子供がイメージをもてるように、モデルとなる文を示し、それを分析することも有効な手立てとなる。このような一文を挿入する活動を通して、重要な語や文を選び出す力が育成されていく。

Ⅳ　これまでの学習をいかした新たな文章の記述と学びの自覚化

終末段階では、これまでの学習を基に、自分のお気に入りの働く自動車を選び、その自動車についての文章を書く。

まずは、これまで学習してきた文章の構造である「役割」と「つくり」を改めて確認し、学習活動について見通しをもつ。さらに、選んだ働く自動車について調べるために、図鑑等を何度も読む活動を行う。書くために自動車の「役割」や「つくり」を調べるという目的を明確にすることで、進んで重要な語や文を選び出そうとする姿が期待できる。

次に、実際に文章を書く活動を行う。書くことと並行して、教材文を読みながら構造を確認したり、図鑑等を読みながら必要な情報を探したりすることを繰り返すことで、これまでに学習してきたことを発揮することにつながり、より確かな読解力の育成につながっていく。

最後に、学びのプランの3観点に基づき、本単元の学びを振り返り、子供自身ができるようになったことを自覚できるようにする。特に単元を通して目的をもって読み、複数の文章を繰り返し読むことができたこと、教材文の構造や図鑑を参考に新たな文章を書くことができたことについて振り返ることができるようにする。

記述の具体と解説

■教材文の「バス」の文章に挿入する一文の例　（展開前段）

【「役割」の部分に一文を挿入する場合】

バスは、おおぜいの おきゃくを のせて はこぶ じどう車です。

ですから、たくさんの ざせきが あります。つりかわや 手すりも ついています。

バスは、おおぜいの おきゃくを のせて、きまった みちを あんぜんに はしります。

（挿入）バスは、バスていにとまり おきゃくを のせたり おろしたりします。

【「しくみ」の部分に一文を挿入する場合】

バスは、おおぜいの おきゃくを のせて はこぶ じどう車です。

ですから、たくさんの ざせきが あります。つりかわや 手すりも ついています。

（挿入）大きな ドアが ついていて、じどうで あいたり しまったりします。

バスは、おおぜいの おきゃくを のせて、きまった みちを あんぜんに はしります。

> **解説**　「役割」と「つくり」という構造を理解した後、その枠組みに合った一文をバスの文章に挿入する。図鑑等で収集した情報を活用することが重要である。

■教材文の「コンクリートミキサー車」「ショベルカー」「ポンプ車」に挿入する一文の例　（展開後段）

【「コンクリートミキサー車」の例】

コンクリートミキサー車は、なまコンクリートを はこぶ じどう車です。

ですから、大きな ミキサーを のせています。

コンクリートミキサー車は、よく まざるように、ミキサーを まわしながら、こうじを する ばしょに はこびます。

（挿入）こうじょうから なまコンクリートを うけとり いそいでは こびます。

【「ショベルカー」の例】

ショベルカーは、じめんを ほったり けずったり する じどう車です。

ですから、ながい うでと じょうぶな バケットを もっています。

ショベルカーは、こうじの ときに、うでと バケットを うごかして、土を けずり、べつの ばしょに はこびます。

（挿入）でこぼこした じめんの 上でも うごけるように キャタピラが ついています。

【「ポンプ車」の例】

ポンプ車は、水を つかって かじの 火を けす じどう車です。

ですから、水を すい上げたり、まいたり する ホースを つんでいます。

ポンプ車は、いけや しょうかせんから すい上げた 水を、ホースで まいて、火を けします。

（挿入）はしご車や かがく車など いろいろな しょうぼう車が 力を あわせて 火を けします。

> **解説**　図鑑等を活用し、それぞれの自動車について、「役割」と「つくり」を調べ、どこに挿入するかを考えた上で一文を書き加えていく。コンクリートミキサー車は、「ですから」の前、ショベルカーは「ですから」の後にした理由を検討する。ポンプ車の例のように、「つくり」の後の働き方・役割とつくりの補足説明の部分に書き加えることも考えられる。

【自分のお気に入りの「はたらく じどう車」についての文章】

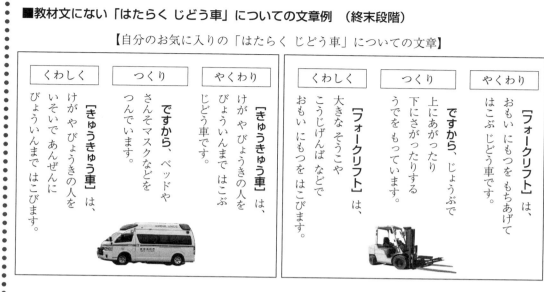

くわしく	つくり	やくわり

[きゅうきゅう車]は、けがや びょうきの人を いそいで あんぜんに びょういんまで はこびます。

ですから、ベッドや さんそマスクなどを つんでいます。

「きゅうきゅう車」は、けがや びょうきの人を はこぶ じどう車です。

くわしく	つくり	やくわり

ですから、じょうぶで こうじげんば などで おもい にもつを はこびます。大きな そうこや

[フォークリフト]は、うでを もっています。上に あがったり 下に さがったりする

「フォークリフト」は、おもい にもつを もちあげて はこぶ じどう車です。

解説 単元を通して学習してきた「役割」「つくり」などの構造に対応したワークシートを子供に示し、「自分のお気に入りの『はたらく じどう車』についての文章」を書く活動を行う。救急車についての文章では、バスの文章を参考にして「どんな人を運ぶ乗り物なのか」ということや、消防車についての文章を参考にして「何をつんでいるか」ということなどを文章化している。また、フォークリフトについての文章では、ショベルカーの文章を参考にして「うで」という用語を使いながら、その「うで」の具体的な動きを文章化している。

■学びのプランの3観点を基に、単元の振り返りを記述した例 （終末段階）

【単元の振り返りを記述したノート】

「やくわり」や「つくり」にどんなことがかいてあるのかわかるようになりました。それがわかったら、じぶんのおきにいりのはたらくじどう車の「やくわり」や「つくり」についてもかくことができました。

あたらしいぶんをかくために、きょうかしょの文やずかんをなんどもよみました。そしたら、じぶんがえらんだじどう車の文がかけました。あたらしい文をかくためには、ほかの文をよんでかんがえることがだいじだとおもいました。

解説 左の文章からは、「役割」と「つくり」という文章の構造を意識して読むことが、書くことにつながったことがわかる。右の文章からは、自分が選んだ自動車の文章を書くために、図鑑等を繰り返し読むなど、目的をもち粘り強く取り組んだことが伺える。

論理的な思考の要となる順序

　論理的な思考を高めるには、順序に対する意識が要となる。平成29年要領では、第1・2学年の「読むこと」の指導事項において、順序には、「時間的な順序」や「事柄の順序」があるとしている。時間軸で捉える順序は比較的捉えやすいが、事柄というとその範疇が広くなり、漠然となる。

　事柄とは、モノやコトといった事物や物事だけなく、出来事や経験、想像もそれに当たる。それらは説明する対象そのものである。ことさら、事柄という概念や要素に拘るのではなく、言語活動の様相に注目すると、その順序性を意識することにつながる。目の前で起きている現象や事実の実状や組み立て・操作の仕組み、活動や仕事等の段取り、身近な見聞や体験、目的に基づいた調査や活動の報告や発表、動植物などの成長の観察記録などを行う際、それに適した順序性が問われる。そこには、全体の概要や要約を先に伝える場合や、目的や骨子だけで結論や要旨は後で示す場合もある。子供自身の言語活動の体験を想起することが、文章の理解に役立つ。一定の枠組みの中で相手に伝達しようとする時、どんな内容を取り上げ、どのような順序が適しているかなどの検討が論理的な思考を磨くことになる。

　低学年における事柄の順序の指導に当たっては、ある物事の遂行や完成までの一連の手順や方法を、累加の接続表現に注目しながら正確に認識したり、自らの表現に生かしたりすることが中心であろう。具体的な指導としては、説明的な文章を取り上げる場合、プロット化と図化が有効である。プロット化とは、文章全体に見出しを付けることである。Ⅰ→1→（1）→①→アを使って文章を細かく分解すると効果的である。教科書は既に段落分けされているので、それを削除したベタ打ち形式（段落なし）の文章に加工するとよい。図化とは、文章の中のキーワードやキーセンテンスを使って、簡易な模式図やチャート等にすることである。教師が手本を示すとよい。順序の指導には、構造的な理解が必要となる。

ここに注目！　第2学年「じゅんじょに気をつけて読み、せつめいする文章を書こう」

POINT 1　論理的・分析的な読みと合目的な書き

　　…教材文を読んで内容の大体を捉え、さけが大きくなるまでについて、言葉に着目してその対応関係を整理しながら表にまとめる。

POINT 2　批判的・構造的な読みと合目的な書き

　　…さけが大きくなるまでの順序について、教材文にはその説明が記述されていない部分を探して問いを立て、その答えを調べて情報を書く。

POINT 3　生成的・共創的な読みと合目的な書き

　　…それぞれが担当する答えを説明する文章を書き、読み合う。文章には順序や様子を分かりやすくするため言葉を盛り込む。

じゅんじょに気をつけて読み、せつめいする文章を書こう

教材名「さけが大きくなるまで」

　本単元では、「さけが大きくなるまで」を読み、時・場所・大きさや様子を表す言葉や文に注目して文章を読み、教材文に記述のない物事の順序や様子を補足して説明する文章を書く。

　文章全体の構造を把握するためには、時間的な順序や事柄の順序を捉える必要がある。順序を表す言葉や文、写真資料を関連付けながら読むことが求められる。また、部分的な読みだけではなく、文章全体を俯瞰して読むことも必要である。様子を表す語彙を増やしながら読んだり書き足したりする活動を通して、文章に書かれていない内容を補足することができるようにする。

学びのプラン

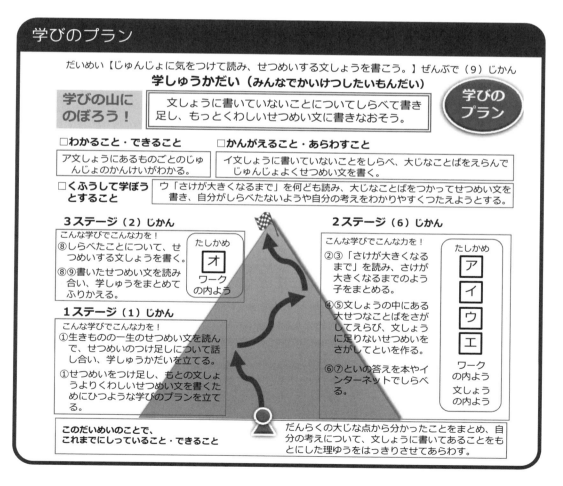

だいめい【じゅんじょに気をつけて読み、せつめいする文しょうを書こう。】ぜんぶで（9）じかん

学しゅうかだい（みんなでかいけつしたいもんだい）

学びの山にのぼろう！

文しょうに書いていないことについてしらべて書き足し、もっとくわしいせつめい文に書きなおそう。

学びのプラン

□**わかること・できること**

ア文しょうにあるものごとのじゅんじょのかんけいがわかる。

□**かんがえること・あらわすこと**

イ文しょうに書いていないことをしらべ、大じなことばをえらんでじゅんじょよくせつめい文を書く。

□**くふうして学ぼうとすること**

ウ「さけが大きくなるまで」を何ども読み、大じなことばをつかってせつめい文を書き、自分がしらべたないようや自分の考えをわかりやすくつたえようとする。

3ステージ（2）じかん

こんな学びでこんな力を！
⑧しらべたことについて、せつめいする文しょうを書く。
⑧⑨書いたせつめい文を読み合い、学しゅうをまとめてふりかえる。

たしかめ
オ
ワークの内よう

2ステージ（6）じかん

こんな学びでこんな力を！
②③「さけが大きくなるまで」を読み、さけが大きくなるまでのよう子をまとめる。
④⑤文しょうの中にある大せつなことばをさがしてえらび、文しょうに足りないせつめいをさがしてといを作る。
⑥⑦といの答えを本やインターネットでしらべる。

たしかめ
ア
イ
ウ
エ
ワークの内よう
文しょうの内よう

1ステージ（1）じかん

こんな学びでこんな力を！
①生きものの一生のせつめい文を読んで、せつめいのつけ足しについて話し合い、学しゅうかだいを立てる。
①せつめいをつけ足し、もとの文しょうよりくわしいせつめい文を書くためにひつような学びのプランを立てる。

このだいめいのことで、これまでにしっていること・できること

だんらくの大じな点から分かったことをまとめ、自分の考えについて、文しょうに書いてあることをもとにした理ゆうをはっきりさせてあらわす。

1 単元の目標

知識及び技能	思考力、判断力、表現力等	学びに向かう力、人間性等
・事柄の順序など情報と情報との関係について理解することができる。((2)ア)	・文章の中の重要な語や文を考えて選び出すことができる。(C(1)ウ)	・言葉がもつよさを感じるとともに、楽しんで読書をし、国語を大切にして、思いや考えを伝え合おうとする。

2 単元で取り上げる言語活動とその特徴

　本単元では、言語活動例「ア　事物の仕組みを説明した文章などを読み、分かったことや考えたことを述べる活動」を具体化し、教材文を読んで内容に不足した情報を探して問いを作り、その答えについて調べて詳しく説明文する文章を書く活動を取り上げる。本活動では、説明する文章を構成する要素として、「①主題に関わる対象の様子の説明」、「②文章内で主題について説明している順序」の二つについて、調べた情報を取り入れながら記述する。そのためには、時・場所・大きさや様子を表す言葉に着目して文章全体の内容を把握するために読んだり、時間的な順序や事柄に気を付けて説明の順序を押さえながら読んだり、説明する相手を意識して自分の思考を整理しながら読んだりすることで文章理解が深まり、自分の分かったことや考えたことをメタ認知することができる。

　本単元の「思考力、判断力、表現力等」の目標との関連において、教材文に補足した説明文を書くという目的を意識して、物事の順序や様子を表す言葉や文を見付けて説明したり、分かったことや考えたことを明らかにしたりすることができるようにする。

3 単元の評価規準

知識・技能	思考・判断・表現
①事柄の順序など情報と情報との関係について理解している。((2)ア)	①「読むこと」において、文章の中の重要な語や文を考えて選び出している。(C(1)ウ)
主体的に学習に取り組む態度	
①情報と情報との関係に気付き、文章を読んで不足する情報を詳しく説明する活動を通して、時間や事柄の順序を考えながら内容の大体を捉えることに向けた粘り強い取組を行う中で、自らの学習を調整しようとしている。	

4　単元の指導と評価の計画（全9時間）

次	時	育成する資質・能力 と指導上の留意点	評価規準・評価方法等 【B】おおむね満足できる状況	主な学習活動
第一次	1	■導入段階　Ⅰ　説明文をより詳しい説明部に書きかえるために、内容の大体について読んだことを別のテキストで調べたり、内容を順序よくまとめたり、様子を説明したりすることを検討する。 <学習課題>　じゅんじょに気をつけて読み、せつめいする文章を書こう。		・モデルの説明文を分析し、説明に必要な力について話し合う。 ・学習課題を設定し、学びのプランを立てる。
第二次	2 3	■展開前半　Ⅱ　順序を表す言葉に注目しながら文章全体の内容の大体を把握し、さけが大きくなる様子を短い文章で表に書く。【知・技①】 ・さけの様子の順序を整理できるワークシートを活用し、文章全体の大体の内容を把握できるようにする。	【B】順序を表す言葉を理解し、さけが大きくなる様子の大体について、短い文章にまとめている。 <学びのプラン> 文章にあるものごとのじゅんじょのかんけいがわかる。（分かること・できることア）	・順序を表す言葉をワークシートに整理する。 ・さけが大きくなる様子の順序を短い文章にまとめる。
	4 5	■展開後半　Ⅲ―1　教材文中の重要な言葉を選び出し、本文を読んだだけでは分からないことを取り出して問いを作る【思・判・表①】 ・これまでに読み取った情報を順序立てて一覧にし、教材文では説明が不足している情報について気が付けるように学級全体で考える場を設定する。	【B】時、場所、大きさや様子を表す言葉を使い、30字程度の問いの文を書いている。 <学びのプラン> 文しょうに書いていないことをしらべ、大じなことばをえらんでじゅんじょよくせつめい文を書く。（考えること・表すことイ）	・重要な言葉を選び出し、教材文中に明記されていない情報を探す。 ・順序や様子を表す言葉を使って、30字程度の問いの文を書く。
	6 7	■展開後半　Ⅲ―2　問いの答えについて、クラスで分業をして本を読んで調べ、教材文を補う情報を書く。【思・判・表②】 ・自分の知る他の物事の様子やその順序と比べることを通して考えを明らかにするよう促す。	【B】説明の順序に合うように、調べた情報を使って説明する文章を書いている。 <学びのプラン> 文しょうに書いていないことをしらべ、大じなことばをえらんでじゅんじょよくせつめい文を書く。（考えること・表すことイ）	・調べてまとめた情報を使って60字程度の説明文を書く。
第三次	8 9	■終末段階　Ⅳ　バージョンアップした説明文を書き、それぞれの文章を読み合ってよいところを交流したり、学習をまとめて振り返りノートに書いたりする。【主①】 ・教材文になかった情報が加わったことによる説明文の変化を味わいながら読むよう促す。 ・学習課題の解決のために工夫したことや習得したこと等について、振り返りができるようにする。	【B】情報を補足して詳しい説明文を書き、単元を通して工夫したことや粘り強く取り組んだこと、学びが深まったことなどについて振り返っている。 <学びのプラン> 「さけが大きくなるまで」を何度も読み、大じな言葉をつかってせつめい文を書き、自分がしらべないようや自分の考えをわかりやすくつたえようとする。（工夫して学ぼうとすることウ）	・説明文を300字程度で書く。 ・説明文を読み合い、互いのよいところを交流する。 ・本単元のまとめ、学びのプラン3観点に基づき学習を振り返る。

導入段階　読解から記述へのゴールイメージとプロセスデザイン

Ⅰ　読んで書く目的や意図、条件設定、読むテキストの選択、方略の検討

導入段階では、学習への必要感を醸成し、目的と課題を認識する。そして、子供が主体となって学習課題を設定し、課題解決に向けた見通しを共有しながら学びのプランを立てていく。

まずは、説明文のモデルとして、既習教材の説明的文章の内容や、図画工作の説明、入学式からの生活等について、順序が入れ替えられ、一部の情報が不足している文章を示す。分かりやすい説明には様子の表し方や順序の組み方が大切であること、情報を補足するとさらに詳しく分かりやすくなることを話し合い、説明について学習する目的意識をもつ。その上で教材文「さけが大きくなるまで」の単元扉を読み、教材への関心を高め、学習課題「じゅんじょに気をつけて読み、せつめいする文章を書こう」を設定する。

その後、教師が作成した説明文のモデルを確認しながら、課題を解決するためには、「①主題に関わる対象の様子の説明」、「②文章内で主題について説明している順序」について伝えるとともに、付け足したい情報を探すことが必要な能力であることを認識する。そうした能力を身に付けて、さけが大きくなるまでについて説明する文章を書くための方略について話し合い、学びのプランを立てる。

展開前段　論理的・分析的な読みと合目的な書き

Ⅱ　言葉に注目し、書いて内容の大体を捉える読み

展開前段では、教材文を読んで内容の大体を捉え、さけが大きくなるまでについて、言葉に着目してその対応関係を整理しながら表にまとめる。

まずは、時、場所、大きさなどの視点から順序を表す言葉が、教材文の中でどのように使われているかに気を付けながら全体を読み、それぞれの対応関係が分かるように様子を整理し、教材文全体の大体の内容を把握する。

次に、本文の叙述に即してさけが大きくなるまでの説明の順序をまとめる。教材文の叙述を、順に記述するだけでは分かりやすい説明にまとめることは難しい。内容を正確に分かりやすく伝えるためには、物事の順序を示している時、場所、大きさや様子を表す言葉を使って、説明の順序のつながりを意識して記述していくことが求められる。そのために、説明の内容は同じでも順序を示す言葉を用いることで分かりやすい説明が成立することについて、学級全体で考える場を設定し、順序の言葉の有無による説明の比較をしながら読み合って気が付けるようにする。

展開後段 批判的・建設的な読みと合目的な書き

Ⅲ 書かれていることのみならず書かれていないことへの注目

> 展開後半では、さけが大きくなるまでの順序について、情報として教材文にはその説明が記述されていない部分を探して問いを立て、その答えを調べて情報を書く。

まずは、これまで記述してきたさけが大きくなるまでの各説明を、一覧に整理する。その中で、文章中には省略されている部分を探し出す。例えば、「北の海とはどこか」「さめやあざらしにどのくらい食べられてしまうのか」「海に出るのは体の大きさが何cmの時か」等、各自が関心をもった点に焦点を当てて問いを作成する必要がある。

そして、教材文では分からない情報について、別のテキストで補うべくクラスで分業をし、インターネットや図書資料を使って調べ学習を行う。集めた情報について、60文字程度の文章にまとめる。

終末段階 生成的・共創的な読みと合目的な書き

Ⅳ 読んで書く行為と共有を通した学びの意味付け

> 終末段階では、それぞれが担当する答えを説明する文章を書き、読み合う。読み終わった後、単元を通して習得した力についてまとめ、学習したことなどを振り返る。

まずは、情報をまとめた文章に、順序や様子を分かりやすくするために使ってきた言葉を取り入れて300字程度で記述する。それらを集めて、クラスでバージョンアップさせた新しい「さけが大きくなるまで」を取りまとめる。

次に、感想を伝える際は、「①主題に関わる対象の様子の説明」、「②文章内で主題について説明している順序」の観点に沿った評価を伝えられるようにする。

最後に、順序や様子を表す言葉に着目して説明文を読む、本文にない情報を加筆してさらに詳しい説明文にリライトする方法とそのよさについて、本単元の学習で身に付けることができた能力を、全員で話し合いながらまとめる。そして、学びのプランに沿って本単元の学習を振り返り、その成果を自覚できるようにする。その際、粘り強く工夫しながら課題に取り組んだことで学びを深めることができたことに目を向ける。

完成した作品の活用方法としては、学級文庫にする、学年内で他学級の作品と交換回覧する、学校図書館に置いて全校児童に読んでもらう、近隣の学校と送り合って交流する等が考えられる。また、個々への返却についても、保存する完成本を増し刷りしたものを配付、保存本分を印刷後に自作品のみの返却、完成本を分冊しての返却等、そのタイミングも含めて検討できる。その際には、交流によるお互いの声を記述したものを合わせて個に還るようにする。

■さけが大きくなるまでの様子の情報を整理した一覧表例　（展開前段）

【順序や様子を導く言葉を集めるワークシートの一部】　　　【さけが大きくなる様子を整理した表】

大きさや様子	場所	時	見つけた言葉
・大きな ・七十センチメートルほども ・たくさん ・いきおいよく ・三メートルぐらい	・北の海 ・海 ・川 ・たき ・川上 ・川ぞこ	・秋になるころ ・冬の間	

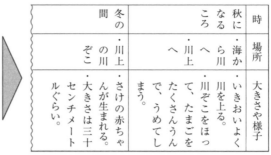

時	場所	大きさや様子
秋になるころ	・海から川を上る。・川上へ、	・川ぞこをほって、たまごをうんで、うめてしまう。
冬の間	・川上で、・川の川ぞこ	・さけの赤ちゃんが生まれる。・大きさは三十センチメートルぐらい。

> **解説**　まずは観点ごとに言葉集めをし、本単元の学習で重要な語彙を増やす。そこから「さけが大きくなるまで」に必要な情報の取捨選択をして、表に整理している。

■教材文にない情報を探して作った問いの例　（展開後段）

【教材文に欠けた情報を探すメモ例】

[?] わからないこと
さけを食べる生き物

◎わかっていること
・さめやあざらしなどに食べられる。

[?] わからないこと
さけの夏の様子

◎わかっていること
・秋はたまごをうむ。
・冬は生まれる。
・春は海にむかう。

【30字程度の問いの文章】

夏の間は、さけはどのような様子ですごしているのでしょうか。

さけを食べてしまう生き物は、さめやあざらしのほかに何がいるでしょうか。

> **解説**　一覧表に整理したさけの情報について、さけが大きくなる様子について分かっていることを整理した中で、欠落している情報を明らかにし、問いを30字程度にまとめている。

■問いの答えについて、他のテキストから調べたことを整理した文章例　（展開後段）

【問いの答えを調べた結果となる情報のメモ例】

【本】
「さけの一生」（△社）
川…うぐい　ひぐま　かじか　からす

問い：さけを食べてしまう生き物は、さめやあざらしのほかに何がいるでしょうか。

【インターネット】
「○水産センターホームページ」
海…とど　うみねこ　ほっけ　ひらめ

【60字程度にまとめた文章例】

海では、たくさんのなかまが食べられてしまうこともあります。魚のほっけやひらめ、鳥のうみねこ、ほにゅうるいのとどなどが天てきです。

> **解説**　調べたことをもとに、必要な情報を取捨選択しながら問いの答えを構想している。

■教材文の不足している内容を 300 字程度で説明する文章例　（終末段階）

【「さけが大きくなるまで」を補完した説明文集のページの例】

「さけの天てき」

さけのたくさんのなかまは、海でさめやあざらしに食べられてしまいます。しかし、さけの天てきが、海にはほかにもいます。天てきとは、自分のことを食べてしまうこわいあい手のことです。

同じ魚では、ほっけやひらめに食べられてしまいます。あざらしと同じほにゅうるいという動物では、とどにも食べられてしまいます。海の上、空からは鳥のうみどりにねらわれています。

体がしっかりしていても、広い海は、さけが生きていくのは大へんなのです。

「夏のさけ」

夏になると、さけは川口から海へ出て、まずは北海道の北にあるオホーツク海ですごします。そのあとに東へむかい、つぎの年の夏にベーリング海ですごします。あたたかくなるとまた、ベーリング海にもどります。これを三年も四年もくりかえし、海をおよぎ回ります。

さけは、きせつによってちょうどよい水のおんどの海ですごします。そのため、夏は水がつめたいベーリング海ですごしているのです。

解説　説明する文章は、学級の中で分業制にして加筆をする。教材文の説明文からのバージョンアップを図り、学級のオリジナルの説明文にしていく。作文する際は、全くの新しい創作ではなく、教材文の文脈を意識し、そこに挿入していくことで補完するイメージをもつようにする。各割当ての文章には、見出し、説明文、挿絵を記述している。説明は、時・場所・大きさや様子を表す言葉をつなげるようにしている。文章は、2、3段落で構成し、教材文中の一場面に当てはめるように書いている。また、製本する際は、教材文の展開に沿うように、各作品のページ配置ができるようにする。

■学びのプランの3観点を基に、単元の振り返りを記述した例　（終末段階）

【単元の振り返りを記述したノート】

　このべん強をはじめる前までは、きょうか書にのっているお話にはすべてが書いてあると思っていました。また、自分で人に何かをせつめいすることはむずかしいと思っていました。でも、ここでべん強した、時、場所、大きさや様子を表す言葉を見つけて読んだことを、じゅんじょに気をつけて書くということをしました。そうしたら、友だちが「きょうか書にのっていないのに、わかりやすいせつ明だった」と言ってくれて、うれしかったです。ちょうどよいことばになるように何ども書きなおすことをがんばってよかったです。

解説　課題に合わせて学び方を調整し、粘り強く書き直したことのよさに気が付けている。

詩を読んで、詩を書く
〜 "模倣" や "書き換え" から "創作" へ〜

　身近な出来事の中から感じたことや考えたことを書くという活動は、低学年から行われています。その中で「詩を書く」ことは、中学年からの言語活動として学習指導要領に例示されています。そうすると低学年においては「詩を書く」ことの位置付けをどのように考えるとよいでしょうか。低学年では難しいのでしょうか。そんなことはありません。「詩を読む」ことと、「詩を書く」ことを組み合わせて指導することによって、書くことを楽しみ、自ら書くことに向かう子供たちを育てることは、低学年からでも大切にしたい学習です。

　詩を読み、詩を書くことを指導するにあたり、まず大切にしたいことは、詩とはどのような文章の特徴があるかを理解できるようにすることです。詩にはリズムがあり、一文の長さや取り上げる言葉によって詩のイメージが変わります。一文字でも文意は大きく変わることなど、詩を音読・朗読したり、黙読したりすることを通して実感することが必要です。

　詩を読むことから詩を書くことにつなげていくためには、多くの詩を読み、その構造と内容を理解することが、詩の書き方を学ぶ一歩となります。

【なぞなぞ詩　例文】
わたしはだあれ
わたしは四角
わたしは緑
わたしは勉強に役立つ
わたしはみんなを見ている
わたしはだあれ

【教師の創作した教材から創作へ】

　低学年における指導の一例です。子供たちが大好きな「なぞなぞ」を詩にするのです。まずは、教師が例文となる詩を創作し教材を作ることから始めます。例文には、答えの形・色・使用方法や様子などを書き入れます。教師の創作した詩を構造と内容に着目して読むことで、詩の書き方を発見させるのです。例文のように、「わたしはだあれ」という文をはじめと最後に書くことや、形・色などがその要素です。また、文の長さも重要な要素です（答えは「黒板」）。

　詩の書き方を発見した子供たちには、なぞなぞの答えを設定し、自分の詩を書くことに取り組ませます。書き上げた詩を読み合い、答えを考え合うことで、詩を書くことの楽しさを一層味わうことができます。「なぞなぞ詩」は、答えとなる物の設定を変えることで、様々なバリエーションの詩が生まれます。食べ物、人物、教科等の授業、自分の未来の職業など、設定によって子供たちの創造が広がる活動です。

【教科書教材を読むことから書く活動へ】

　詩を読み、書くことへつなげる学習の展開には、教科書に掲載されている詩を活用することが考えられます。詩人になった気分で詩を読み、見たこと、聞いたこと、感じたことを自分の言葉にして詩を書き換えたり、創作したりすることで想像力を膨らませることができます。

例えば、次の「春のうた」（４年生の詩教材）を活用した指導の一例を紹介します。

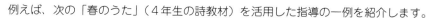

> 春のうた
>
> 　　　　　　　　草野　心平
>
> ほっ　まぶしいな。
> ほっ　うれしいな。
>
> みずは　つるつる。
> かぜは　そよそよ。
>
> ケルルン　クック。
> ああいいにおいだ。
> ケルルン　クック。
>
> ほっ　いぬの　ふぐりが　さいている。
> ほっ　おおきなくもが　うごいてくる。
>
> ケルルン　クック。
> ケルルン　クック。
> ケルルン　クック。

ステップ１：まずは、詩を音読し、詩の特徴を捉えます。（リズム・繰り返しの言葉）

ステップ２：書かれている内容からどのような場面なのかを想像します。

ステップ３：作者（草野　心平）による作品「蛙の詩」の一編であることを知ります。

ステップ４：作品の全体を捉えた上で、自分だったらどのような言葉で表現するかを考えて書き換えます。

　　　　　①から③まで順に書き換えます。

　　　　　①「ケルルン　クック」の書き換え（蛙の声）

　　　　　②「まぶしいな・うれしいな・つるつる・そよそよ」の書き換え（感じたこと）

　　　　　③「いぬの　ふぐりが　さいている・おおきな　くもが　うごいてくる」の書き換え（見えたこと）

ステップ５：グループや学級全体で読み合ったり、書き換えた作品をグループでつなげて音読し、紹介
　　　　　し合ったりします。

　教科書の詩教材を活用する際は、繰り返しがあるもの、擬声語・擬態語が多く書かれているものなどが
言葉を想像しやすく、書き換えに適しています。書き換えによって詩を創作することができるようになる
と、子供たちは書かれている言葉に着目し、進んで自分の言葉で表現するようになります。「詩を読んで、
詩を書く」活動を楽しむ子供たちを育てていきたいものです。

事例 3

意味のまとまりとしての段落

　国語科の教科書は、縦書きである。一方、他教科は横書きが中心である。SNSにおいても同様で、1人1台の端末の前の子供たちは横置きで文章を読み書き（文字打ち）することが日常である。そうすると、なおざりになるのが段落という意識である。昨今、学生のレポートの状況からそう感じる。改行がないものが多い。コンピュータでの横書きは、行頭は左詰めが一般的ではある。しかし、英文とは異なり、日本語の場合は改行して行頭を一マス空けるほうが望ましい。新聞の社説には記号を付して段落を示している。ではなぜ、段落が必要なのであろうか。簡潔には読みやすいからであろう。そこには、相手意識が表れる。自分だけが分かっているのであれば、改行は特に必要ない場合もあろう。余りにも改行が多くなるのも問題だが、改行ごとにまとまりを付けるということは、読み手への配慮である。「ここからは、別の話になります」「私はこのように論（筋道）を立てて説明します」ということを示している。

　こうしたことを踏まえると、説明的な文章の段落を検討する際は、書き手（筆者）意識に立つことが大切となる。書き手の立場に立って、構造と内容を把握する指導を強化する。教科書の教材文は、既に改行された、整った論理構成となっている。発問としては、「書き手はどうしてここで改行したのでしょうか」などを用意する。すると、段落の役割について書き手意識をもって考えることができ、段落の要点を捉えたり小見出しを付けたりすることにつながる。それが、段落相互の関係を検討し、意味段落としてまとまりを意識することに発展する。段落指導では特に、行頭の接続表現に注目することで、時間（季節、月日）の経過や事柄の順序を捉えることができる。これは、低学年の順序の指導と重なる。説明系統、また意見系統においても段落の基本形は序論→本論→結論である。

　意味のまとまりとしての段落へ注目し、全体の論旨として整然と伝わっているか否かを検討することに意を用い、それを音声や文字による表現の中でも意識して活用できるようにすることが大切である。

ここに注目！

第3学年「だんらくどうしのつながりに気を付けて読み、説明する文章を書こう」

POINT 1　論理的・分析的な読みと合目的な書き
…教材文を読み、段落の冒頭の文章をつなぐ言葉に着目して「はじめ・中・終わり」の文章構成を捉えてそれぞれに小見出しを付ける。

POINT 2　批判的・構造的な読みと合目的な書き
…文章と図や写真を結び付けて、筆者の考えについて共感したり、新たな問いを抱いたりすることを通して、自分の考えをもつ。

POINT 3　生成的・共創的な読みと合目的な書き
…自分の興味をもった絵文字を紹介する文章を1人1台端末を活用して書き、それぞれが書いた文章を交流する。

だんらくどうしのつながりに気をつけて読み、説明する文章を書こう

教材名「くらしと絵文字」

　本単元では、「くらしと絵文字」を読み、段落のまとまりと段落どうしのつながりに着目して、読んだことを説明する文章を書く。

　説明する文章を書くには、伝えたいことを明確にして内容のまとまりで段落をつくり、段落相互の関係に注意しながら全体の構成を整えていくことが求められる。また、読み手に分かりやすく伝えるために絵や写真と関係付けて表現を工夫することが必要である。ここでは段落の役割を捉えて、段落のまとまりと段落どうしのつながりを考えて読む力を身に付けることで、分かりやすく説明する文章を書く活動を展開する。

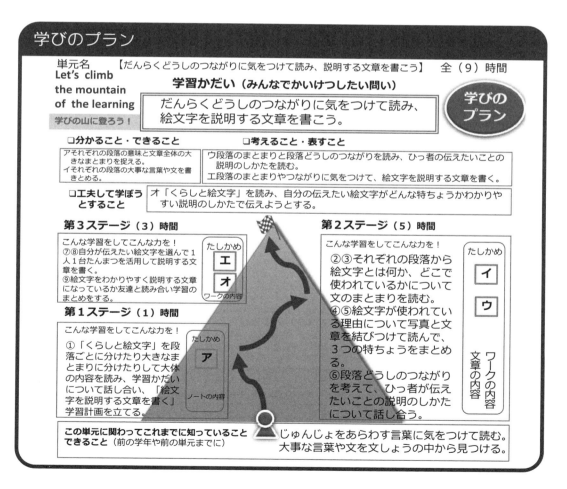

学びのプラン

単元名　【だんらくどうしのつながりに気をつけて読み、説明する文章を書こう】　全（9）時間

Let's climb the mountain of the learning

学びの山に登ろう！

学習かだい（みんなでかいけつしたい問い）

だんらくどうしのつながりに気をつけて読み、絵文字を説明する文章を書こう。

学びのプラン

□分かること・できること

ア　それぞれの段落の意味と文章全体の大きなまとまりを捉える。
イ　それぞれの段落の大事な言葉や文を書きとめる。

□考えること・表すこと

ウ　段落のまとまりと段落どうしのつながりを読み、ひっ者の伝えたいことの説明のしかたを読む。
工　段落のまとまりやつながりに気をつけて、絵文字を説明する文章を書く。

□工夫して学ぼうとすること

オ　「くらしと絵文字」を読み、自分の伝えたい絵文字がどんな特ちょうかわかりやすい説明のしかたで伝えようとする。

第3ステージ（3）時間

こんな学習をしてこんな力を！
⑦⑧自分が伝えたい絵文字を選んで1人1台たんまつを活用して説明する文章を書く。
⑨絵文字をわかりやすく説明する文章になっているか友達と読み合い学習のまとめをする。

たしかめ
工
オ
ワークの内容

第2ステージ（5）時間

こんな学習をしてこんな力を！
②③それぞれの段落から絵文字とは何か、どこで使われているかについて文のまとまりを読む。
④⑤絵文字が使われている理由について写真と文章を結びつけて読んで、3つの特ちょうをまとめる。
⑥段落どうしのつながりを考えて、ひっ者が伝えたいことの説明のしかたについて話し合う。

たしかめ
イ
ウ
ワークの内容
文章の内容

第1ステージ（1）時間

こんな学習をしてこんな力を！
①「くらしと絵文字」を段落ごとに分けたり大きなまとまりに分けたりして大体の内容を読み、学習かだいについて話し合い、「絵文字を説明する文章を書く」学習計画を立てる。

たしかめ
ア
ノートの内容

この単元に関わってこれまでに知っていることできること（前の学年や前の単元までに）

じゅんじょをあらわす言葉に気をつけて読む。
大事な言葉や文を文しょうの中から見つける。

1 単元の目標

知識及び技能	思考力、判断力、表現力等	学びに向かう力、人間性等
・情報と情報との関係について理解することができる。((2)ア)	・段落相互の関係に着目しながら、考えと叙述を基に捉えることができる。(C(1)ア) ・目的を意識して、中心となる語や文を見付けて、要約することができる。(C(1)ウ)	・言葉がもつよさに気付くとともに、幅広く読書をし、国語を大切にして、思いや考えを伝え合おうとする。

2 単元で取り上げる言語活動とその特徴

　本単元では、言語活動例「ア　記録や報告などの文章を読み、文章の一部を引用して、分かったことや考えたことを説明したり、意見を述べたりする活動」を具体化し、教材文に関連した「絵文字」に関する本を読んで身の回りにある「絵文字」について説明する文章を書く活動を取り上げる。本活動では、「絵文字」を説明する文章の構成として「はじめ・中・終わり」の三つの段落に分け、「①興味をもった絵文字の紹介」、「②絵文字の特徴」、「③自分の考えと感想」を記述する。そこで、まず「文章のまとまり」としての段落の分け方に着目して読み、文章全体の大体の内容を捉える。次に、段落のまとまりやつながりに着目して、大きなまとまりに小見出しを付けたり、絵や写真と結び付けたりして読む。このような学習活動を通して文章の中心となる語や文を見付けて読む力の育成にもつなげていく。

　本単元の「思考力・判断力・表現力等」の目標との関連において「説明する文章を書く」という言語活動を位置付けることで、説明する文章の構成と内容を捉えた読みを基に、自分の伝えたいことや自分の考え、感想をわかりやすく説明する文章を書くことができるようにする。

3 単元の評価規準

知識・技能	思考・判断・表現
①情報と情報との関係について理解している。((2)ア)	① 段落相互の関係に着目しながら、考えと叙述を基に捉えている。(C(1)ア) ②「読むこと」において、目的を意識して、中心となる語や文を見付けて読んでいる。(C(1)ウ)

主体的に学習に取り組む態度
①情報と情報との関係を理解し、説明する文章を書く活動を通して、段落相互の関係に着目しながら、考えと叙述を基に捉えることに向けた粘り強い取り組みを行う中で、自らの学習を調整しようとしている。

4 単元の指導と評価の計画（全9時間）

次	時	育成する資質・能力と指導上の留意点	評価規準・評価方法等【B】おおむね満足できる状況	主な学習活動
第一次	1	■導入段階　Ⅰ　「絵文字」について興味をもったことを話し合い、「絵文字」を説明する文章を書くという学習課題を捉え、段落のまとまりを理解し、大体の内容を読む。		
		＜学習課題＞　段落のまとまりやつながりに気を付けて、「絵文字」の特徴についての説明書を書こう。		・学習課題を設定し、学びのプランを立てる。 ・段落に分け、大体の内容を読む。
第二次	2 3	■展開前半　Ⅱ　段落構成を捉えながら文章全体の内容を把握し、段落のつながりに気を付けて読み、要点をもとに大きなまとまりの小見出しを付ける。【知・技①】		
		・「はじめ・中・終わり」の段落構成を捉える全文シートを活用させ、文章の大きなまとまりの小見出しを考えさせる。	【B】「はじめ・中・終わり」の段落構成を理解し、文章の大きなまとまりに小見出しを付けている。 ＜学びのプラン＞ それぞれの段落の意味と文章全体の大きなまとまりを捉える。 （分かること・できることア）	・全文シートを基に、「はじめ・中・終わり」の段落構成を捉える。 ・三つの大きな文章のまとまりに小見出しを付ける。
	4 5	■展開後半　Ⅲ―1　文章の「中」に書かれている「絵文字」の特徴について絵や図と文章を結び付けて読む。【思・判・表①】		
		・「絵文字」の三つの特徴について、文章と図や写真を結び付けて読んだり、比べて読んだりしてワークシートを活用して情報を整理させる。	【B】文章と図や写真を結び付けて読み、「絵文字」の三つの特徴についてまとめている。 ＜学びのプラン＞ それぞれの段落の大事な言葉や文を書きとめる。 （分かること・できることイ）	・大事な言葉や文を見付け、文章と図や写真を結び付けて読む。 ・三つの特徴を比べて読んで気付いたことをまとめる。
	6	■展開後半　Ⅲ―2　段落どうしのつながりに気を付けて、筆者の主張を支える事例との関係を読み、自分の考えをもつ。【思・判・表②】		
		・「絵文字」の三つの特徴の捉えについて、批判的に読むことで、筆者の主張について深く読み取れるようにする。	【B】筆者の主張について、段落のつながりや事例との関係に着目して読み、自分の考えをまとめている。 ＜学びのプラン＞ 段落のまとまりと段落どうしのつながりを読み、筆者の伝えたいことの説明の仕方を読む。（考えること・表すことウ）	・筆者の主張に対して、批判的な読みを働かせて読む。 ・筆者の伝えたいことについて自分の考えをまとめる。
第三次	7 8 9	■終末段階　Ⅳ　自分の興味をもった絵文字を紹介する文章を1人1台端末を活用して書き、それぞれが書いた文章を交流したり、学習を振り返って学びの意味などをノートに書いたりする。【主①】		
		・これまでの学びを生かして、大きな三つの段落に分けて「絵文字」を説明する文章を書くようにする。 ・学びのプランの3観点に基づき、本単元の学びを振り返り、学びの意味に気付かせる。	【B】説明する文章を書き、単元を通して試行錯誤したことや粘り強く取り組んだこと、学びが深まったことなどについて振り返っている。 ＜学びのプラン＞ 段落のまとまりやつながりに気を付けて、絵文字を説明する文章を書く。 （考えること・表すことエ） 分かりやすい説明の仕方で伝えようとしている。 （工夫して学ぼうとすることオ）	・説明する文章を三つの段落に分けて書く。 ・説明する文章を読み合い、互いのよいところを交流する。 ・学びのプランの3観点に基づき、本単元の学びを振り返り、意味付ける。

● 導入段階 読解から記述へのゴールイメージとプロセスデザイン

Ⅰ 「絵文字」について興味をもったことを話し合い、「絵文字」を説明する文章を書くという
  学習課題を捉え、段落のまとまりを理解し、大体の内容を読む。

　導入段階では、身の回りにある「絵文字」を提示し「絵文字」に興味をもたせるとともに、「絵文字」が多様な場で使われている理由について考えさせることで、学習の目的や意義を捉えていく。そして、「自分の興味をもった絵文字を説明する文章を書く」といった学習課題を捉えて単元の見通しをもてるようにする。ここでは、教師が作成した「絵文字」を説明する文章を提示することで、段落ごとにまとまりのある文章を書くことや「絵文字」の特徴が書かれていることに気付かせ、学びの問いをもたせるようにする。自分の伝えたい「絵文字」を説明する文章を書くために、教材文「くらしと絵文字」を読む目的を明確にし、子供の課題解決に向けた見通しをもち、学びのプランを立てていく。

　まずは、本単元の目標にある「段落と段落のつながりを読む」ことの前段階として、これまでの既習の短い説明文から「段落」の分け方について考える。そして、段落分けされていない「くらしと絵文字」の説明文を提示し、内容のまとまりに着目して読みながら形式段落に分けることで、「段落」の意味を捉えて教材文の大体の内容をつかむことができるようにする。

● 展開前段 論理的・分析的な読みと合目的な書き

Ⅱ 段落構成を捉えながら文章全体の内容を把握し、段落のつながりに気を付けて読み、要点
  をもとに大きなまとまりの小見出しを付ける。

　展開前段では、教材文を読み、段落の冒頭の文章をつなぐ言葉に着目して「はじめ・中・終わり」の文章構成を捉えてそれぞれに小見出しを付ける。

　まずは、各段落にどのようなことが書かれているかに気を付けながら教材文を読み、形式段落ごとに中心の語や文に着目して要点をまとめて整理する。

　その後、「はじめ・中・おわり」の三つの大きなまとまりに分けて、小見出しを付けることで段落構成を捉えて教材文全体の内容を把握する。そこでは、大きなまとまりをどのような根拠で分けたのかについて、自分の読みを確かめたり広げたりする読みの交流の場を設定することで、書き手（筆者）が、どのような文章構成で読み手に自分の考えを伝えているのかを理解することができる。自分の伝えたい「絵文字」を説明する文章を書くという学びの目的をもつことで、自分の伝えたいことをどのような文章構成にすればよいかといった課題解決に結び付く。

Ⅲ　文章の「中」に書かれている「絵文字」の特徴について絵や図と文章を結び付けて読む。
　　段落どうしのつながりに気を付けて、筆者の主張を支える事例との関係を読み、自分の考
　　えをもつ。

　展開後段では、文章と図や写真を結び付けて、筆者の考えを読む。ここでは、テキストと対話
をしながら筆者の説明の仕方について共感したり、新たな問いを抱いたりすることを通して、自
分の考えをもつ。

　まずは、文章のみの全文シートを配布し、文章と関係付くように図や写真を貼っていく。すると、
文章から読めることと、文章には書かれていない情報があることに気付く。自ずと不足している
説明について、図や写真、リード文に印を加えたり、文章を書き加えたりするようになる。

　次に、筆者の主張について、段落のまとまりと段落どうしのつながりに着目して読むことで、「筆
者は〜述べているが、〜という考えもある」といった批判的な読みをもつ。そして、批判的な読
みの視点で読みの交流を行い、筆者の伝えたかったことについて自分の考えを文章にまとめる。

　最後に、読み手に伝えたいことを説明する文章を書くためには、文章と図や写真を結び付けて
書くことの大切さを意識させる。

Ⅳ　自分の興味をもった絵文字を紹介する文章を1人1台端末を活用して書き、それぞれが書
　　いた文章を交流したり、学習を振り返って学びの意味などをノートに書いたりする。

　終末段階では、これまでの学習を基に、身の回りにある絵文字から自分の伝えたい絵文字を
説明する文章を書き、読み合った後、単元を通して学習したことなどを振り返る。

　まず身の回りにある絵文字を1人1台端末を活用して写真撮影をし、調べたい絵文字について
図鑑で調べる。その中から、読み手に伝えたい絵文字を選ぶ。説明する文章は、「段落のまとま
りと段落どうしのつながり」に着目して読んだ2次の読み方を基に「①見付けた絵文字の紹介」「②
見付けた絵文字の特徴」「③考えたことや感想」の三つの大きなまとまりで書く。

　次に1人1台端末を活用して、そうしたまとまりを示したワークシートの画面に調べた情報の
要約文を書く。そして、1人1台端末を活用しながら自分の伝えたい情報を友達と共有する。そ
こでは、段落のつながりに着目して読み、説明する内容が読み手にわかりやすく表現できている
かの視点で読み合ったり、説明する文章と図や写真を結び付けて情報を加えたりしていく。

　最後に、本単元の学びを学びのプランの観点に沿ってどのように学びを進めてきたのか、新た
な気付きや学びについて振り返り、身に付いた力をメタ認知できるようにする。

記述の具体と解説

■教材文を大きなまとまりの小見出し例 （展開前段）

【段落ごとの要点をまとめたワークシートの一部】

だん落	①	②	③	④	⑤	⑥	⑦
主な内容	・絵文字とは何か	・時代をこえて役立ってきた絵文字	・現在のくらしの中に見られる絵文字	・たくさんの絵文字が使われるのはなぜか	・絵文字の第一の特長	・すぐに意味のわかる絵文字	・絵文字の第二の特長

【大きな三つのまとまりの小見出し】

はじめ	中	終わり
絵文字のしょうかい	絵文字の三つの特長	これからの絵文字のやくわり

解説　本教材文の中心の語「絵文字」に着目して要点を捉えて、大きなまとまりの「小見出し」を付けるときは、絵文字の何を説明しているかを考えて書く。

■文章と図や表を結び付けて読み、書かれていない情報を書き加えた例 （展開後段）

【文章と図を結び付けたワークシート】

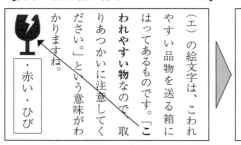

・赤い・ひび

（エ）の絵文字は、こわれやすい品物を送る箱にはってあるものです。「こわれやすい物なので、取りあつかいに注意してください。」という意味がわかりますね。

【書き加えた文章例】

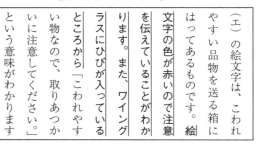

（エ）の絵文字は、こわれやすい品物を送る箱にはってあるものです。絵文字の色が赤いので注意を伝えていることがわかります。また、ワイングラスにひびが入っているところから「こわれやすい物なので、取りあつかいに注意してください。」という意味がわかりますね。

解説　絵文字から読み取れる情報と文章を線で結び、書かれていない情報を書き加えることで読み手にわかりやすい説明文になることに気付く。

■筆者の主張について批判的に読み、交流を通して自分の考えをまとめた文章例 （展開後段）

【批判的な読みから読みの問いをもつ叙述】

外国の人々にも、おさない子供たちにも、すぐにわかります。

（絵文字の特長の説明が合っているかな）

【自分の考えをまとめた文章】

⑪だんらくの第三の特長「言葉や年れいなどのちがいをこえてわかる」の具体的な説明なのに「すぐにわかります」の一文から、ひじょう口の絵文字は、第一の特長の「見たしゅんかんに、その意味がわかる」とも読める。言葉や年れいのちがいをこえてすぐにわかるとすればよいと思う。⑩

解説　段落のまとまりと段落どうしのつながりに着目して、批判的に読む視点の発問をすることで、自分の考えをもてるようにする。

■自分の伝えたい絵文字を説明する文章例　（終末段階）

【身の回りにある絵文字】

「けいたい電話禁止のマーク」

　この絵文字は、びょういんに行ったときに、まちあい室で見つけました。けいたい電話の使用のきん止を伝えています。けいたい電話の絵があり、その上に赤いななめ線があるので、使ってはいけないことがすぐにわかります。これは、絵文字の三つの特長の第一の特徴「絵を見たしゅんかんに意味がわかる」です。

　調べてみると、けいたい電話の電ぱがかん者さんのいりょうききにえいきょうがあることがわかりました。絵文字には、私たちのいのちを守ってくれるはたらきがあるのです。

（二百二十六字）

解説	自分の説明したい絵文字について図鑑で調べた内容から第一段落は、絵文字の紹介として、「どこで見つけたのか、どのような意味があるのか」についてまとめている。第二段落は、第一段落とのつながりから絵文字の意味とその特長についてわかりやすく説明する文章を書く。そこでは、図鑑にある説明だけでなく、絵と文章をつなげて読めるように文章を書いていく。最後に第三段落は、絵文字について調べて考えたことや感想を書いてまとめている。1人1台端末を活用することで、絵や図を取り入れて文章をまとめることができる。また、わかりやすく説明する文章にするために1人1台端末を活用することで情報を加えるなど容易に書き直すことができる。

■学びのプランの3観点を基に、単元の振り返りを記述した例　（終末段階）

【単元の振り返りを記述したノート】

　今まで説明する文章は、わかっていることをくわしく書けばよいと考えていました。「くらしと絵文字」の説明文を読んで、説明する文章の書き方がわかりました。伝えたいことを読み手にわかりやすく伝えるためには、まず伝えたいことを書いて、次に具体てきに説明するために図や写真と文章をつなげて書くとよいことがわかりました。

　また、だん落ごとにまとめた文章のつながりを考えて書くことも大切だと気づきました。これらも、自分のきょうみをもったことを調べて説明する文章を書いてみんなに読んでもらいたいです。

解説	段落どうしのつながりを考えて書くことの大切さに気付き、何度も文章を整えようとしていたことがわかる。

【第4学年】説明的な文章

目的に揺さぶられる要約

「要約」という用語は、平成29年要領では、「読むこと」の第3・4学年「ウ　目的を意識して、中心となる語や文を見付けて要約すること」で登場する。そこでは、要約について、「文章全体の内容を正確に把握した上で、元の文章の構成や表現をそのまま生かしたり自分の言葉で用いたりして、文章の内容を短くまとめることである」と説明している。説明的な文章の要約を"あらまし"、文学的な文章の要約を"あらすじ"と呼ぶことがある。話し言葉や書き言葉を含め、"大意"と呼ぶ場合もある。

要約には、様々なバリエーションがある。一文要約（本教材例：「名古屋港水族館は絶滅の恐れのあるウミガメの保護に成功した」）で事足りる場合がある。日常的には簡潔明瞭な要約が必須かもしれない。しかし、一文では到底その内容が伝わらない。分量をはじめ、それを伝える相手の状況、文章の全部を伝えるか一部に限るのかなどの範囲を検討する必要がある。原文をどこまで忠実に取り上げるか否か、必要となる言葉と自分の言葉の使い分けについては注意すべき観点となる。

国語科学習指導においては、要約は"何のため"という目的を意識することが第一義である。教科書は、共通図書となるため、学習者にとってはその全貌は既知である。つまり、一文要約でも通ずる。しかし、それは未読者にとっては本の帯やポップのような読書（購買）への喚起に過ぎないものとなる。本事例で示すように、ウミガメの保護の成功に至るまでの経緯をどのように記述するかは重要な検討課題となる。新聞であれば、見出しとリード文だけで大意は伝わるが、記事文も要約といえる。自分の興味が優先される要約には、筆者の主張が欠落しがちになる。

要約の基本は、文章の構成をつかみ、書き手の主張（意図）とその根拠を的確に読み取ることである。それを目的に応じて適切に書き表すことが同時に求められる。目的に揺さぶられながら条件に応じて要約するという言語活動を学年の発達や系統に応じて意図的に調整する。

ここに注目！

第4学年「大事な言葉や文に気をつけて要約しよう」

POINT 1　**論理的・分析的な読みと合目的な書き**
…教材文を読み、名古屋港水族館が取り組んだウミガメの研究について、120字程度の文章でまとめる。

POINT 2　**批判的・構造的な読みと合目的な書き**
…興味をもったことを中心とした内容の要約と、興味をもったことに対する自分の考えをそれぞれ100字程度にまとめる。

POINT 3　**生成的・共創的な読みと合目的な書き**
…第二次で書いた三つの文章を基に、それぞれの内容を整理したり統合したりしながら、教材文の内容を紹介する文章を300字程度で書く。

大事な言葉や文に気をつけて要約しよう

教材名「ウミガメの命をつなぐ」

　本単元では、「ウミガメの命をつなぐ」を読み、調査報告に関する大事な言葉や文に注目して、文章の内容を紹介するために要約を書く。

　要約を書くには、文章全体の内容を正確に把握した上で、元の文章の構成や表現をそのまま生かしたり自分の言葉を用いたりして、文章の内容を短くまとめることが求められる。また、内容の中心となる語や文を選んで、分量などを設定して要約することが重要となる。ここでは、「文章全体の内容を把握するための読み」や「中心となる語や文を選ぶための読み」など、重層的な読解を経て要約を記述する活動を展開する。

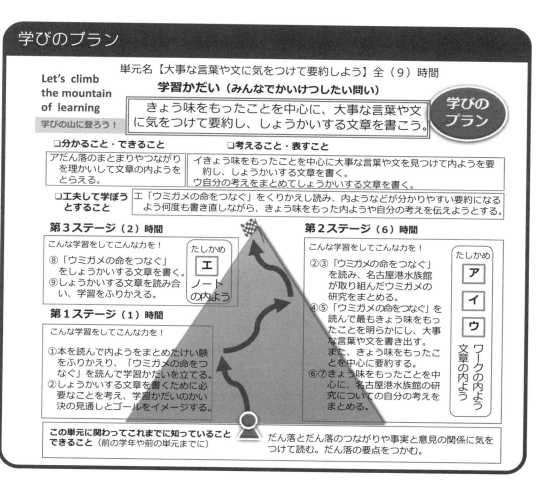

学びのプラン

Let's climb the mountain of learning
学びの山に登ろう！

単元名【大事な言葉や文に気をつけて要約しよう】全（９）時間

学習かだい（みんなでかいけつしたい問い）

きょう味をもったことを中心に、大事な言葉や文に気をつけて要約し、しょうかいする文章を書こう。

学びのプラン

□**分かること・できること**
ア　だん落のまとまりやつながりを理かいして文章の内ようをとらえる。

□**考えること・表すこと**
イ　きょう味をもったことを中心に大事な言葉や文を見つけて内ようを要約し、しょうかいする文章を書く。
ウ　自分の考えをまとめてしょうかいする文章を書く。

□**工夫して学ぼうとすること**
エ　「ウミガメの命をつなぐ」をくりかえし読み、内ようなどが分かりやすい要約になるよう何度も書き直しながら、きょう味をもった内ようや自分の考えを伝えようとする。

第３ステージ（２）時間
こんな学習をしてこんな力を！
⑧「ウミガメの命をつなぐ」をしょうかいする文章を書く。
⑨しょうかいする文章を読み合い、学習をふりかえる。

たしかめ
エ
ノートの内よう

第１ステージ（１）時間
こんな学習をしてこんな力を！
①本を読んで内ようをまとめたけい験をふりかえり、「ウミガメの命をつなぐ」を読んで学習かだいを立てる。
②しょうかいする文章を書くために必要なことを考え、学習かだいのかい決の見通しとゴールをイメージする。

第２ステージ（６）時間
こんな学習をしてこんな力を！
②③「ウミガメの命をつなぐ」を読み、名古屋港水族館が取り組んだウミガメの研究をまとめる。
④⑤「ウミガメの命をつなぐ」を読んで最もきょう味をもったことを明らかにし、大事な言葉や文を書き出す。また、きょう味をもったことを中心に要約する。
⑥⑦きょう味をもったことを中心に、名古屋港水族館の研究についての自分の考えをまとめる。

たしかめ
ア
イ
ウ
文章の内よう　ワークの内よう

この単元に関わってこれまでに知っていることできること（前の学年や前の単元までに）
だん落とだん落のつながりや事実と意見の関係に気をつけて読む。だん落の要点をつかむ。

1　単元の目標

知識及び技能	思考力、判断力、表現力等	学びに向かう力、人間性等
・段落の役割について理解することができる。((1)カ)	・目的を意識して、中心となる語や文を見付けて要約することができる。(C(1)ウ) ・文章を読んで理解したことに基づいて、感想や考えをもつことができる。(C(1)オ)	・言葉がもつよさに気付くとともに、幅広く読書をし、国語を大切にして、思いや考えを伝え合おうとする。

2　単元で取り上げる言語活動とその特徴

　本単元では、言語活動例「ア　記録や報告などの文章を読み、文章の一部を引用して、分かったことや考えたことを説明したり、意見を述べたりする活動」を具体化し、教材文を読んで興味をもったことを中心に要約し、その内容を紹介する文章を書く活動を取り上げる。本活動では、紹介する文章を構成する要素として、「①文章全体の内容を短くまとめる縮約」、「②興味をもったことを中心に内容をまとめる要約」、「③興味をもったことについての自分の考え」、の三つの内容を記述する。そのためには、段落構成に着目して文章全体の内容を把握するために読んだり、興味をもったことを中心に大事な言葉や文に気を付けて読んだり、自分とのかかわりを考えながら読んだりするなど、文章を繰り返し重ねて読む必要があり、文章の内容を要約する能力や自分の考えを形成する能力を育成することができる。

　本単元の「思考力、判断力、表現力等」の目標との関連において、紹介する文章を書くという目的を意識して、中心となる語や文を見付けて要約したり、感想や考えを明らかにしたりすることができるようにする。

3　単元の評価規準

知識・技能	思考・判断・表現
①段落の役割について理解している。((1)カ)	①「読むこと」において、目的を意識して、中心となる語や文を見付けて要約している。(C(1)ウ) ②「読むこと」において、文章を読んで理解したことに基づいて、感想や考えをもっている。(C(1)オ)
主体的に学習に取り組む態度	
①段落の役割を理解し、文章の内容を紹介する活動を通して、中心となる語や文を見付けて要約することに向けた粘り強い取組を行う中で、自らの学習を調整しようとしている。	

4　単元の指導と評価の計画（全9時間）

次	時	育成する資質・能力 と指導上の留意点	評価規準・評価方法等 【B】おおむね満足できる状況	主な学習活動
第一次	1	■導入段階　Ⅰ　紹介する文章を書くために、文章全体の内容を把握してまとめたり、興味をもったことを中心に内容を要約したり、自分の考えをまとめたりすることを検討する。		
		＜学習課題＞　興味をもったことを中心に、大事な言葉や文に気をつけて要約し、しょうかいする文章を書こう。		・本を読んで内容をまとめた経験を振り返る。 ・学習課題を設定し、学びのプランを立てる。
第二次	2 3	■展開前半　Ⅲ　段落構成を捉えながら文章全体の内容を把握し、名古屋港水族館が取り組んだウミガメの研究を短い文章に書く。【知・技①】		
		・研究内容、成果、時期、出来事などを段落ごとに整理できるワークシートを活用し、段落構成を捉えながら文章全体の内容を把握できるようにする。	【B】段落構成を理解し、名古屋港水族館の研究の内容やその成果について、100字程度の文章にまとめている。 ＜学びのプラン＞ だん落のまとまりやつながりを理解して文章の内容をとらえる。（分かること・できることア）	・段落ごとの内容やつながりをワークシートに整理する。 ・名古屋港水族館の研究の内容や成果などを100字程度にまとめる。
	4 5	■展開後半　Ⅲ―1　興味をもったことに関わる大事な言葉や文を見付け、新たな情報を書き加えて要約する。【思・判・表①】		
		・複数の要約の例を比較し、語や文を精選したり、自分なりの言葉に言い換えたりする方法について、学級全体で考える場を設定する。	【B】興味をもったことに関わる大事な言葉や文を見付け、新たな情報を書き加えて要約している。 ＜学びのプラン＞ 興味をもったことを中心に大事な言葉や文を見付けて内容を要約し、しょうかいする文章を書く。（考えること・表すことイ）	・感想を交流し、興味をもったことを明確にする。 ・大事な言葉や文を見付け、興味をもったことを中心に120字程度に要約する。
	6 7	■展開後半　Ⅲ―2　興味をもったことについて、自分との関わりを明らかにしながら読んでその関わりを書き、自分の考えをまとめるために読んで考えたことについて短い文章を書く。【思・判・表②】		
		・自分のこれまでの経験や知識と重ね合わせることを通して考えを明らかにするよう促す。	【B】興味をもったことと自分との関わりを明確にし、考えを短い文章に書いている。 ＜学びのプラン＞ 自分の考えをまとめてしょうかいする文章を書く。（考えること・表すことウ）	・自分との関わりをワークシートに整理する。 ・自分の考えを100字程度にまとめる。
第三次	8 9	■終末段階　Ⅳ　これまでの学習を基に紹介する文章を書き、それぞれが書いた文章を読み合ってよいところを交流したり、学習を振り返って学びの意味などをノートに書いたりする。【主①】		
		・第二次で書いた文章を整理するポイントを示す。 ・学習課題の解決のために工夫したことや習得したこと等について、学びのプランを用いて丁寧な振り返りができるようにする。	【B】紹介する文章を書き、単元を通して試行錯誤したことや粘り強く取り組んだこと、学びが深まったことなどについて振り返っている。 ＜学びのプラン＞ 「ウミガメの命をつなぐ」をくりかえし読み、内容などが分かりやすい要約になるように何度も書き直しながら、興味をもった内容や自分の考えを伝えようとする。 （工夫して学ぼうとすることエ）	・紹介する文章を300字程度で書く。 ・紹介する文章を読み合い、互いのよいところを交流する。 ・学びのプランの3観点に基づき、本単元の学びを振り返り、意味付ける。

重層的な読みと合目的な書き

導入段階 読解から記述へのゴールイメージとプロセスデザイン

Ⅰ 読んで書く目的や意図、条件設定、読むテキストの選択、方略の検討

　導入段階では、学習の目的や意義を自覚し、学習課題を設定するとともに、課題解決に向けた見通しをもち、学びのプランを立てていく。

　まずは、各教科等の学習や日常生活において、本や文章を読んでその内容を短くまとめた経験を振り返り、うまくいかなかった経験などを交流することにより、要約について学習する目的意識をもつ。その上で教材文「ウミガメの命をつなぐ」を読み、教材文の内容を要約する学習を行うことを確認し、学習課題「興味をもったことを中心に、大事な言葉や文に気をつけて要約し、しょうかいする文章を書こう。」を設定する。

　その後、教師が作成した「紹介する文章」のモデルを読み、モデル文に書かれた内容や構成を確認しながら、紹介する文章にはどのようなことを書けばよいのかを考える。教材文の内容を紹介するためには、①教材文全体の大まかな内容を伝える必要があること、②興味をもったことを中心に要約を行う必要があること、③興味をもったことに対する自分の考えを書く必要があること、などを話し合う。単元全体で求められる力（身に付ける力）を子供自身が自覚し、課題解決の方略を検討しながら、学びのプランを立てる。

展開前段 論理的・分析的な読みと合目的な書き

Ⅱ 段落構成を捉え、核となる内容を見極めた上で行う文章全体の縮約

　展開前段では、教材文を読み、名古屋港水族館が取り組んだウミガメの研究について、120字程度の文章でまとめる。

　まずは、各段落にどのようなことが書かれているかに気を付けながら教材文を読み、名古屋港水族館の研究内容、時期、出来事、成果などについて、ワークシートを活用しながら段落ごとに整理し、段落構成を捉えると共に、教材文全体の内容を把握する。

　その後、段落ごとに整理した内容を基に、文章全体を120字程度に縮約する。教材文の内容を網羅的にまとめようとすると、120字程度に収めることは難しい。120字程度にまとめるためには、教材文全体の内容を把握するだけでなく、段落相互の関係を正確に捉えた上で、書き手の考えを説明するための核となる内容を明確に捉え、特に大事な言葉や文を選んだり、自分なりの言葉に置き換えたりしながら、端的にまとめていくことが求められる。子供一人ひとりが個別に学習に取り組むだけでなく、適宜、学級全体で困ったことや解決策について話合いを行うなどしながら、どのように縮約をしていけばよいかを考えることができるようにする。

Ⅲ　興味をもったことを中心とした内容の要約と自分の考えの記述

　展開後段では、興味をもったことを中心とした内容の要約と、興味をもったことに対する自分の考えをそれぞれ100字程度にまとめる。

　まずは、子供一人ひとりが、興味をもったことを明らかにする必要がある。教材文を読んで特に気になったところに線を引くなどした後、気になった理由なども合わせて学級全体で交流することにより、自分が興味をもった内容や理由を明確にすることができるようにする。

　次に、興味をもったことを中心に100字程度に要約する。展開前段で取り組んだ縮約は、教材文全体の段落構成を意識した要約である。ここでは教材文の一部、あるいは教材文全体に散らばって記載されている内容を関連付けたり、他の資料からさらに必要な情報を探したりしながら、興味をもったことについて端的に説明する必要がある。大事な言葉や文を精選し、自分なりの言葉に言い換えたり、新たな情報を書き加えたりして100字程度に要約する。

　その後、興味をもったことに対する自分の考えを100字程度でまとめて書く。多くの子供は、興味をもったことについての考えを明確にもっていないことが考えられる。そのため、興味をもったことと自分がどのように関係しているのかを考え、これまでの自身の経験や知識などと結び付けながら自分の考えをまとめ、100字程度の文章に書く。

● 終末段階　生成的・共創的な読みと合目的な書き

Ⅳ　紹介する文章の記述を通した単元の総括と共有を通した学びの意味付け

　終末段階では、これまでの学習を基に、教材文の内容を紹介する文章を書き、読み合った後、単元を通して学習したことなどを振り返る。

　まずは、第二次で書いた三つの文章を基に、それぞれの内容を整理したり統合したりしながら、教材文の内容を紹介する文章を300字程度で書く。三つの文章をただ並べるのではなく、重複する内容を削ったり、三つの内容につながりをもたせるために順番や言葉を変えたり、内容を付加したりすることが考えられる。

　紹介する文章を読み合う際には、興味をもったことやそれに対する考えなど、文章の内容について自分との違いやよさを見付けるとともに、要約の仕方についてもそれぞれのよいところを見付けることができるよう、交流の視点を明確にする。

　最後に、学びのプランの3観点に基づき、本単元の学びを振り返り、学習の意義や成果を自覚できるようにする。特に、単元を通して試行錯誤したことや粘り強く取り組んだこと、学びが深まったことなどについて振り返ることができるようにする。

記述の具体と解説

■教材文全体を 120 字程度に縮約した文章例 （展開前段）

【段落ごとに主な内容をまとめたワークシートの一部】

だん落	①	②	③	④	⑤
主な内容	・ウミガメのさんらん地の多くは日本の南半分の海岸	・つかまえられたことやさんらん場所のかんきょうなどが主な原因 ・ウミガメは「ぜつめつのおそれがある動物」に指定	・世界中でほぼウミガメの研究	・名古屋港水族館は、一九九二年からウミガメの研究	・人工のすなはまをつくり、ウミガメにたまごを産ませてかえす ・子ガメを海に放流する研究

【120 字程度に縮約した文章】

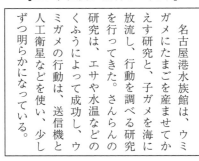

名古屋港水族館は、ウミガメにたまごを産ませてかえす研究と、子ガメを海に放流し、行動を調べる研究を行ってきた。さんらんの研究は、エサや水温などのくふうによって成功し、ウミガメの行動は、送信機と人工衛星などを使い、少しずつ明らかになっている。

解説 120 字程度に縮約するため、①～③段落は取り上げていない。④段落からの名古屋港水族館の研究について書き、研究の内容も特に大事だと思う言葉のみを取り上げている。

■興味をもったことを中心に内容を 100 字程度に要約した文章例 （展開後段）

【興味をもったことについて大事な言葉や文を書き出したメモ】

ページ	P48.L7～	P48.L10～	P49.L9	P50.L5	名古屋港水族館の研究の仕方について
大事な言葉	・ウミガメが水族館の中でたまごを産むのはとうてい無理	・えさ、水温、砂の種類などをくふう ・血液などを調べ体調管理 ・明かりが入らないよう	・目印になる「タグ」をつけていた	・しかし、タグをつける方法では、……	
新しい情報	今では、水族館で生まれたウミガメのさんらんも成功している		「タグ」はチタンでできている		

【100 字程度に要約した文章】

名古屋港水族館は、当時、無理と考えられていたウミガメのさんらんをあらゆるくふうで成功させたり、調査の方法をチタンでできた「タグ」から送信機と人工衛星の方法に変え、何年もかけてウミガメの行動を明らかにしたりしている。

解説 特に興味をもったことが明らかになるように内容を選び、「何年もかけて」など、自分なりの言葉に言い換えたり新しい情報を書き加えたりしながら 100 字程度にまとめている。

■興味をもったことを中心に内容を 100 字程度に要約した文章例 （展開後段）

【自分との関わりを明らかにするためのワークシート】

名古屋港水族館の研究の仕方について

	知っていたこと	自分の経験
	・すなはまでのウミガメのさんらんはしっていたけど、人工のすなはまでのさんらんがむずかしいとは知らなかった。 ・名古屋港水族館の人たちの努力やくふうがあったからこそ、ウミガメのさんらんに成功したのだと思う。	・夏休みの自由研究もあきらめた。 ・理科の実験がすきだけど、失敗するとやる気がなくなる。 ・むずかしいことにちょう戦したり、ねばり強く努力したりして、やっぱり努力することは大事だと感じた。

【100 字程度にまとめた文章】

私は、うまくいかないとすぐに投げ出してしまうことがある。ウミガメの研究を知り、むずかしいことにもちょう戦することや、ねばり強く努力をすることの大切さを名古屋港水族館の人たちから教えてもらった。

解説 自分の経験と重ねることによって、研究の仕方についての自分の考えを明確にしている。

■教材文の内容を 300 字程度で紹介する文章例　（終末段階）

【「ウミガメの命をつなぐ」を紹介するリーフレット】

「ウミガメの命をつなぐ」

名古屋港水族館は、ウミガメにたまごを産ませてかえす研究と、子ガメを海に放流し、行動を調べる研究を行ってきました。

一九九二年当時、水族館でウミガメがさんらんすることは、とうてい無理と考えられていましたが、えさや水温、砂の種類やウミガメの体調管理など、あらゆるくふうを行って成功させました。

また、調査の方法をとちゅうで「タグ」から「送信機と人工衛星」の方法に変えるなど、十年以上かけて調査をつみ重ね、ウミガメの行動を明らかにしていきました。

私は、ふだん、うまくいかないとすぐに投げ出してしまうことがありますが、むずかしいことにちょう戦することや、ねばり強く努力をすることの大切さを名古屋港水族館の人たちから教えてもらいました。

> **解説**　紹介する文章の第一段落は教材文全体の概要（縮約）、第二段落は興味をもったことを中心とした内容の要約、第三段落は興味をもったことに対する自分の考えを書いている。教材文全体をまとめた縮約と要約の内容に重複があることから、第一段落を短くし、第二段落で研究の具体的な内容についてまとめて書くようにしている。また、「あらゆるくふう」の具体的な内容を詳しく書き足すことにより、第三段落に書いた自分の考えとのつながりをもたせようとしている。

■学びのプランの3観点を基に、単元の振り返りを記述した例　（終末段階）

【単元の振り返りを記述したノート】

　これまで、文章の内容を短くまとめることが苦手だったが、今回の学習で、要約のコツをつかんだ気がする。文章全体を短くまとめる学習では、最初、どの言葉や文を使うかわからなかったが、文章のつくりを意しきすると、どの内容を取り上げるかを考えられるようになった。また、興味をもったことについては、興味の内容をはっきりさせることで、大事な言葉や文が自然と決まってくると思った。どちらも、何度も書き直すことで、よりわかりやすく、まとまりのある文章になった。要約にも、いろいろなやり方がある。これからは、目的によって、何をどのように要約するかを考えるようにしていきたい。

> **解説**　何度も書き直すよさに気付くなど、粘り強さを発揮して学習したことが分かる。また、試行錯誤し、要約のコツを自分なりに整理するなど、学びを調整している様子が伺える。

読解 × 記述

Column 2

辞書を活用した読み書きを日常化する
～言葉のお宝帳 "マイ・ディクショナリー" ～

　国語科の授業の中で、辞書を活用して意味を調べる活動はよく行われます。しかし、子供が進んで辞書を手に取り、言葉を調べ、それを読み書きに生かしている姿はあまり見られません。

　辞書を活用するねらいは、どこにあるのでしょうか。それは、主には語彙力の育成にあります。意味を理解している言葉が増えれば、文章の理解が深まります。獲得した言葉を使うことにより、言葉を通して物事の認識を高めるとともに表現力が向上します。さらに、自分で言葉を調べる習慣が身に付けば、言葉そのものへの関心と同時に、自己学習能力も養われてきます。

　日常において文学作品や科学読み物などを読む中で意味が分からない言葉が出てきたとき、それを読み飛ばさないで言葉の正しい意味を調べるような働きかけは大切です。そのことにより、国語科内外で獲得した言葉を使って読みを深めたり、書くことにつなげたりする態度を育てていきたいものです。

　ここでは、"マイ・ディクショナリー" と題して、辞書を自分のものとして読み込んだり、調べた言葉をノートなどに書き出したりして、言葉という宝を増やすアイディアを紹介します。

【辞書を日常的に愛読する～マイ・ディクショナリー化①】
■辞書を引く習慣を身に付ける
◇傍らに置く

　辞書は、机の上など常に手の届くところ、視界に入るところに置いておきます。そして、気になる言葉があったら、授業中（国語科に限らず全教科等）でも休み時間でもすぐに調べられるようにします。辞書は、学年の発達段階を考慮したものを選ぶようにし、小学校 1 年生から積極的に利用することをお勧めします。

◇付箋紙等で調べた語の数を視覚化する

　付箋紙等を活用して辞書に貼り付け、それが増えていくことで、自分が調べた語の数が目に見えて分かり、調べる意欲をもたせやすくなります。付箋紙に通し番号などを振ると、実際に何文字調べたのかが分かり、辞書を引く目標（1 か月で 100 語など）をもたせやすくなります。

◇辞書を比べて読む

　辞書で定義付けられる意味はひと通りではありません。可

付箋紙でいっぱいになった国語辞典

能な限り、辞書を複数用意し、その定義や用例の違いなどを比べることが効果的です。言葉には、アクセントによって意味が異なるものがあります。調べた言葉そのもの、その定義や意味、用例などを含めて声

に出して読むことは記憶に残ることにもつながります。

【自分だけの言葉のお宝帳をつくる～マイ・ディクショナリー化②】
■使ってみたい言葉をピックアップ

　言葉を引くだけでは語彙力は高まりません。理解語彙を使用語彙へと高めていくことが大切です。言葉の定義や意味、用例を理解し、その言葉を使うことでその言葉は自分のものになります。そのためには、心に残る、使ってみたい言葉を記録していくことは効果的です。

　例えば、文学作品を読んで、日常触れたことのない言葉、情景を描写した美しい言葉、余韻を残す言葉、あるいは間違いやすい同じ音をもつ言葉などを書き留めていきます。科学読み物では、知的だと感じる言葉、観察や研究に使われる言葉など、辞書を活用しながら読むことによって使いたい言葉を見付けていきます。それらの言葉をピックアップして、マイ・ディクショナリー（「言葉のお宝帳」の意味をもつノート等）に蓄積していくことをお勧めします。

【マイ・ディクショナリーの内容例】

【分類】美しいと感じた言葉	【分類】同じ音をもつ言葉
【言葉】大海原（おおうなばら）	【言葉】はかる
【意味】広々とした海	図る、測る、計る、量る、諮る、謀る
【用例】目の前の大海原から吹く風は、さわやかだった。	【意味】量る→重さ、容積をはかる
【メモ】家族で出かけた大海原、東シナ海は大きく広く、夕日がきれいで感動した。	【メモ】同じ音でも使い方がちがう。意味によって使い分けができるようになる。

　マイ・ディクショナリーの中に、「美しいと感じた言葉」「感想を述べるときの言葉」「様子を表す言葉」「オノマトペ」「人物を表す言葉」などに分類することで、どんな時に使えるのかが分かるようにします。多くの情報を書かせると負担になるので、簡潔にメモできるよう様式を提示することが大切です。表紙などを作らせて、自分だけの辞書ができると意欲が高まります。

　語彙力を高めるには、言葉に対峙する場や機会の拡充が大切です。そのためには、マイ・ディクショナリーの活用は有効です。「日記」「感想文」「本の紹介」「書評」「新聞」「リーフレット」「説明文」「観察文」など、国語科や社会科、生活科など学校生活の中で活用できる場面はたくさんあります。手元にマイ・ディクショナリーを置いて使いたい言葉を使って書く場を意図的に教師がつくることはとても大切なことです。

【第5学年】説明的な文章

複数の資料から取り出す必要な情報

　小学校高学年になると、世の中で起きている出来事に関心をもち、人間や社会、自然などの物事の価値や善悪、優劣などを問い始める。国語科では、そうした題材をめぐる説明や報告、解説や論説などの文章を読み、討論したり批評したり言語活動を行う中で、正確な理解力と適切な表現力を育成しようとしている。そこには、複数の資料から必要な情報を取り出す情報活用能力が求められる。しかし、複数の資料を比較したり統合したりして、キーとなるセンテンスやワードを注目する指導は不十分である。全国学力調査において、再三にわたって指摘している課題である。次は、説明的な文章の指導における改善の視点である。

➤資料と情報を区別して捉えているか…資料はテキストと置き換えたほうが分かり易い。資料の種類や形態にはそれぞれの特徴がある。例えば、新聞記事は、事件や事実の周辺や背景を解説したり、筆者の見解や評論を記したりしている。インタビュー記事は、取材に基づく根拠となる事実の一つとなる。図表は客観的なデータとして論拠となり価値がある。こうした言語形式（様式、書式）を捉えないと、必要な情報が見えない。資料に記載されている内容は全てが情報といえる。多くの情報の中から何が大切かを判断できないと情報に溺れてしまう。

➤情報収集したあとの整理が不十分ではないか…本事例で取り上げる「世界遺産―白神山地からの提言」は、まず白神山地そのものを知り、次に抱える課題を捉え、さらにその課題を解決するための自分の意見をまとめるという単元の目標がある。意見をもつための資料が七つ用意されている。つまり、情報は自らが収集したのではなく、付与されている。この七つの資料をどのように整理するかが鍵であり、それはまさしく目的に応じて読解することである。七つの資料を並べて比較・分析しながら、事実と感想、意見を区別し、自分の考えの根拠となる情報を取り出し整理する手続きを丁寧に行うことが大切である。

ここに注目！

第5学年「多様な情報から考えの根拠を見付け、意見文を書こう」

POINT 1　論理的・分析的な読みと合目的な書き

　…複数の資料を読み、自然に対しての自分の意見を確かなものにすると共に、その根拠となる事実を見付けていく。

POINT 2　批判的・構造的な読みと合目的な書き

　…自分の考えと反対の意見について考察する学習を行う。反対の意見をもつ同士をペアとして、お互いの意見について交流する。

POINT 3　生成的・共創的な読みと合目的な書き

　…これまで複数の資料を読み、自然保護についての自分の考えの根拠としてまとめてきた文章（ワークシート）をもとに、意見にまとめる。

多様な情報から考えの根拠を見付け、意見文を書こう

教材名「世界遺産—白神山地からの提言」

　本単元では、教材文「世界遺産—白神山地からの提言」を読み、多様な情報から考えの根拠を見付け、意見文を書くという活動を行う。

　本教材は、連続テキストだけでなく、非連続テキストが資料として提示されていることから、様々な資料の読み方について学ぶこともできる。複数の資料に書かれている内容を比較しながら読むことで子供たちは自然に関して深く考える機会を得ることができる教材である。

　本事例では複数の資料に書かれている内容を比較しながら読むことを通して、自然保護に対しての自分の考えを根拠付けて書くことができるようにする。自分の考えを確かなものにするために、資料に書かれている内容を自然保護の観点で読んだり、他の資料と比べて読んだりすることを指導していくことが必要である。

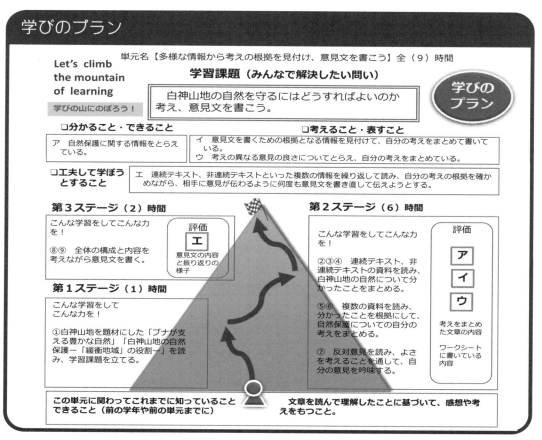

学びのプラン

単元名【多様な情報から考えの根拠を見付け、意見文を書こう】全（9）時間

Let's climb the mountain of learning

学びの山にのぼろう！

学習課題（みんなで解決したい問い）

白神山地の自然を守るにはどうすればよいのか考え、意見文を書こう。

学びのプラン

□分かること・できること

ア　自然保護に関する情報をとらえている。

□考えること・表すこと

イ　意見文を書くための根拠となる情報を見付けて、自分の考えをまとめて書いている。
ウ　考えの異なる意見の良さについてとらえ、自分の考えをまとめている。

□工夫して学ぼうとすること

エ　連続テキスト、非連続テキストといった複数の情報を繰り返し読み、自分の考えの根拠を確かめながら、相手に意見が伝わるように何度も意見文を書き直して伝えようとする。

第3ステージ（2）時間

こんな学習をしてこんな力を！

⑧⑨　全体の構成と内容を考えながら意見文を書く。

評価

エ

意見文の内容と振り返りの様子

第2ステージ（6）時間

こんな学習をしてこんな力を！

②③④　連続テキスト、非連続テキストの資料を読み、白神山地の自然について分かったことをまとめる。

⑤⑥　複数の資料を読み、分かったことを根拠にして、自然保護についての自分の考えをまとめる。

⑦　反対意見を読み、よさを考えることを通して、自分の意見を吟味する。

評価

ア
イ
ウ

考えをまとめた文章の内容

ワークシートに書いている内容

第1ステージ（1）時間

こんな学習をしてこんな力を！

①白神山地を題材にした「ブナが支える豊かな自然」「白神山地の自然保護—「緩衝地域」の役割—」を読み、学習課題を立てる。

この単元に関わってこれまでに知っていることできること（前の学年や前の単元までに）

文章を読んで理解したことに基づいて、感想や考えをもつこと。

1 単元の目標

知識及び技能	思考力、判断力、表現力等	学びに向かう力、人間性等
・原因と結果など情報と情報との関係について理解することができる。((2)イ)	・目的に応じて、文章と図表などを結び付けるなどして必要な情報を見付けたり、論の進め方について考えたりすることができる。(C(1)ウ) ・文章を読んで理解したことに基づいて、自分の考えをまとめることができる。(C(1)オ)	・言葉がもつよさを感じるとともに、楽しんで読書をし、国語を大切にして、思いや考えを伝えようとする。

2 単元で取り上げる言語活動とその特徴

　本単元では、言語活動例「ア　説明や解説などの文章を比較するなどして読み、分かったことや考えたことを、話し合ったり文章にまとめたりする活動」を具体化し、複数の資料を読むことを通して、考えたことを意見文に書くという活動を取り上げる。本活動では、意見文を書くために、様式の異なった資料から、自分の考えを確かなものにするための根拠を見付けていく。そこでは、資料として提示されている連続テキストと非連続テキストの読み方についても学ぶことになる。意見文をまとめるに当たって大切なことは、自分の意見をもつことである。複数の資料を読み比べていく中で自分の意見の根拠となる事実を見いだし、それらを基にして意見文を書いていくようにする。

　本単元の「思考力、判断力、表現力等」の目標との関連において、子供たちが内言と外言を無意識的に表現することによって物語の世界を重層的に読むことができるようにする。

3 単元の評価規準

知識・技能	思考・判断・表現
①原因と結果など情報と情報との関係について理解している。((2)イ)	①目的に応じて、文章と図表などを結び付けるなどして必要な情報を見付けたり、論の進め方について考えたりしている。(C(1)ウ) ②文章を読んで理解したことに基づいて、自分の考えをまとめている。(C(1)オ)
主体的に学習に取り組む態度	
①情報と情報との関係について理解し、複数の資料を読み、考えたことを意見文にまとめる活動を通して、必要な情報を見付けたり論の進め方について考えたりすることに向けた粘り強い取組を行う中で、自らの学習を調整しようとしている。	

4 単元の指導と評価の計画（全9時間）

次	時	育成する資質・能力と指導上の留意点	評価規準・評価方法等【B】おおむね満足できる状況	主な学習活動
第一次	1	■導入段階 Ⅰ 白神山地について知り、自然保護についての課題をとらえる。		・資料1、2を読み、白神山地の課題について考える。・学習課題を設定し、学びのプランを立てる。
		<学習課題> 白神山地の自然を守るには、人が入るべきなのか、入らない方がよいのだろうか。		
第二次	2・3・4	■展開前半 Ⅲ 連続テキストや非連続テキストを読み、白神山地の自然について知る。【知・技①】		
		・連続テキスト、非連続テキストといった複数の資料を読み、白神山地の自然について捉えることができるようにする。	【B】白神山地について書かれた連続テキスト、非連続テキストを読み、自然の状況について理解している。<学びのプラン>自然保護に関する情報をとらえている。（分かること・できることア）	・白神山地について書かれている連続テキスト、非連続テキストを読み、自然の状況についての情報をまとめる。
	5・6	■展開後半 Ⅲ—1 複数の資料から読んだことを根拠にして自分の考えをもつ。【思・判・表①】		
		・複数の資料から自分の考えの根拠となる事実を選ぶようにする。	【B】複数の資料から2～3つの情報を基にして自然保護についての自分の考えをまとめている。<学びのプラン>意見文を書くための根拠となる情報を見付けて、自分の考えをまとめて書いている。（考えること・表すことイ）	・複数の資料から自分の考えの根拠となる事実を選び、考えをまとめている。
	7	■展開後半 Ⅲ—2 反対意見のよさを考えることを通して、自分の意見について吟味する。【思・判・表②】		
		・反対意見のよさについて考えることを通して、自分の意見の妥当性について吟味するよう促す。	【B】反対意見のよさを認めつつ、自分の考えの妥当性について根拠を示してまとめている。<学びのプラン>考えの異なる意見のよさについてとらえ、自分の考えをまとめている。（考えること・表すことウ）	・反対意見のよさを考えることを通して、自分の意見について吟味し見直している。
第三次	8・9	■終末段階 Ⅳ 意見文の構成と内容を考えながら、意見文を書く。【主①】		
		・構成と内容を考えながら、意見文を書いている。・学習課題解決のために、取り組んだことや、分かったことなどについて、学びのプランを用いて振り返りができるようにする。	【B】自分の考えの根拠を明確にしながら、構成を考えて何度も読み返しながら意見文を書いている。<学びのプラン>連続テキスト、非連続テキストといった複数の情報を繰り返して読み、自分の考えの根拠を確かめながら、相手に意見が伝わるように何度も意見文を書き直してつたえようとする。（工夫して学ぼうとすることエ）	・意見文を800字程度にまとめ、お互いに読み合い、交流している。・学びのプランの3観点に基づき、本単元の自分の学びを振り返っている。

重層的な読みと合目的な書き

● 導入段階　読解から記述へのゴールイメージとプロセスデザイン

Ⅰ　読むことを通して見付ける課題

　導入段階では、子供たちが学習に向かう課題を自主的に捉えることができるようにする。教師から課題を与えるのではなく、子供自身が教材と向かい合い自ら発見できるようにしていく。

　まずは、教科書教材に掲載されている白神山地の生き物を提示する。特別天然記念物や絶滅危惧種という言葉の理解から、白神山地に興味をもつようにする。そのために、白神山地について書かれた連続テキスト「ブナの森が支える豊かな自然」を提示し、どのような場所で、どのような価値がある場所なのかを理解できるようにする。そして、「白神山地の自然保護─緩衝地域の役割─」を読むことで、白神山地の置かれている現状について知り、人間と自然の関わり方をどうしていくのかという課題に気付くようにする。課題を確認し、最後に課題を解決するために、それぞれが考えたことを意見文としてまとめ、お互いに交流するという学習のねらいを設定する。その上で、学びのプランを子供たちの立てた課題の出発点とし展開する。

● 展開前段　論理的・分析的な読みと合目的な書き

Ⅱ　複数の資料を読むことを通して、考えを明確にする

　展開前段では、複数の資料を読み、自然に対しての自分の意見を確かなものにするとともに、その根拠となる事実を見付けていく。

　まずは、子供に提示する資料は3点あるが、子供たちの考えをゆさぶるよう、人と自然の関わり方について肯定的な資料と、否定的な資料を提示する。それぞれの資料は、新聞記事、グラフ、写真、感想といった文種の異なる物であるため、資料の読み方について文種の特徴を確かめながら理解できるようにする。

　そして、一つひとつの資料から読んだことを基に、自分の考えをまとめるようにしていく。資料を読むにあたっては、資料から読んだ事実と分かることに分けて考えをまとめるように示す。

　実際の作業にあたっては、子供たちが考えを整理しやすいように、資料から読んだ事実と分かったことを、表にしてまとめるようにする。また、ベン図を利用し、自分の考えが今、どこにあるのかを視覚化できるようにする。ベン図に関しては、学級全員のシートを提示し、自分だけでない、他の人の考えも共有できるように提示する。

　資料を読み進める中で、考えたことや疑問に思ったことを、根拠をあげながらまとめる活動を設定し、最後に意見文を書く際の考えの根拠としていく。

Ⅲ　異なる意見のよさを見付ける読み

　展開後段では、自分の考えと反対の意見について考察する学習を行う。反対の意見をもつ同士をペアとして、お互いの意見について交流し、そのよさについても理解できるようにする。

　まずは、自分の考えと異なる意見の根拠と自分の意見の根拠を比べることによって、自分の考えの根拠の妥当性について考えを深めることができるような学習を展開する。

　その後、相手の意見についてのよさを認めつつ、自分の意見の妥当性についてワークシートにまとめ、意見文に書く際の根拠の一つになるようにする。

● **終末段階**　生成的・共創的な読みと合目的な書き

Ⅳ　学習したことを基にした考えのまとめ

　終末段階では、これまで複数の資料を読み、自然保護についての自分の考えの根拠としてまとめてきた文章（ワークシート）をもとに、意見にまとめる。

　まずは、意見文を書くための文章構成について示す。今回は、起承転結の形を示し、これまでまとめてきたものを、どの部分に活用できるのかについて次のように示す。

　起・・・自然保護についての自分の考えを書く。

　承・・・考えの根拠となる事実を２～３点示す。

　転・・・反対の意見のよさについて１点示す。

　結・・・転での記述をふまえた上で、自分の考えを書く。

　意見文については、800 文字程度でまとめるようにする。

　次に書かれたものを、教師が目を通した上で、グループ内で読み合ったり、全体で何点かを紹介し、内容や構成について感想を交流したりできるようにする。

　最後に、学びのプランの３観点に基づき、意見文を書くために取り組んだことや、分かったことなど感想を共有し、学習することのよさを自覚できるようにする。特に、複数の資料を読むことで考えをまとめていったことなどについて振り返り、そのよさについて考えるようにしていく。

■資料「ブナの森が支える豊かな自然」と「白神山地の自然保護─「緩衝地域の役割─」を読み、分かったことと課題だと思ったことを書いた文章例　（導入段階）

A

白神山地には、「核心地域」と「緩衝地域」があることや、「核心地域」には、簡単に入ることができないことが分かった。

わたしは、自然はみんなが大事にして楽しむものだと思う。なのに、人が入ることができない「核心地域」のような場所があることが不思議だと思った。きっと、自然を壊す出来事があったから「核心地域」を作ったのだと思う。この「核心地域」のような場所を作らなくてもいいようにすることが課題だと思う。

B

白神山地の自然が、人間にとって、役に立っていることが分かった。もし、この自然がなくなったら、近くに住んでいる人たちの生活に、困ることが起きるのではないかと思う。

世界遺産を守るために、いろいろなきまりがあることも分かった。多くのきまりがあることで、世界遺産を守っているのだと思った。人間が今後、どうやって世界遺産を守っていくのかが課題だと思う。

解説　ＡＢ共に、資料を読み、分かったことを冒頭に書いている。その上で、書かれている内容から考えたことや疑問に思ったことをまとめている。文章を読み、課題として捉えたことは異なっている。Ａは、「核心地域」の存在に着目し、設定された原因と今後の在り方について取り上げている。Ｂは、世界遺産のきまりに着目し、きまりのあることの意義と、今後の守り方について述べている。

■筆者の主張について批判的に読み、交流を通して自分の考えをまとめた文章例　（展開後段）

資料番号	資料から分かったこと
1	・白神山地での自然の守り方。 ・「核心地域」と「緩衝地域」の意味と役割
2	・世界遺産の役割 ・白神山地では、核心地域に入るために、入山届出書を出すことになっていて、人が入ることを規制している。
3	・白神山地の核心地域で、違法にブナなどの木が切られたということがあった。
4	・世界遺産に登録されてから、白神山地をおとずれる観光客が増えたが、平成十六年度から少しずつ減っている。
5	・白神山地を訪れた人たちは。自然の素晴らしさを体験し、自然の大切さを実感している。
6	・マタギの工藤さんの話から、マタギの人たちは次の世代のことも考えて山とつきあっていることが分かった。自然を守れば自然に生かされることということを続けてきている。 ・山のガイドをするときには、自分から小さなゴミをひろって、きれいにしようといういきを作っていることが分かった。
7	・白神山地では、シカによる食害が心配されていることが分かった。シカも自然の一部なのに、りょうしやオオカミがいなくなったために増えすぎたことが分かった。放っておくわけにはいかないことが分かった。

解説　各資料から、内容を読んで分かったことをまとめている。資料２については、資料１で書かれている内容を踏まえて、分かったことをまとめている。資料４については、グラフで示されている、観光客数の変化を読んでいる。

■反対意見に対しての考えをまとめた文章例 （展開後段）

A　私は、自然を守るためには、人が入らない方がいいと思っているが、人が入ることも必要だと、資料7について書かれた陽子さんの文章から分かった。

シカが増えていることで、自然がこわされていると書いていた。シカの増加を防ぐためには、オオカミかりょうしの人たちに頼るしかないと書かれていたが、今は、人しかいないことが分かるので、人が入ることも必要なのかもしれないと思った。

B　私は、自然を守るには人間が入らない方がいいと思う。しかし、誠さんが資料5について書いた文章を読み、人が入ることも必要なのかもしれないと思った。

誠さんは、自然を実際に体験することで、自然を守らないといけないことが分かると書いていた。見たり聞いたりしただけだと、本当のよさは分からないと思う。実際に体験するためには、自然に人間が入ることも必要なのかもしれない。

> **解説**　自分の考えと反対の意見が書かれた文章を読み、お互いの意見のよさについてまとめている。よいと思った理由について、友達の文章で取り上げている資料に書かれている内容を取り上げている。

■根拠を明確にした意見文 （終末段階）

私は、白神山地の自然を守るには、人間が自然に入ることが必要だと思います。

なぜかというと、自然のよさを人間が実感することで人間は自然を守ろうという気持ちを持てると思うからです。また、現在の白神山地の状況を考えると、自然を守らなくてはならないからです。シカが増えることで白神山地の植物などが減り、生態系に大きなえいきょうをあたえることが分かっています。これを防ぐのは、人間しかいません。

以前、新聞記事に人間が白神山地の核心地域で木を切ったという記事がのっていました。これは、悲しいことだと思います。だめだと分かっているのに木を切る人間がいることは、人間が自然を壊していることになります。これでは、人間が自然に入らない方がよいのではないかと考える人が多くいるのも当たり前です。

いろいろな資料を読んだり、ほかの人の意見も聞いたりしました。人間が自然を壊していることも事実ですが、人間が自然に入り自然を守った方がいいと思います。人間にしかできない守り方があると思うからです。どのようにして守るのかが、これからの課題だと思います。

世界遺産それぞれに状況は違うと思いますが、どう守るかが人間の役目だと思います。

> **解説**　自分の意見について、複数の根拠をあげて説明をしている。反対意見についても取り上げ、その考えも踏まえた上で、自分の考えを理由付けてまとめている。

要旨に基づく考えの形成

　要旨とは、書き手が文章を通して最も伝えたかったことと定義付けることが多い。要旨は、文章全体の終末部に置かれることが多い（尾括型）ので、そこに注目して読むことに傾斜しがちである。決して間違いではない。平成29年要領によると要旨は、「書き手が文章で取り上げている内容の中心となる事柄や、書き手の考えの中心となる事柄などである」と説明されている。「書き手が文章で取り上げている内容の中心となる事柄」を押さえなければ、要旨を捉えたことにはならない。では、内容の中心を捉えるためには、どのような指導が大切であろうか。大きくは、三つのステップを踏むことが有効である。

ステップ1：文章全体の骨格（構成）をつかむ。段落間のつながりや展開の仕方について、特に接続表現に留意する。子供たちには、「この文章はどのような内容を取り上げて、どのような組み立てで書かれていますか」と問いかけることで、全体の輪郭を把握することにつながる。

ステップ2：筆者の意見・主張を捉える。文末表現に注目することで、事実と意見・主張とを区別し、その温度や強弱を受け止める。主張には、必ずキーワードがあり、キーセンテンスがある。繰り返し出てくる言葉や重要な意味をもつ表現にマーキングするとよい。

ステップ3：条件を示して、段階的に要旨を完成させる。要旨は縮めていけば主題文のようなものになる。まずは、主題文を一文で簡潔に書きまとめる。それは、題名に添える副題になる。主題文には、筆者の意見・主張をキーワードとして含めることを条件とする。そのうえで、文章で取り上げている内容の中心となる事柄として、「何が、どうなる（どうなっている）から」という理由付けを付記する。そこに字数を指定し、その分量を増減させる学習を繰り返す。

　本事例では、こうした要旨を的確に捉えることを前提として、同様なテーマをもつ文章を書いた複数の筆者に質問したり批判したりするようなかたちで対話しながら自分の考えを形成できるようにする。

ここに注目！

第6学年「多様な情報から考えの根拠を見付け、意見文を書こう」

POINT 1 論理的・分析的な読みと合目的的な書き

　…複数の資料を読み、自然に対しての自分の意見を確かなものにするとともに、その根拠となる事実を見付けていく。

POINT 2 批判的・構造的な読みと合目的的な書き

　…自分の考えと反対の意見について考察する学習を行う。反対の意見をもつ同士をペアとして、お互いの意見について交流する。

POINT 3 生成的・共創的な読みと合目的的な書き

　…これまで複数の資料を読み、自然保護についての自分の考えの根拠としてまとめてきた文章（ワークシート）をもとに、意見にまとめる。

書き手による考えのちがいについて考え、自分の考えを伝え合おう

教材名「ぼくの世界、君の世界」

本単元では、「ぼくの世界、君の世界」を読み、書き手による考えの違いを捉えて、自分の見方や考え方と比べて書く。

比べて書くには、書き手が設定した問題と、それに対して導き出した答えを理解して要旨を捉えることが求められる。また、比較する視点を設定してその視点に沿って自分の見方や考え方をもつこと、または自分の見方や考え方をもって比較する視点を設定することも重要となる。「要旨を捉えるための読み」や「自分の見方や考え方と比べるための読み」など、客観的で批判的な読解を経て自分の見方や考え方と比較して記述することが重要となる。

学びのプラン

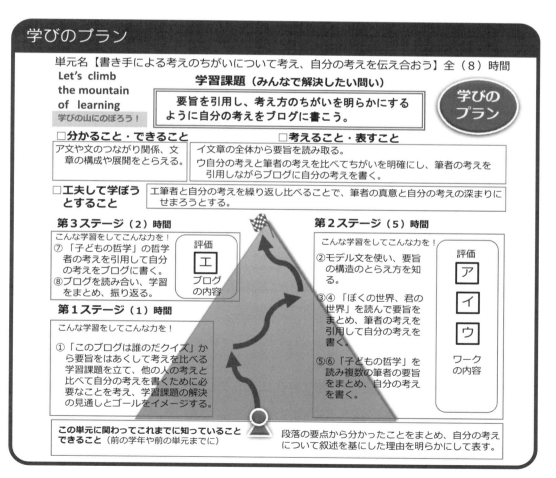

単元名【書き手による考えのちがいについて考え、自分の考えを伝え合おう】全（8）時間

Let's climb the mountain of learning
学びの山にのぼろう！

学習課題（みんなで解決したい問い）

要旨を引用し、考え方のちがいを明らかにするように自分の考えをブログに書こう。

学びのプラン

□**分かること・できること**
ア文や文のつながり関係、文章の構成や展開をとらえる。

□**考えること・表すこと**
イ文章の全体から要旨を読み取る。
ウ自分の考えと筆者の考えを比べてちがいを明確にし、筆者の考えを引用しながらブログに自分の考えを書く。

□**工夫して学ぼうとすること**
エ筆者と自分の考えを繰り返し比べることで、筆者の真意と自分の考えの深まりにせまろうとする。

第3ステージ（2）時間
こんな学習をしてこんな力を！
⑦「子どもの哲学」の哲学者の考えを引用して自分の考えをブログに書く。
⑧ブログを読み合い、学習をまとめ、振り返る。

評価
エ
ブログの内容

第1ステージ（1）時間
こんな学習をしてこんな力を！
①「このブログは誰のだクイズ」から要旨をはあくして考えを比べる学習課題を立て、他の人の考えと比べて自分の考えを書くために必要なことを考え、学習課題の解決の見通しとゴールをイメージする。

第2ステージ（5）時間
こんな学習をしてこんな力を！
②モデル文を使い、要旨の構造のとらえ方を知る。
③④「ぼくの世界、君の世界」を読んで要旨をまとめ、筆者の考えを引用して自分の考えを書く。
⑤⑥「子どもの哲学」を読み複数の筆者の要旨をまとめ、自分の考えを書く。

評価
ア
イ
ウ
ワークの内容

この単元に関わってこれまでに知っていること・できること（前の学年や前の単元までに）
段落の要点から分かったことをまとめ、自分の考えについて叙述を基にした理由を明らかにして表す。

1 単元の目標

知識及び技能	思考力、判断力、表現力等	学びに向かう力、人間性等
①文と文との接続の関係、話や文章の展開について理解することができる。((1)カ)	①事実と感想、意見などとの関係を叙述を基に押さえ、文章全体の構成を捉えて要旨を把握することができる。（C(1)ア） ②文章を読んで理解したことに基づいて、自分の考えをまとめることができる。（C(1)オ）	①言葉がもつよさを感じるとともに、楽しんで読書をし、国語を大切にして、思いや考えを伝えようとする。

2 単元で取り上げる言語活動とその特徴

本単元では、言語活動例「ア　説明や解説などの文章を比較するなどして読み、分かったことや考えたことを、話し合ったり文章にまとめたりする活動」を具体化し、教材文を読んで要旨を捉え、挙げられた問題について筆者と自分の考えをブログに書き表す活動を取り上げる。本活動では、ブログを構成する要素として、「①取り上げる問題とそれに対する筆者の考え」、「②問題に対する自分の考え」、「③それぞれの考えの基となる事例や根拠」、「④両者の考えの相違点」、「⑤筆者の考えに迫ることで変化する自分の考え」の五つの内容を記述する。そのためには、叙述に即して筆者の考えを正確に反映したり、筆者を想定するために文章を読んだり、自分の考えと比較するための視点を設定しながら読んだりするなどの必要があり、文章の要旨を捉える能力や自分の考えを形成する能力を育成することができる。

本単元の「思考力、判断力、表現力等」の目標との関連において、ブログを書くという目的を意識して、要旨をまとめたり、考えを明らかにしたりすることができるようにする。

3 単元の評価規準

知識・技能	思考・判断・表現
①文の中での語句の係り方や語順、文と文との接続の関係、話や文章の展開について理解している。((1)カ)	①事実と感想、意見などとの関係を叙述を基に押さえ、文章の要旨を把握している。（C(1)ア） ②文章を読んで理解したことに基づいて、自分の考えをまとめている。（C(1)オ）
主体的に学習に取り組む態度	
①文の接続関係や文章の展開を理解し、説明文を読んで文章の一部を引用してブログを書く活動を通して、文章の要旨を把握し、自分の考えをまとめることに向けた粘り強い取組を行う中で、自らの学習を調整しようとしている。	

4 単元の指導と評価の計画（全8時間）

次	時	育成する資質・能力と指導上の留意点	評価規準・評価方法等【B】おおむね満足できる状況	主な学習活動
第一次	1	■導入段階 　Ⅰ　考えの比較を表現するブログを書くために、文章から筆者の考えが表れている要旨をまとめたり、筆者と比べた自分の考えをまとめたりすることを検討する。 <学習課題>　要旨を引用し、考え方のちがいを明らかにするように自分の考えをブログに書こう。		・人の考えを比較するクイズを解く。 ・学習課題を設定し、学びのプランを立てる。
第二次	2	■展開前半 　Ⅲ　文のつながりやものの見方を表す言葉に着目しながら、問題を解き明かすための事例と筆者の考えを読み、要旨について構造から捉え方を知る。【知・技①②】 ・筆者が考えたことを事例ごとに整理するワークシート、要旨の構造が見える分量の異なる複数のモデル文を活用し、要旨の捉え方を知ることができるようにする。	【B】文と文のつながりやものの見方を表す言葉を理解し、問題を解くための事例への筆者の考えをまとめたことを生かし、モデル文を読んで要旨の捉え方に気付いている。 <学びのプラン> 文や文のつながり関係、文章の構成や展開を捉える。（分かること・できることア）	・つながりや見方を表す言葉を集める。 ・問題の事例と筆者の考えを整理する。 ・複数のモデル文から要旨の分量と構造を話し合う。
	3 4	■展開後半 　Ⅲ―1　文章を読んで要旨を捉え、筆者の考えを把握して引用し、自分の体験や経験と簡単に重ね合わせてまとめる。【思・判・表①】 ・自分の経験や知識を具体的に想起しながら考え、筆者の考えに触れたことによる変化を意識するよう促す。	【B】文章全体の要旨を捉え、筆者の考えを引用しながら自分の体験や経験を重ねた文章を書いている。 <学びのプラン> 文章の全体から要旨を読み取る。（考えること・表すことイ）	・教材文の要旨を書く。 ・筆者の考えと比較するようにして自分の考えを書く。
	5 6	■展開後半 　Ⅲ―2　複数の哲学者の考えを要旨にまとめ、それを引用した自分の考えを表した短い文章を書く。【思・判・表②】 ・自分の考えと比較するにあたり、引用すべき要旨について、比較する視点を整理して思考操作ができる場を設定する。	【B】複数の筆者の考えを要旨にまとめ、それらの比較から関連性を意識して、自分の考えを短い文章に書いている。 <学びのプラン> 自分の考えと筆者の考えを比べて違いを明確にし、筆者の考えを引用しながらブログに自分の考えを書く。（考えること・表すことウ）	・複数の哲学者の文章をそれぞれ要旨にまとめる。 ・自分の考えを書き、その考えと比較できる引用する要旨を選ぶ。
第三次	7 8	■終末段階 　Ⅳ　これまでの学習を基にブログを書き、それらを読み合って交流し、本単元での課題の解決の仕方をまとめ、学習を振り返って学びの意味などをノートに書く。【主①】 ・引用した要旨で効果的に比較しているかに着目して交流するよう促す。 ・学習課題の解決のために工夫したことや習得したこと等について、学びのプランを用いて振り返りができるようにする。	【B】筆者と自分の考えを比較するブログを書いて交流し、単元を通して試行錯誤したことや粘り強く取り組んだこと、学びが深まったことなどについて振り返っている。 <学びのプラン> 筆者と自分の考えを繰り返し比べることで、筆者の真意と自分の考えの深まりにせまろうとする。（工夫して学ぼうとすることエ）	・ブログを400字程度で書く。 ・ブログを読み合い、互いのよいところを交流する。 ・学びのプランの3観点に基づき、本単元の学びを振り返り、意味付ける。

重層的な読みと合目的な書き

導入段階 読解から記述へのゴールイメージとプロセスデザイン

Ⅰ 読んで書く目的や意図、条件設定、読むテキストの選択、方略の検討

導入段階では、学習の目的を認識し、学習への必要感を醸成する。そして、子供主体による学習課題を設定するとともに、課題解決に向けた見通しをもって学びのプランを立てていく。

まずは、過去の学習や生活を振り返り、自分と他者の感じ方や考え方を比べた経験を交流し、本単元の課題へ目を向ける。その上で、既習教材、昔話、アニメの登場人物等、子供の認知度が高い作品の登場人物が書いたという設定の上で、出来事は同じだが感じ方に違いのある複数の日記モデルを示し、その人物は誰かを考える。その活動により、考え方の比較という学習への関心をもてるようにする。また、そのモデル文が日記（ブログ）の様式を取ることで、ゴールイメージとなり、学習課題を設定する話し合いの契機とする。その上で、学習課題「要旨を引用し、考え方の違いを明らかにするように自分の考えをブログに書こう。」を設定する。

その後、教師が作成したブログのモデルを改めて読み、考えの比較が表れたブログにはどのようなことを書けばよいのかを考える。共通する一つの問題に対し、互いの考えを比較しながら連続性をもち、自分の考えが答えに至るという特徴を話し合う。ゴールに到達するために必要な力を子供が意識し、その力を得ていく過程を検討しながら、学びのプランを立てる。

展開前段 論理的・分析的な読みと合目的な書き

Ⅱ 要旨構造の分析から、要旨の捉え方の把握

展開前段では、教材文を読み、取り上げられている問題に対する事例と筆者の考えについて整理し、「要旨」の意味を知り、その構造と捉え方を考える。

まずは、教材文の全文を読む中で、問題を解き明かすための事例、それに対する筆者の考えや言いたいことについて整理する。その際、言葉のつながり方に着目し、その対応関係に着目する。文章から文を抜き出そうとすると、分量が多くなりがちである。端的に表すために文の一部分を抜いて文末を整えたり、箇条書きに分けたりすることが求められる。情報の内容だけではなく、整理の方法も考えることができるようにする。

次に、子供たちが既知の文章から作った分量の異なる2種類の要旨を用意して読み比べる。要旨の分量とはどの位のものなのかということについて、実感を伴う形で把握できるようにする。読み比べをして要旨の構造を分析したことを記述し、その考察から要旨を構成する要素について話し合いをする。そのような中で、要旨とは何かについて気付き、どのように要旨を捉えていけばよいかについて知ることができるようにする。

Ⅲ　比較対象として捉える要旨と自分の考えの記述

展開後段では、捉えた教材文の要旨を引用してブログ形式で文章化するとともに、教科書教材以外の文章で複数の筆者の考えと自分の考えを比較して短い文章にまとめる。

まずは、教材文の要旨を捉える。そして、要旨に表れる問いや答えに自分の体験や経験を重ね合わせることで、テキストと対話していく。そのために、教材文中から筆者の考えを引用し、ブログを200字位で書く。筆者の考えは、自分とどこが同じで、どこが違うのかについて考察して記述していく必要がある。モデルとなるテキストを複数の種類を用意することで、自分の考えを効果的に表すことができるようにする。

次に、他の文章を読んで、要旨を捉える。ここでは、教材文の末に紹介されている『子どもの哲学　考えることをはじめた君へ』（朝日新聞出版 2015.12.20）を取り上げる。この本は、33の問題の一問一問に対して3人の哲学者が考えを述べている。その問題に対する自分なりの答えを考えていく。そして、自分の考えを深め、伝えたいと考える問題における3人の文章について、それぞれ100字程度の要旨にまとめる。

その後、自分の考えを伝えるために比較することが効果的と判断した1人の要旨から引用して構成に取り込んで、自分の考えを200字程度の文章に書く。

● 終末段階　生成的・共創的な読みと合目的な書き

Ⅳ　要旨を捉えて引用した自分の考えの記述を通した学びの共有と意味付け

終末段階では、筆者と自分の考えを比較するブログを書き、書き上げたブログを読み合った後、単元を通して身に付けた力についてまとめ、学習したことなどを振り返る。

まずは、第二次で書いた自分の考えをまとめた文章を基に、ブログ形式で400字程度の文章に書く。筆者と作者児童それぞれの考えの比較、関連付け、連続性、という視点で書く。

次に、書いた時の視点から、見付けた自分との違いやよさを「イイね！」として伝え、ブログを通して自分の考えも深まっていることに気付くことができるようにする。

そして、筆者と自分という異なる複数人の考えを比較する方法とそのよさ、ブログという様式を書く方法とそのよさについて、本単元の学習で身に付けることができた能力として、全員で話し合いながらまとめる。

最後に、学びのプランに沿って本単元の学習を振り返り、その成果を自覚できるようにする。特に、単元を通して、粘り強く工夫しながら課題に取り組んだことで学びを深めることができたことを振り返り、この学習経験を生かす具体的な場面などに期待をもてるようにする。

■教材文全体から要旨を捉え構造を分析した記述例 （展開前段）

【要旨の構造を捉えるワークシートの一部】

【要旨構造を分析した記述】

「メダカ」の要旨

【五十字】
構造上気付いたこと
・問題とその答えがある。
・小さな問いと答えがある。
・答えの説明の具体例や筆者の考えが少ない。

【百字】
要旨（略）
構造上気付いたこと
・問題とその…

【要旨】（略）

○要旨のとらえ方
・筆者が文章で伝えたい問題とその答えをつかむ。
○大きな問いから答えに行きつくための小さな問いや答えをつかむ。
○分量を多くする時は、説明の具体例や筆者の考えの記述量を調整する。

解説	分量の異なる2つのモデルから要旨の構造を明らかにし、その分析を記述している。

■興味をもったことを中心に内容を100字程度に要約した文章例 （展開後段）

【筆者の考えと自分を重ねるワークシートの一部】

【要旨を異化したブログ】

自分の見ている世界は、他の人とおなじだろうか。
あまりや痛みのような感覚は、共通ではなく、感じていることが同じという保証はない。しかし、私たちは理解し合えないのではなく、それなりに心を伝え、受け取っている。
人は、自分だけの心の世界がある。だからこそ、心を伝え合うための努力が必要である。

比較できる自分の体験・経験
筆者の考え
引用したい

【同じ】友達の考えが分からない。
人は、自分だけの心の世界がある。

昨日、私は、友だちとけんかをした。きっかけはささいなことだったが、言い合いが止まらなくなってしまった。
作家の西研は、「ぼくの世界、君の世界」で、「人は、自分だけの心の世界がある。だからこそ、心を伝え合うための努力が必要である。」と述べている。
明日は、友だちの考えていることをじっくり聞こうと思う。

解説	自分の体験や経験を重ね合わせ、要旨の筆者の考えを引用し自分の考えを記述している。

■多数の問題に対する答えの中から選んで、自分の考えをまとめた文章例 （展開後段）

【Q＆Aで考えまでつなげていくワークシートの一部】

【120字位にまとめた文章】

	問題	比較相手	視点
			視点 対象となる文脈 自分の経験・体験
Q1	なんのために学校はあるべきか	コーノ／ムラセ／ツチヤ	学校は将来のいろいろな仕事のための準備。将来はアナウンサーになりたい。勉強は将来のため。放送委員会に入っている。
Q2	友だちはたくさんつくるべきか？	コーノ／ムラセ／ツチヤ	大勢では話ができる相手がいれば十分。
Q3		コーノ／ムラセ／ツチヤ	クラス替えをしても変わらず話ができる友だちは少ないが、その子は親友だ。

A2
「友だちはたくさんつくるべきか。」という問題に対し、ムラセさんは、「大勢ではなく、ちゃんと話ができる相手がいれば十分」であると答えている。私も同じ考えで、友だちは数より質だと思う。クラス替えをしても変わらず話ができる友だちは少ないが親友だからだ。

解説	筆者の考えとの比較するメモの羅列から、自分の考えの記述につなげている。

■教材文の内容を 300 字程度で紹介する文章例　（終末段階）

【400 字くらいにまとめたブログ】

 みよこブログ「わたしの心の世界」

本当の友だち　2021. 10. 29

　私には親友がいる。しょう君とゆみかさんだ。2 人と話していると、とても安心できる。今日も 3 人で、バドミントンで遊んだ。楽しかった。

　『子どもの哲学』(朝日新聞出版)では、「友だちはたくさんつくるべきか？」という問題について、複数の哲学者が論じている。その中で、私はムラセさんの考えに共感した。

　ムラセさんは、同書の中で「友だちが(省略)大勢いる必要はない。ちゃんと話ができる相手(省略)が少しだけいれば十分だ。」と述べている。

　私は、しょう君とゆみかさん以外にも話をする友だちはいる。しかし、2 人ほど安心できる人はいない。「安心できる友だち 0 人と話せる友だち 100 人」と「安心できる友だち 2 人と話せる友だち 5 人」ならば、後者の方が幸せだと思う。友だちは量より質だ。増やせるならば、そんな親友を増やしたい。

　明日は、隣の席のひろし君も遊びにさそってみようと思う。

👍「イイね！」コメント

> 　私もムラセさんの「関係を意識してつくる」に共感しました。みよこさんも意識しているのがわかります。　　めい

> 　安心できる友だちがいるのはうれしいよね。ぼくもみよこさんと親友になりたいです。よろしくね。　　ひろし

解説

　自分の考えを表したブログを書く時、書いたブログを読み合う時の視点は同じである。

　筆者と自分の考えの比較、事例等による考えの深まりをもたせる関連性、テーマに対する一貫的なつながりがある連続性の 3 点について、意識をもてるようにする。

　交流では、ブログを読んで良かった点を「イイね！」と感想を付箋に記して添付する。自分のアイコンを描いたりするなどによって、学びの楽しさの工夫を考えることもできる。

■学びのプランの 3 観点を基に、単元の振り返りを記述した例　（終末段階）

【単元の振り返りを記述したノート】

　今まで、文章を読む時に筆者の考えを探すことはあったけれど、それを自分の考えと比べながら読むことはなかった。はじめはなかなか考え付かなかったけれど、短い言葉でつぶやくようにたくさんのメモを書くようにしたら、できるようになってきてブログを作ることも楽しくできた。要旨も筆者の考えの流れを見えるように書くと、分かりやすくまとめることができた。要旨を書くことと、筆者と自分の考えを比べること、これらを使って読書感想文を書いてみたいと思った。

解説　メモの書き方を工夫するなど、学び方を考えながら取り組んでいたことが分かる。また、考えの比較、ブログ、要旨など、本単元のポイントを認識できている様子が伺える。

自己と対話する "読書感想文"
～読みの視点をもち、モデルの分析を～

　子供たちにとって、長期休暇の宿題の定番というイメージが強い読書感想文。読書感想文を書くことに苦手意識を感じている子供が多く見られます。教師側もどちらかというと、読書感想文の指導に自信をもつところまでは至っていないのが現実でしょうか。読書感想文に抵抗感を示す多くの子供は、「なぜ、読書感想文を書くのか」「本を読んでおもしろかったという感想以外に何を書けばよいのか」と悩み、教師は、「感想文を書く」という言語活動を通した指導をどの単元で取り上げ、どのように具体的に指導すればよいか困惑していることでしょう。

　とかく、読書感想文の指導においては、文章の構成や表現の工夫など「書くこと」の指導に視点が置かれがちですが、「文章をどのように読むか」の指導が前提になります。次は、文章を読むときの三つのステップです。

【ステップ１：本との出会いを大切して目的意識をもつ】

　限定された１冊の本を課題として感想を書くことは、「書かされている」いう受動的な学びを払拭できません。例えば、シリーズ読書や同じテーマの本から、"多読"に取り組めるような場の設定をしましょう。読書感想文を書くには、本との出会いが重要な要素です。そして、相手意識をもち、多読した本の中から一番伝えたい自分の思いを読書感想文で伝えるという目的意識をもたせることが必要です。

【ステップ２：読みの視点に即して対話しながら読む】

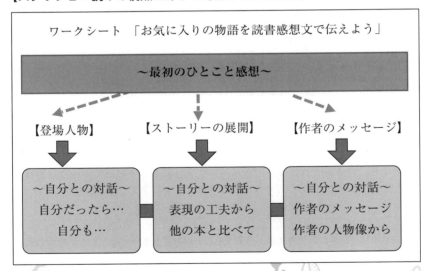

　豊かな感想をもつには、「どのように読むのか」という読みの視点をもたせます。左図は、中学年以上の指導例です。まず、初読後の感想を一言感想として書きます。そして、ワークシートをもとに、自分の書いた一言感想から読みの視点を確かめます。例えば、「登

場人物は、すごいなと思いました。」という一言感想であれば、登場人物に自分を重ね合わせたり、登場人物と比べたりしながら、「自分だったら、自分も…するかもしれない。」のような自己内対話を中心に読み進めるように助言します。

　さらに、同じ読みの視点で読んだ友達と感想を共有したり、違う視点で読んだ友達と感想を交流したりすることで、これまでに自分が気付かなかった新たな読みに気付くことができます。

　高学年では、自分とは違う視点と関連付けたり、自分で読みの視点を選択したりして読む学習活動にも取り組ませたいものです。例えば、同じ本を読んでも、「自分との対話」や「作者との対話」をしながら読んだ感想文は、差異が生まれます。自分の書いた視点の違う感想を読み比べることで、視点をもって読むことのよさやおもしろさにも気付くことができるでしょう。

【ステップ３：モデルとなる読書感想文を分析する】

　本を読んだ感想を言葉で話すことは容易にできても、原稿用紙を目の前にすると自分の思いを感想文にまとめて書くことが難しいと抵抗感を示す子供もいます。ここは、教師の出番です。教師も一人の読み手となり、それぞれの読みの視点で書いた読書感想文のモデルを複数提示するとよいです。そして、下記に示した《読書感想文の分析の視点》をもとに、子供はそれぞれのモデル文を分析したり、自分の書いた「読書感想文」と比較したりすることで、読書感想文の文章の構成を自ら学び得ることにつながるのです。また、読み手に一番伝えたい感想を分かりやすく伝えるためには、読みの根拠となる本文の引用文や要約文、自分の体験を具体的に書くことが不可欠であることにも気付きます。

《読書感想文の分析の視点》
① はじめ ：書き出し　（本を読んだきっかけ・一言感想・心に残った一文等）
② 中 ：感想の中心　（根拠となる場面の要約文・自分の体験や考えと関連付ける等）
③ おわり ：結び　（感想のまとめ・新たな感想や自分の気付き・自分の考え等）

　読書感想文のモデルを示すことのよさは、もう一つあります。「書くこと」に強い苦手意識をもっている子供には、モデルをもとに自分の伝えたい思いに合う表現の仕方を真似ながら感想文を書くことができます。「感想語彙集」を提示することも効果的です。自分の感想にぴったりと合う言葉を探しながら書くことは、語彙力の育成につながります。

　読みの視点に沿って対話しながら読み、読書感想文にまとめることは、自分と対話することで自己を見つめ新たな自分にも出会えます。「読んで書く」ことは、本来楽しいことです。自分の思いを読書感想文で伝えることを厭わない子供を育てていきたいものです。

外言を育てる豊かな内言

　外言とは、文字通り外に向かって発せられ、他者との情報伝達やコミュニケーションのために用いる言葉のことである。内言とは、発声を伴わずに自分自身心の中で用いる言葉を指す。普段、頭の中で使っている言葉と外の世界に発している言葉との間には違いがある。頭の中にある思いや考えは内言として組み立てられ、それは人それぞれ独自性がある。それを外の世界に言葉で出力することが言語化という行為であり、それを系統的に教えることが国語科教育の一つの役割である。

　物語を読むとき、内言は活性化する。読者は、描写の言葉を手がかりに出来事を脳裏に表象（イメージ）し、連続する小さな出来事を関連付けて、その意味を見いだしていく。読者は物語を読む中で、その展開構造や描写の素晴らしさ、人物の変化に心を動かされて感動する。低学年は、そうした感動の言語化が難しい発達の段階である。簡素化や単純化に陥ってしまい、浅い読みを嘆くこともある。本来、思ったことや感じたこと、考えたことを言葉にすることは自由である。もっと子供たちの外言を育てるために、内言を豊かにしていくことに意を用いることが大切である。

　そのためには、自由に空想や想像の世界を膨らませ、自分の言葉で伝え合うことにつながる発問を工夫したい。例えば、登場人物の心情に迫るのであれば、「そのときにどんな顔（目つき）をしているかな」「そのときは、どんな仕草（身振りや手振り）だったのかな」「会話文の前後で心の中でどんなことをつぶやいたかな」などと問いかけるとよい。また、物語との対話の活性化を図るために、「この場面とこの場面の間は、どのくらい空いているかな」「その間にはどんなことがあったと想像しますか」「この物語の続きはどのようになると思いますか」などと想像が膨らむような働きかけを工夫したい。

　本事例では、内言を育てるために、物語には書かれていない内容を叙述や挿絵から想像し自分の言葉で書き加えるようにしている。書かれていない内容、すなわち空白を読むことを重視することを通して、外言に向かう内言を豊かにすることができる。

ここに注目！

第1学年「物語の世界を想像して読み、登場人物に手紙を書こう」

POINT 1　論理的・分析的な読みと合目的な書き
　…書かれていないことがあることに気付くように、叙述と挿絵を比べたり、会話文に着目したりして、隠れた言葉を見付けるようにする。

POINT 2　批判的・構造的な読みと合目的な書き
　…書かれていない空白の部分を確認し、実際に書き加えをし、共通点や相違点を共有し深める。

POINT 3　生成的・共創的な読みと合目的な書き
　…叙述や挿絵に合った言葉を書き加えたことによって、疑問に思っていたことを解決する糸口となっていることを確認していく。

ものがたりのせかいをそうぞうしてよみ、とうじょう人ぶつに手がみをかこう

教材名「スイミー」

本単元では、教材文「スイミー」の叙述や挿絵を読んで気付いたことについて、本文に書き加えをし、自分の物語を書くという活動を行う。

本教材「スイミー」の原典は絵本であることから、叙述と挿絵を合わせて読むことで、物語の世界を想像することができる教材である。また、文章量が少なく挿絵に描かれていることが言葉で書かれていないという空白が多くあることから、叙述に書かれていないことを子供たちが想像することのできる教材である。

子供たちには、挿絵と叙述を関連付けたり、比較したりして読む活動を通して、空白に隠れている物語の世界を想像できるようにする。空白を読むことを通して、感じたり考えたりしたことを主人公に向けて手紙にまとめる際、自分だったらどうするという視点で考えるとともに、それをどのような言葉で表現するとよいのかを指導していくことが必要である。

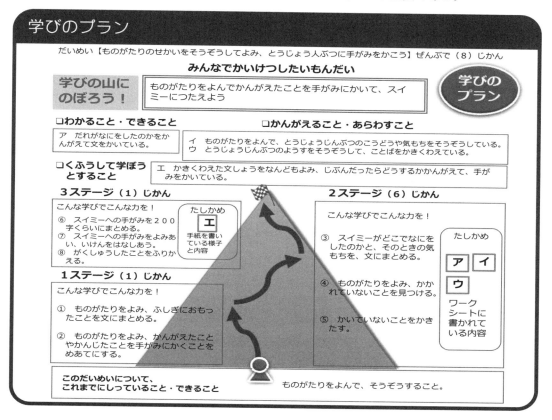

1 単元の目標

知識及び技能	思考力、判断力、表現力等	学びに向かう力、人間性等
・文の中における主語と述語との関係に気付くことができる。((1)カ)	・場面の様子や登場人物の行動など内容の大体を捉えることができる。(C(1)イ) ・場面の様子に着目して、登場人物の行動を具体的に想像することができる。(C(1)エ)	・言葉がもつよさを感じるとともに、楽しんで読書をし、国語を大切にして、思いや考えを伝えようとする。

2 単元で取り上げる言語活動とその特徴

　本単元では、言語活動例「イ　読み聞かせを聞いたり物語を読んだりして、内容や感想などを伝え合ったり、演じたりする活動」を具体化し、叙述や挿絵を読み物語の世界を広く想像することを通して、感じたり考えたりしたことを手紙に書くという活動を取り上げる。物語を想像しながら読むために、物語には書かれていない内容を叙述や挿絵から想像し自分の言葉で書き加えていくようにする。書かれていない内容、すなわち空白を読むことができるようにするためには、キーワードになる言葉を取り上げたり、挿絵と叙述を比べ書かれていないことを想像させたりする。このような活動を通して、言葉の意味に気付き、物語の世界を広く想像し、自分の言葉で表現することができる。単元の最後に物語の主人公であるスイミーに手紙を書くという活動によって、これまで物語の中の世界で想像していた子供たちは、外の世界から自分に引き寄せながら物語を読むという視点の転換を図っていく。

　本単元の「思考力、判断力、表現力等」の目標との関連において、子供たちが内言と外言を無意識的に表現することによって物語の世界を重層的に読むことができるようにする。

3 単元の評価規準

知識・技能	思考・判断・表現
①文の中における主語と述語との関係に気付いている。((①)カ)	①場面の様子や登場人物の行動など内容の大体を捉えている。(C(1)イ) ②場面の様子に着目して、登場人物の行動を具体的に想像している。(C(1)エ)

主体的に学習に取り組む態度
①文の中における主語と述語との関係に気付き、叙述や挿絵を読み物語の世界を広く想像する活動を通して、場面の様子や登場人物の行動など内容の大体を捉えたり、登場人物の行動を具体的に想像したりすることに向けた粘り強い取組を行う中で、自らの学習を調整しようとしている。

4　単元の指導と評価の計画（全8時間）

次	時	育成する資質・能力と指導上の留意点	評価規準・評価方法等【B】おおむね満足できる状況	主な学習活動
第一次	1	■導入段階　Ⅰ　物語の世界を想像しながら読み、考えたことをスイミーにお手紙を書いて伝えることを確認する。		・物語の大体を捉える。 ・学習課題を設定し、学びのプランを立てる。
		<学習課題>　ものがたりをよんでかんがえたことを手がみにかいて、スイミーにつたえよう。		
第二次	2・3	■展開前半　Ⅱ　主人公であるスイミーに着目して読み、スイミーがどこで何をしたかと気持ちを短くまとめる。【知・技①】		
		・場面の移り変わりごとの、スイミーの行動と気持ちに着目して文章にまとめる。	【B】場面ごとのスイミーの行動と、そのときの気持ちを一文にまとめている。 <学びのプラン> 文の中の主語と述語の関係を考えて文を書いている。（わかること・できることア）	・叙述から場面の変化をとらえる。 ・場面ごとのスイミーの行動と気持ちを一文にまとめる。
	4・5	■展開後半　Ⅲ—1　叙述や挿絵から、叙述に書かれていない主人公スイミーの気持ちや行動が隠れている場所を見つける。【思・判・表①】		
		・物語に書かれていないスイミーの気持ちや行動を見付けることができるよう、叙述と挿絵、会話文に着目して読むようにする。	【B】叙述や挿絵から物語の内容の大体を捉え、登場人物の行動や気持ちを想像して、言葉が隠れている場所を見付けている。 <学びのプラン> 叙述や挿絵から物語の内容の大体を捉え、登場人物の行動や気持ちを想像している。（かんがえること・あらわすことイ）	・叙述と挿絵、会話文などに注目して読み、言葉が隠れているところを見付け、印をつける。
	6・7	■展開後半　Ⅲ—2　叙述に隠れているスイミーの心情や行動を書き加える。【思・判・表②】		
		・スイミーの行動や気持ちが隠れている場所に、叙述や挿絵に合った言葉を考え、行動や気持ち、会話などを書き加えるようにする。	【B】叙述や挿絵を読み、叙述に書かれていない、スイミーの様子が分かるように言葉を書き加えている。 <学びプラン> 場面の様子を想像し、登場人物の様子が分かるような言葉を考え、書き加えている。（かんがえること・あらわすことウ）	・スイミーの様子が隠れている場所に叙述にあった言葉を書き加える。
第三次	8	■終末段階　Ⅳ　自分が物語の中のスイミーであったらどのような行動をしたかという観点でスイミーに対しての手紙を書く。【主①】		
		・これまでの学習を振り返り、自分がスイミーだったらどうするか考え、スイミーへの手紙を書くようにする。 ・学習課題解決のためにどのように物語を読んだのか、何が分かったのかを学びのプランを用いて振り返るようにする。	【B】もし、自分がスイミーだったらどうしたかという視点で手紙を書きながら、何度も学習したことを振り返っている。 <学びプラン> 書き加えた物語を繰り返し読みながら、自分がスイミーだったらどうするか、考えながら手紙を書こうとしている。（くふうして学ぼうとすることエ）	・スイミーへの手紙を200字程度にまとめる。 ・スイミーへの手紙を読み合い、お互いの考えを交流する。 ・学びのプランの3観点に基づき、本単元の学びを振り返る。

重層的な読みと合目的な書き

● 導入段階 読解から記述へのゴールイメージとプロセスデザイン

Ⅰ 学習への意欲付けと、学習の目的の明確化

導入段階では、子供たちにレオ＝レオニの描いた「スイミー」の絵本を提示し、お話の本の物語であることを示す。また、挿絵を見せながら、どのようなお話なのかを想像させるとともに、学びのプランを子供たちとともに立てていく。

まずは、物語全体を読み、場面の設定（場所・時間・登場人物等）を確認しながら、お話の大体を捉えるようにする。次に、主人公であるスイミーの行動や言動に対して不思議に思うことを発表し合うようにする。このことによって、主人公スイミーに対しての興味を高め、書かれている叙述の内容では分からないことがあることに気付くようにする。

そして、それぞれが考えた疑問を解決するために物語を詳しく読むことと、感じたことや考えたことをスイミーに手紙で伝えるという学習のねらいを設定する。その上で、学びのプランを子供たちの疑問を出発点として立てていく。その際、子供たちが疑問に思ったスイミーの行動や言動に関する内容の解答となるような部分を選ぶことも重要である。子供たちのもった疑問を解決するための学習活動であることを実感できるようにすることが大切である。

● 展開前段 論理的・分析的な読みと合目的な書き

Ⅱ 主人公の行動や考えが隠れている空白を見付けることによる分析的な読み

展開前段では、物語を読みながら、叙述に書かれていないことがあることに気付くようにする。そのために、叙述と挿絵を比べたり、会話文に着目したりして、隠れた言葉を見付けるようにする。

まずは、物語全体の流れを把握できるように場面の変化に着目して読むようにする。そして、場面ごとにスイミーの行動や言動が変わってきていることに気付くようにする。その上で、スイミーの行動や気持ちを表す言葉が隠れている空白の場所がないか、叙述を読みながら探すようにしていく。

空白の場所を探すにあたっては、叙述と挿絵を読み比べ、挿絵で描かれているのに、叙述に表現されていないところや、会話が書かれている場面で、言葉のやりとりがなされているのに会話が足りないところに視点を置くようにする。

実際の作業にあたっては、子供たちが書き込みをしやすいように、全文を記載したワークシートを用意し、空白を見付けたところには共通の目印（＜）を記載することを指導するとともに、ワークシートには例を示すようにする。

Ⅲ　空白の部分を想像し、場面にあった言葉の書き加え

　　展開後段では、前段階で見付けた空白の部分を確認する。それぞれに見付けた部分が異なることが考えられるが、実際に書き加える部分については学びを共有し深める。

　まずは、一つの場面で2から3カ所を指定する。指定する部分については、挿絵に描かれている情報が叙述に書かれていない部分、そして会話が不足している部分という、前段階で示した内容を確認して、選ぶこととする。

　その後、場面ごとに、想像した言葉を子供たちは、本文が記載されているワークシートに書き加えていく。それぞれの言葉を共有するにあたっては、場面と場面のつながりや、挿絵と叙述の関連、会話が成り立っているかといった視点で読み合うようにしていく。全体での学びを通して、考えが変わった場合は、ワークシートに書き加えるようにする。

● **終末段階**　生成的・共創的な読みと合目的な書き

Ⅳ　学習したことを基にした学びの振り返り

　　終末段階では、第一次から第二次までの学習活動を振り返り、「もし自分がスイミーだったら」という視点で手紙を書きまとめる。

　まずは、挿絵や叙述から空白を見付け、叙述や挿絵に合った言葉を書き加えたことによって、スイミーの行動に対して疑問に思っていたことを解決する糸口となっていることを、事例を挙げながら確認していく。

　その上で、改めて自分がスイミーだったらどうするかという視点で物語を再読し、スイミーに対しての手紙を書くようにする。手紙については、200文字程度で設定し、例文を提示することが必要である。内容については、導入段階で考えたことと、学びを通して考えたことを書くようにする。実際に手紙を書く場面では、これまで書いてきたワークシートを読み直すようにし、スイミーの気持ちになって書くように示す。

　書かれた手紙については、教師が目を通し、紹介しお互いの考えの違いに気付くようにする。学びを通して疑問が解決したという内容や、もっと知りたいといったような内容を紹介することで、想像することで物語の世界を広く読むことができることにも気付かせたい。

　最後に、学びのプランの3観点に基づき、学習したことによって学んだことや、感想を共有し、学習することのよさを自覚できるようにする。特に、単元を通して物語の世界を想像したことで、疑問が明らかになったことなどについて振り返ることができるようにする。

■教材文全体を読み、疑問に思ったことを書いた文章例　（導入段階）

① わたしは、スイミーが、どうやってまぐろからにげることができたのかがふしぎです。ぜんぶのみにこまれたのに、どうしてスイミーだけにげることができたのかしりたいです。

② わたしは、スイミーがうみのなかでいろいろなものをみたときに、なにをかんがえたのかしりたいです。みたものになにか話しかけているとおもうので、何をはなしたのかしりたいです。

③ わたしは、スイミーが、いわかげにそっくりのきょうだいを見つけたとき、どうおもったのかしりたいです。

④ わたしは、スイミーが大きなさかなをどうしようかとかんがえていたのは、どれくらいのじかんだったのかしりたいです。

解説　スイミーの行動に着目し、疑問に思ったことを書くようにした。①については、スイミーの行動の結果に着目した疑問となっている。②③に関しては、スイミー自身の行動・言動について書かれていない点に着目した疑問である。④については、叙述に書かれている「かんがえた」という言葉に着目し、状況を推測している疑問である。

■場面の移り変わりに応じてスイミーに視点をおいて書かれた文章　（展開前段）

ばめんのようす				
ア とうじょうじんぶつ	ア スイミー　小さなさかなたち	ア スイミー　小さなさかなたち　おそろしいまぐろ	ア スイミー・いせえび・こんぶ・わかめ・うなぎ・いそぎんちゃく	ア スイミー・小さなさかなのきょうだい・大きなさかな
イ ばしょ	イ うみのどこか	イ うみのどこか	イ くらいうみのそこ	イ うみのなか
ア スイミーの気持ち ※スイミーの気持ちになってかきましょう。	なかまといっしょでたのしいな。	おそろしいまぐろがきて、なかまをたべちゃった。こわかった。これからどうしよう。	うみの中にはおもしろいものがいっぱいいるなあ。なんだか、たのしくなってきた。	みんなと大きなさかなをおいだした。うれしいな。

解説　場面の様子を捉えるために、登場人物と場所に着目して読み、ワークシートにまとめるようにした。スイミーの気持ちは、スイミーになりきってまとめるようにしている。

■教材文の内容を300字程度で紹介する文章例　（終末段階）

【書き加える前の教材文】

うなぎ。かおを
見る　ころには、
しっぽを　わすれて
いるほど
ながい。

そして、かぜに
ゆれるももいろの
やしの　木みたいな
いそぎんちゃく。

【空白を見付け、書き加えたワークシートの一部】

うなぎ。かおを
見る　ころには、
しっぽを　わすれて
いるほど
ながい。

「ぼくより　ずっと大きいね。
ながくてしっぽがみえないよ。
すごいなあ。」

そして、かぜに
ゆれるももいろの
やしの　木みたいな
いそぎんちゃく。

「なんてきれいなんだろう。
ももいろの林みたいだなあ。
ゆらゆらしているよ。」

> **解説**　スイミーが、海のそこでいろいろなものと出会った時の気持ちを言葉にしている。挿絵から読んだ情報を基にしてスイミーの言葉で表している。

■主人公スイミーに書いた手紙の文章例　（終末段階）

スイミーへ

スイミーがはじめにひとりだけ、まぐろからにげることができたのがふしぎでした。わたしだったらにげられないとおもいます。スイミーは、みんなとちがってうみの下ににげたからたすかったのだとおもいます。スイミーはまぐろをよくみていたのだとおもいます。

さいごに、なかまと大きなさかなをおいだすことができてよかったとおもいました。これからは、なかまといっしょにくらせるね。わたしもスイミーのなかまといっしょにあそびたいです。

スイミーへ

うみのなかでいろいろなものを見て、げんきをとりもどしたのは、よかったね。わたしだったら、うみのそこもこわくて、まえにすすむことができなかったかもしれません。少しずつまえにすすんで、きれいなくらげや、たくさんのさかな、おもしろいうなぎを見て、きっとたのしくなったんだね。わたしもみてみたいです。

大きなさかなをおいだしたとき、スイミーが目になったのはすごいとおもいました。じぶんのいろをつかうなんて、わたしにはかんがえられません。スイミーのいるうみにいってみたいです。

> **解説**　自分が疑問に思ったことや、もし、自分だったらどうするかという視点でスイミーの行動を振り返り、自分の考えをまとめている。スイミーのいる物語の世界を想像し、自分も同じ世界を見ているような記述になっている。

【第２学年】文学的な文章

相手を意識した粗筋

　粗筋の指導は、低学年から行う。粗筋であるから、詳細に伝える必要はなく、その全容を伝えることを差し控えることも多い。自分で捉えた作品の内容を、「つまり簡単に言うと…」「大まかに流れをまとめると…」などを枕詞にして、その大体を要約して伝えようとする行為である。そこには、相手という存在を意識することは必然である。相手が即時的に「一体どんな話なのかを教えてほしい」とその作品の全体をわたる内容等を知りたい場合もあるであろうし、以後の読書の楽しみを残す紹介や推薦を欲しているのであれば、「冒頭部（一部）だけを教えてほしい」という場合もあろう。

　低学年から行う粗筋指導においては、「誰が、どうして、どうなった」「誰に、何が起きて、どうした」などのフレーズで、全体を縮約するかたちで行われる場合が基本である。これは、登場人物の行動を中心に場面展開を押さえながら、結末までを大づかみに捉えることに重点が置かれた指導といえる。

　加えて、物語の基本構造に即した粗筋指導を効果的に組み合わせるとよい。「①人物設定・状況設定（どんな人物が登場しどんな設定で始まるか）」「②事件の発端（どんな事件や問題が引き金になるのか）」「③展開（その事件や問題はどのように動いていくのか）」「④山場（もっとも緊迫するところは）」「⑤結末（どんな最後を迎えるのか）」の五つの観点を意識するとよい。おおむね①と②、そして⑤があれば、話は伝わるといっていい。③と④の内容が肝となるが、粗筋となった場合は、省略されることもある。相手を意識し、相手のオーダーに応じた粗筋指導を展開するためには、例えば、①から⑤までのカードを用意し、相手が知りたいと欲するカードを選び、それに応じて当人はその部分を中心に粗筋を紹介する活動が考えられる。カードを選んで粗筋の紹介を聞く側は、もっと詳細に知りたいことや疑問に思うこと等を積極的に質問することで対話的なやり取りが生まれ、内容理解が深まる。紹介する当人は、物語の全容が確実に捉えられていることが前提で、それを基本構造に即して要約して言語化することを通して、他の物語の読みに転移する。日常の読書生活にもつながる活動で効果的である。

ここに注目！

第２学年「とう場人ぶつの行どうに注目してあらすじをしょうかいしよう」

POINT 1 **論理的・分析的な読みと合目的な書き**
　…教材文を読み、主語と述語を捉えながら文章全体の内容を大づかみで把握し、挿絵にキャプションを付ける。

POINT 2 **批判的・構造的な読みと合目的な書き**
　…登場人物の行動を中心にして、粗筋をまとめると共に、その行動の理由を想像して登場人物に対する自分の思いや考えを共有する。

POINT 3 **生成的・共創的な読みと合目的な書き**
　…「ふたりはともだち」シリーズを読み、その内容を紹介する文章を書いて共有し、単元を通して学習したことなどを振り返る。

とう場人ぶつの行どうにちゅう目して あらすじをしょうかいしよう

教材名「お手紙」

本単元では、「お手紙」を含む「ふたりはともだち」のシリーズを読み、登場人物の行動やその行動の理由を具体的に想像し、文章の内容を紹介するために粗筋を書く。

粗筋を書く際には、「誰が、どうして、どうなった」「誰に、何が起きて、どうした」等を把握し、物語全体の内容を正確に理解することが求められる。その際、着目した場面の様子の叙述を基に具体的にイメージし「どのような表情・口調だったのか」「なぜ、そのような行動をしたのか」などを想像することが大切である。「挿絵を基に出来事や結末を大づかみに捉える読み」や「登場人物の行動の背景や理由を理解するためのシリーズ読み」などを通して豊かに想像し、相手に分かりやすく粗筋を書く学習を展開する。

学びのプラン

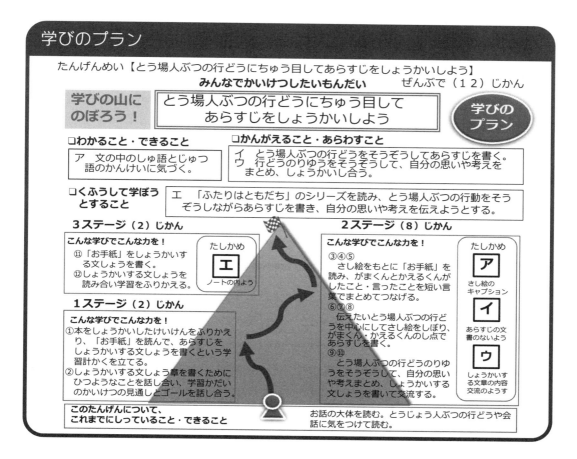

たんげんめい【とう場人ぶつの行どうにちゅう目してあらすじをしょうかいしよう】

みんなでかいけつしたいもんだい　　　ぜんぶで（１２）じかん

学びの山にのぼろう！

とう場人ぶつの行どうにちゅう目して
あらすじをしょうかいしよう

学びのプラン

□わかること・できること
　ア　文の中のしゅ語とじゅつ語のかんけいに気づく。

□かんがえること・あらわすこと
　イ　とう場人ぶつの行どうをそうぞうしてあらすじを書く。
　ウ　行どうのりゆうをそうぞうして、自分の思いや考えをまとめ、しょうかいし合う。

□くふうして学ぼうとすること
　エ　「ふたりはともだち」のシリーズを読み、とう場人ぶつの行動をそうぞうしながらあらすじを書き、自分の思いや考えを伝えようとする。

３ステージ（２）じかん

こんな学びでこんな力を！
⑪「お手紙」をしょうかいする文しょうを書く。
⑫しょうかいする文しょうを読み合い学習をふりかえる。

たしかめ
エ
ノートの内よう

１ステージ（２）じかん

こんな学びでこんな力を！
①本をしょうかいしたけいけんをふりかえり、「お手紙」を読んで、あらすじをしょうかいする文しょうを書くという学習計かくを立てる。
②しょうかいする文しょう章を書くためにひつようなことを話し合い、学習かだいのかいけつの見通しとゴールを話し合う。

２ステージ（８）じかん

こんな学びでこんな力を！
③④⑤さし絵をもとに「お手紙」を読み、がまくんとかえるくんがしたこと・言ったことを短い言葉でまとめてつなげる。
⑥⑦⑧伝えたいとう場人ぶつの行どうを中心にしてさし絵をしぼり、がまくん・かえるくんのし点であらすじを書く。
⑨⑩とう場人ぶつの行どうのりゆうをそうぞうして、自分の思いや考えまとめ、しょうかいする文しょうを書いて交流する。

たしかめ
ア
さし絵のキャプション
イ
あらすじの文書のないよう
ウ
しょうかいする文章の内容交流のようす

このたんげんについて、これまでにしっていること・できること

お話の大体を読む。とうじょう人ぶつの行どうや会話に気をつけて読む。

1　単元の目標

知識及び技能	思考力、判断力、表現力等	学びに向かう力、人間性等
・文の中における主語と述語との関係に気付くことができる。((1)カ)	・場面の様子に着目して、登場人物の行動を具体的に想像することができる。(C(1)エ) ・文章を読んで感じたことや分かったことを共有することができる。(C(1)カ)	・言葉がもつよさを感じるとともに、楽しんで読書をし、国語を大切にして、思いや考えを伝え合おうとする。

2　単元で取り上げる言語活動とその特徴

　本単元では、言語活動例「イ　読み聞かせを聞いたり物語を読んだりして、内容や感想などを伝え合ったり、演じたりする活動」を具体化し、登場人物の行動を中心に粗筋を捉え、内容を紹介する文章を書く活動を取り上げる。本活動では、紹介する文章を構成する要素として、「①挿絵」「②伝えたい登場人物の行動を基にした粗筋」「③その登場人物に対する思いや考え」の三つの内容を記述する。そのためには、挿絵を手がかりとした時間的な順序を押さえた読みや登場人物の行動・会話・表情・口調・様子などを具体的に思い描く読み、シリーズを通して人柄を捉える豊かな読みが必要となり、文章の内容を具体的に想像する能力や文章を読んで感じたことや分かったことを共有する能力を育成することができる。

　本単元の「思考力、判断力、表現力等」の目標との関連において、紹介する文章を書くという目的を意識して、場面の様子に着目して具体的に想像したり、感じたことや分かったことを共有したりすることができるようにする。

3　単元の評価規準

知識・技能	思考・判断・表現
①文の中における主語と述語との関係に気付いている。((1)カ)	①「読むこと」において、場面の様子に着目して、登場人物の行動を具体的に想像している。(C(1)エ) ②「読むこと」において、文章を読んで感じたことや分かったことを共有している。(C(1)カ)
主体的に学習に取り組む態度	
①主語と述語の関係に気付き、文章の内容を紹介する活動を通して、登場人物の行動を具体的に想像することに向けた粘り強い取組を行う中で、自らの学習を調整しようとしている。	

4 単元の指導と評価の計画（全 12 時間）

次	時	育成する資質・能力と指導上の留意点	評価規準・評価方法等【B】おおむね満足できる状況	主な学習活動
第一次	1 2	■導入段階　①　紹介する文章を書くため、登場人物の行動を想像したり、登場人物の人柄や行動の背景を理解するシリーズ読みをしたりして、粗筋を書くことを話し合う。		・これまでに本の紹介をした経験を振り返る。 ・学習課題を設定し、学びのプランを立てる。
		<学習課題> 　登場人物の行動に着目して、粗筋を紹介しよう。		
第二次	3 4	■展開前半　②　場面の様子に着目し「誰が何をしたのか、どのようなことを言ったのか」を捉えながら読み、挿絵にキャプションを付ける。【知・技①】		・登場人物の行動や会話文を基に、全ての挿絵に 15 字程度のキャプションを付ける。 ・挿絵とキャプションをつなげて、話のすじを捉える。
		・挿絵を活用し、登場人物の「誰が・何をしたのか、どのようなことを言ったのか」等、主語と述語を捉えながら文章全体の内容を大まかに把握できるようにする。	【B】主語と述語との関係を理解し、「お手紙」の全ての挿絵に、15 字程度のキャプションを付けている。 <学びのプラン> 文の中のしゅ語とじゅつ語のかんけいに気づく。（分かること・できることア）	
	5 6 7	■展開後半　③－1　伝えたい登場人物の行動を中心に挿絵を絞り、がまくんの視点・かえるくんの視点で粗筋をまとめる。【思・判・表①】		・伝えたい登場人物の行動を中心にして粗筋に必要な挿絵を絞る。 ・その場面の登場人物の行動を想像して読み、がまくん・かえるくんの視点で粗筋を 200 字程度でまとめる。
		・伝えたい登場人物の行動を中心に挿絵を絞り「どのような表情・口調・気持ち」だったのかを具体的に想像して粗筋をまとめ、その違いを比べ合う場を設定する。	【B】伝えたい登場人物の行動を中心にして、粗筋を 200 字程度でまとめている。 <学びのプラン> とう場人ぶつの行どうをそうぞうしてあらすじを書く。（考えること・表すことイ）	
	8 9 10	■展開後半　③－2　伝えたい登場人物の行動の理由を想像して、登場人物に対する自分の思いや考えをまとめ、共有する。【思・判・表②】		・登場人物の行動の理由を想像する。 ・登場人物に対する自分の思いや考えを 100 字程度でまとめる。 ・紹介する文章を交流し、思いや考えを共有する。
		・伝えたい登場人物がなぜそのような行動をしたのか理由を想像することで、自分の思いや考えを明確にして共有することができるようにする。	【B】登場人物の行動の理由を想像して思いや考えを 100 字程度でまとめ、紹介する文章を共有している。 <学びのプラン> 行どうのりゆうをそうぞうして、自分の思いや考えをまとめ、しょうかいし合う。（考えること・表すことウ）	
第三次	11 12	■終末段階　④　「ふたりはともだち」シリーズを読み、伝えたい話を選んで、がまくんの視点・かえるくんの視点で粗筋を書き、登場人物に対する自分の思いや考えをまとめ、紹介する文章を書く。【主①】		・紹介する文章を 300 字程度で書く。 ・紹介する文章を読み合い、互いのよいところを交流する。 ・学びのプランの3観点に基づき、本単元の学びを振り返り、意味付ける。
		・第二次の学習を踏まえて紹介する文章を書き、共有することができるようにする。 ・学習を通して身に付いたこと等について、学びのプランを用いて丁寧な振り返りができるようにする。	【B】紹介する文章を書き、単元を通して工夫したことや粘り強く取り組んだこと、学びが深まったことなどについて振り返っている。 <学びのプラン> 「ふたりはともだち」のシリーズを読み、とう場人ぶつの行どうをそうぞうしながらあらすじを書き、自分の思いや考えを伝えようとする。（工夫して学ぼうとすることエ）	

● 導入段階　読解から記述へのゴールイメージとプロセスデザイン

Ⅰ　読んで書く目的や意図、条件設定、読むテキストの選択、方略の検討

> 導入段階では、自分がこれまでに身に付けてきた力を実感するとともに、これからの学習に目的と必要感をもつ。その上で、主体的に学習課題を設定し、課題解決の見通しをもちながら、学びのプランを立てていく。

　まずは、これまでに本の粗筋を紹介した経験を振り返り、本を読んで感じたことをうまく伝えることができなかった経験などを話し合うことで、相手に伝わる粗筋について学習する目的意識をもつ。その上で教材文「お手紙」を読み、その内容を粗筋にまとめる学習を行うことを確認し、学習課題「登場人物の行動に注目して、粗筋を紹介する文章を書こう。」を設定する。

〔ふたりシリーズ〕
◆ふたりはともだち
①はるがきた
②おはなし
③なくしたボタン
④すいえい
⑤おてがみ
◆ふたりはきょうも
①あしたにするよ
②たこ
③がたがた
④ぼうし
⑤ひとりきり

　その後、「ふたりはきょうも」シリーズの「ぼうし」の読み聞かせを聞き、教師が作成した「がまくんを紹介する文章」「かえるくんを紹介する文章」を読み比べ、伝えたいことを紹介する文章に、必要な内容を考える。教材文の内容を紹介するためには、①挿絵を使うと分かりやすいこと、②伝えたい登場人物の行動を想像して粗筋を捉える必要があること、③その登場人物に対する思いや考えが伝わるように書く必要があること、などを話し合う。この単元で身に付ける力を子供自身が自覚し、課題解決の方略を子供とやり取りしながら、学びのプランを立てる。

● 展開前段　論理的・分析的な読みと合目的な書き

Ⅱ　場面の様子に着目し、登場人物の行動を捉えながら読み、挿絵にキャプションを付ける。

> 展開前段では、教材文を読み、主語と述語を捉えながら文章全体の内容を大づかみで把握し、挿絵にキャプションを付ける。

　まずは、挿絵を基に、場面の様子や「誰が何をしたのか、どのようなことを言ったのか」等、登場人物の行動や会話などを手がかりとしながら物語の内容の大体を捉える。

　次に、挿絵と文章の叙述を何度も確かめながら読み、主語と述語の関係に気を付けながら、挿絵一つひとつに「誰がどうしたのか」が分かる15字程度のキャプションを付ける。できたキャプションを共有し、同じ挿絵でも、読み手の感じ方に違いがあることを楽しむことができるようにする。

　その後、挿絵に付けたキャプションをつなげて読むことで、「お手紙」の話の粗筋を大まかに捉えることができることを理解するとともに、より相手に伝わる粗筋にするためには、さらにどんなことが必要かを学級全体で話し合う。

Ⅲ　伝えたい登場人物の行動を中心にした粗筋と自分の思いや考えの記述

　展開後段では、伝えたい登場人物の行動を中心にして、粗筋を200字程度でまとめ、その行動の理由を想像して、登場人物に対する自分の思いや考えを100字程度でまとめ、共有する。

　まずは、自分が伝えたい登場人物を決め、その登場人物についての挿絵を絞り、「どのような表情・口調・気持ち」だったのかを具体的に想像して挿絵に書き込む。想像したことを基に、かえるくんの視点・がまくんの視点で、粗筋を200字程度でまとめ、その違いを比べ合う。

　次に、登場人物がなぜそのような行動をしたのか理由を想像する。行動だけでなく会話文にも着目するなどして、取り上げたい叙述に線を引く。線を引いたところを基に、その行動の理由を想像し、登場人物に対する自分の思いや考えを100字程度でまとめる。

　その後、挿絵、粗筋、自分の思いや考えを紹介する文章にまとめ、共有し合う。共有することを通して、相手の思いや考え受容したり、共感したりすることができるようにする。

Ⅳ　「ふたりはともだち」のシリーズを読み、伝えたい話を選んで、がまくんの視点・かえるくんの視点で粗筋を書き、登場人物に対する自分の思いや考えをまとめ、紹介する文章を書く。

　終末段階では、これまでの学習を基に「ふたりはともだち」シリーズを読み、その内容を紹介する文章を書いて共有し、単元を通して学習したことなどを振り返る。

　まずは、「ふたりはともだち」シリーズの四話を分担して読み、第二次で紹介する文章を書いた経験を基に、伝えたい登場人物の行動を中心にして、紹介する文章を300字程度で書く。その際に、第二次とは違う登場人物に視点を変えたり、伝えたいことに応じて、両方の視点を取り入れたりすることができるようにする。また、シリーズを重ねて読むことで見えてきた登場人物の特徴や二人の関係などにも着目できるようにする。

　次に、紹介する文章を読み合い、感じたことや分かったことを共有する。その際に、同じ話でグループを分けたり、「がまくんの視点」「かえるくんの視点」でグループを分けたりするなどの配慮をし、違いやよさを見付けやすくする必要がある。また、「挿絵を基に粗筋が書かれているか」「行動の理由を想像して自分の思いや考えが書けているか」などの視点をもたせて話し合わせ、共有する目的を明確にする。

　最後に、学びのプランの3観点に基づき、本単元の学びを振り返り、学習の意義や成果を自覚できるようにする。特に、単元を通してできるようになったことや粘り強く取り組んだこと、学びが深まったことなどについて振り返ることができるようにする。

記述の具体と解説

■「お手紙」の挿絵に15字程度のキャプションを付けた例　（展開前半）

【全ての挿絵にキャプションを付けた例の一部】

挿絵	①	②	③	④	⑤	⑥
主な内容	げんかんの前にすわっているがまくん	かなしい気分でお手紙をまつふたり	手紙を書くかえるくん	お手紙をかたつむりくんにたのむかえるくん	手紙がこないのでベッドでねるがまくん	手紙をまつかえるくん

【キャプションをつなげてできた話のすじ】

かなしそうにげんかんの前にすわっているがまくん。かえるくんといっしょにお手紙をまっています。かえるくんはいそいで家へ帰ってがまくんへお手紙を書きました。かえるくんはかたつむりくんにお手紙をたのみました。がまくんは、あきらめてベッドに入っています。お手紙をまつかえるくん。がまくんがお手紙を出したことを話しました。ふたりはしあわせなきもちでお手紙をまっています。かたつむりくんがお手紙をとどけてくれました。

解説　挿絵を基にして、誰が何をしたかがわかるキャプションを付けている。このキャプションをつなげることで、200字程度の話のすじができることに気付いている。

■挿絵を絞り伝えたい登場人物の行動を中心にまとめた200字程度の粗筋　（展開後半）

【がまくんの視点でまとめた粗筋】

がまくんは、げんかんの前でふしあわせな気もちになっています。お昼をまつ時間だからです。かえるくんに、そのことを話しましたが、家に帰ってしまい、お昼ねもとどかないのでお昼ねをします。かえるくんがもどって来て、はげましてくれるのですが、自分には手紙がくるはずがないと思っています。かえるくんからお手紙を出したことを聞いて、がまくんは、うれしくてしあわせなもちになり、本当にお手紙がとどいてよろこびました。

【かえるくんの視点でまとめた粗筋】

かえるくんが、がまくんの家に行くと、がまくんはかなしそうな顔をしています。わけを聞くといちどもお手紙をもらったことがないからと言っています。かえるくんは、大いそぎで家に帰ってがまくんへ手紙を書き、かたつむりくんにとどけてもらうことにしました。がまくんの家にもどってまどをのぞきこみますが、なかなかお手紙はとどきません。かえるくんは、がまくんにお手紙を出したことを伝えます。がまくんがよろこんでくれたので、かえるくんもしあわせな気持ちになりました。

解説　伝えたい登場人物を決めて挿絵を絞り、登場人物の様子を具体的に想像することで、より相手に伝わる粗筋にまとめることができている。

■伝えたい登場人物の行動の理由を想像して、まとめた100字程度の思いや考え（展開後半）

【がまくんの行動や会話の理由を想像している書き込み例】

ページ	P13.L1～	P17.L8～	P21.L3	【がまくん】のことを伝えたい
叙述	・一日のうちのかなしい時 ・ふしあわせな気持ち ・お手紙もらったことないんだもの。	・ベッドでお昼ね ・いやだよ。 ・あきあきしたよ ・そんなことあるものかい。 ・ばからしいこというなよ。	・きみが。	
書き込み例	・お手紙が本当にほしいから ・さみしがり ・そうだんしたいから	・自分に手紙をくれる友だちなんていないとあきらめている。	・まさか、とおどろいている。	

【100字程度にまとめた文章】

私は、このお話を読んで、がまくんは、さみしがりやだと思いました。なぜかというとお手紙がこないだけでおちこんだりベッドでねてしまったりするからです。でも、がまくんには、そうだんできる親友のかえるくんがいるからうらやましいなと思いました。

解説　理由を想像することで、登場人物に対する思いや考えをもつことができている。

■シリーズの伝えたい話を選んで、300字程度で紹介する文章例 （終末段階）

【「ふたりはともだち」シリーズ「はるがきた」を読んでかえるくんの視点で紹介する文章】

はるがきた（かえるくん）

　かえるくんが、がまくんの家に行くと、中はまっくらで、がまくんはベッドにねていました。

　かえるくんは、がまくんをおこして、げんかんの前で四月の話をしますが、がまくんは、五月になったらおこしてと言って、ねてしまいます。

　かえるくんは、がまくんのカレンダーを十一月からやぶき、四月もやぶいてしまいます。五月になったカレンダーを見せるとがまくんは「おやおや五月だ」と言って、おきてきました。

　ふたりは、春のよの中をしらべに外へ出ていきました。

　私は、このお話を読んで、かえるくんもさみしがりやだと思いました。

　わけは、がまくんをおこすために、げんかんの前で春の話をしたり、カレンダーをやぶいたりしたからです。

　二人ともさみしがりやだからいつもいっしょにいるのだなと思いました。

> **解説**　紹介する文章の上には、かえるくんの行動に絞った挿絵を貼る。文章の第一段落から第四段落までは、かえるくんの行動を中心にまとめた「はるがきた」の粗筋、第五段落はかえるくんに対する思いや考えを書いている。紹介する文章をかえるくんの視点でまとめることで、場面の様子や登場人物の行動について、より具体的に想像し、自分の思いや考えをもつことができている。また、シリーズ読みを経た読みの広がり深まりが見られる。

■学びのプランの3観点を基に、単元の振り返りを記述した例 （終末）

【単元の振り返りを記述したノート】

　わたしは、これまで本のしょうかいをするときに、おもしろい場面を見つけることはできていたけれど、とう場人ぶつの行どうのわけを考えることはできていませんでした。この学しゅうで、伝えたいとう場人ぶつをきめて、さし絵をえらんだり、あらすじを200文字で考えたりするうちに、だれがどうしたのかが分かるようになってきました。そして、読んだり書いたりしているうちに、とう場人ぶつがこんなことをしたのは、こんなことを考えていたからではないかとそうぞうできるようになってきました。また、おなじ話でも、伝えたいとう場人ぶつがちがうとあらすじもかわってくることが分かっておもしろかったです。こんどは、「すいえい」のお話をがまくんの行どうでしょうかいしてみたいです。

> **解説**　挿絵を絞ったり文字数を意識して書いたりし、粘り強く学習したことが分かる。また、どうすれば想像する力が高まるのかに気付き、学びを調整している様子が伺える。

with コロナの教室に WTC を
〜**W**rite（書いたものを）**T**urn（回し読みして）**C**omment（コメントする）〜

　国語科のみならず各教科等の授業において、「伝え合い」、「交流」、「協働」など様々なキーワードに置き換えられた、対話的な学びが重視されています。しかし、昨今の感染症拡大防止の観点から、音声言語による対話的な学びの促進にためらいを感じることもあります。その対応策として ICT の活用が有効です。それとは別に、ここではアナログな対話の方法を紹介します。書き言葉を重視して温かな言葉のやり取りをする、"WTC" という方法です。

　WTC とは、W rite（書いたものを）、T urn（回し読みして）、C omment（コメントする）の頭文字をつないだ造語です。書くことを主として相互交流し、言葉の力を高める一つの学習活動としての方法論です。一人ひとりの見方や考え方を書き言葉で届け合うことの重要性は言うまでもありません。ある意味、古典的な学習活動に意味を見いだすことは有意義だと考えます。「書いたものを回し読みし、コメントを届け合う」という学習活動について、具体的に示します。

【WTC を取り入れる場面】

　一単位の学習計画の中で、どのような場面で WTC を取り入れたら効果的でしょうか。それは、授業のねらいの達成に直結する "山場" です。板書されためあて（課題）に対する個々の考えを表出させ、それを吟味・検討する場面です。"ゆさぶり" をかけられる場面と考えたほうが分かりやすいかもしれません。個々の思考や判断がゆさぶられ、ブラッシュアップされます。複数の見方や考え方に触れることで、学びの質が高まっていくことが期待されます。

【コメントを届け合う内容】

　それでは、どのようなコメントを届け合ったらいいでしょうか。その内容は、友達が書いたもの、つまり他者の内なる（外からは見えない）思いや考えです。そこには、判断の理由や根拠が必要となります。

　具体的な内容としては、まず何よりよい点に注目してコメントします。単元の指導事項（知識及び技能、思考力、判断力，表現力等）に即した具体的な観点を提示することが大切です。

　よい点を先に届けたあと、改善点についてコメントします。ここでは、誤りの指摘ではなく、よりよくするためのアドバイスです。そのとき、先に個々の困り感を他者に伝えて、それを共有することは有意義です。国語科のみならず他教科等において日常的に対話を仕組んでも、なんとなく一方通行に終わっているなあと感じることはないでしょうか。自分自身の課題を意識することなく、友達の指摘をそのままに受け入れ、納得感を感じないままに、ただ考えが上書きされてしまっているような…。WTC では、書いたものを読んでもらう前に、「友達からアドバイスが欲しいこと」、「自分が書いた内容や形式について自信がないこと」を先に示すことを大事にします。そうした "困り感" に即して、コメントを届け合います。友達の思いや考えを大切にし、それに対する自分の思いや考えを丁寧に届けます。

【実践例・リテラチャー・サークル風の WTC】

　WTC の実践例として、リテラチャー・サークル風の取組を紹介します。これは、グループで役割分担をして読みを深めていく読書活動です。それぞれの役割において決めた視点のみに特化して文章を読み、記述をした後、その記述をもとにグループで話し合いをします。

　役割として考えられるものの例として、いくつか紹介します。

作品にコメントし合う子どもたち

　　　質問係：文章内容についての質問を考えて書く。
　　　言葉係：新たに獲得したい語彙を見つけ出して書く。
　　　表現係：特徴的な優れた表現を探して書く。
　　　要約係：文章の要約を書く。
　　　話題係：みんなで話し合いたい話題を書く。
　　　つながり係：実生活とのつながりを見つけて書く。
　　　ブック係：他の本との比較ができるところを探して書く。
　　　筆者係：筆者について表れていること、調べたことを書く。
　　　挿絵（図表）係：挿絵（図表）から分析したことを書く。
　　　イラスト係：重要な場面や印象に残る場面の絵を描く。

　このような役割について、教科、単元、過程に応じてカスタマイズし、選択していきます。その名称も、イラスト係でしたら、イラスト屋、イラスト隊、イラストリーダー、イラストレーター、等としても楽しくなります。記述する媒体としては、ワークシート、学習カード、付箋紙等が考えられます。記述後の話し合いは、他のグループの同じ役割同士で集まったり、同じグループの異なる役割で集まったりすることを重ねることで、さらに読みが深まります。

　write・turn・comment・write・turn・comment…。「書いたものを回し読みして、コメントする」という書き言葉による対話を繰り返すことで、協働的で相乗的な言葉の学びの深まりが期待できます。With コロナ時代において、日常的に簡単に取り入れやすい WTC が子供たちの学びを保障する一つの方法として、全国の教室に広がっていくことを期待します。

事例 9

【第3学年】文学的な文章

面白さの理由を明確にした感想

　物語の面白さをどのように捉えればよいのだろうか。物語などの文学を読むという行為は、虚構という一種の異物が日常に侵入することを許す。それは自ずと非日常の世界に身を置くことになる。戦争を知らない子供たちは、文学を読むことで戦争を知る。戦争を憎み、平和を希求する。つまり、文学を通してある虚構の世界に没入し、そこで架空の体験をしているのである。それを、"文学体験"と呼ぶことにする。非日常を味わえる文学体験は、実に面白いものである。ここでいう「面白い」は、人間や社会、自然などに関わる深い問いに真剣に対峙していくという文脈で用いている。子供たちは、この「面白い」を本当に面白いと感じるのであろうか。

　子供は本来、直接的に体験することをはじめ、読む行為も含めてそれらを純粋に楽しむことができる存在である。「面白い」とは、色々な意味合いがある。色々な「面白い」を英単語で置き換えることができる。

①見たり聞いたりしたことが「面白い」：非日常を体験した時など➤ Amazing、Fantastic
②おかしくて「面白い」：クスっと笑える時など➤ Funny、Hilarious
③楽しく「面白い」：旅行をしたり乗り物に乗ったり➤ Fun、Enjoyable
④その他「面白い」：超ウケる、涙が出るほど➤ I am dying. I am in tears.

　これらは一部に過ぎないが、物語を読む面白さは一様でないことが再確認できる。国語科教育において、特に小学校段階で物語を読む面白さに迫る観点は、二つに大別できよう。一つは内容（価値）であり、もう一つは形式（構成、表現）である。内容の面白さとは、登場人物の人柄や性格に基づく言動であり、人物の心情の変化であり、そして主題のもつ価値である。形式の面白さとは、ストーリーから感じる心地よさであったり、期待と違う結末の違和感や衝撃であったりする。物語の面白さはどこからやってくるのか、教師自身も一読者として取り上げる教材を子供の視点に立って色々な「面白い」を感じながら読み込むことが何より大切である。

ここに注目！

第3学年「物語のおもしろさを感想に書いて伝えよう」

POINT 1　論理的・分析的な読みと合目的な書き
　…教材文を読み、五つの場面に豆太の性格を表す小見出しを付けていく。物語の設定、おおまかな粗筋を理解する。

POINT 2　批判的・構造的な読みと合目的な書き
　…これまで考えてきた小見出しを比べて、豆太が変わった4の場面に着目し、豆太の気持ちの変化を捉え、物語のおもしろさを感想に書く。

POINT 3　生成的・共創的な読みと合目的な書き
　…初発の感想と第二次に書いた感想を比較し、自分はどのように考えが変わったのかについて友達と交流する。

物語のおもしろさを感想に書いてつたえよう

教材名「モチモチの木」

　本単元では、「モチモチの木」を読み、登場人物の性格や気持ちの変化について考え、物語の面白さの理由を明確にした感想を書く。

　感想を書くには、中心人物である豆太の性格や気持ちを捉え、豆太がどのように変わったのか、情景はどのように描かれているのかを読んでいく必要がある。また、登場人物について自分はどう思うか、自分の経験と重なるところはあるのかなど自分と対話することも重要である。ここでは「場面の移り変わり等の叙述に即した読み」や「登場人物の心の中の言葉を想像する読み」など、重層的な読解を経て感想を記述する活動を展開する。

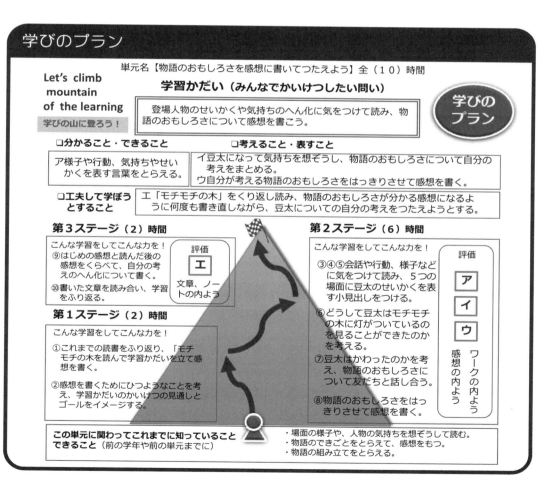

学びのプラン

単元名【物語のおもしろさを感想に書いてつたえよう】全（１０）時間

Let's climb mountain of the learning
学びの山に登ろう！

学習かだい（みんなでかいけつしたい問い）

登場人物のせいかくや気持ちのへん化に気をつけて読み、物語のおもしろさについて感想を書こう。

学びのプラン

□分かること・できること
ア様子や行動、気持ちやせいかくを表す言葉をとらえる。

□考えること・表すこと
イ豆太になって気持ちを想ぞうし、物語のおもしろさについて自分の考えをまとめる。
ウ自分が考える物語のおもしろさをはっきりさせて感想を書く。

□工夫して学ぼうとすること
エ「モチモチの木」をくり返し読み、物語のおもしろさが分かる感想になるように何度も書き直しながら、豆太についての自分の考えをつたえようとする。

第3ステージ（2）時間
こんな学習をしてこんな力を！
⑨はじめの感想と読んだ後の感想をくらべて、自分の考えのへん化について書く。
⑩書いた文章を読み合い、学習をふり返る。

評価
エ
文章、ノートの内よう

第2ステージ（6）時間
こんな学習をしてこんな力を！
③④⑤会話や行動、様子などに気をつけて読み、5つの場面に豆太のせいかくを表す小見出しをつける。
⑥どうして豆太はモチモチの木に灯がついているのを見ることができたのかを考える。
⑦豆太はかわったのかを考え、物語のおもしろさについて友だちと話し合う。
⑧物語のおもしろさをはっきりさせて感想を書く。

評価
ア
イ
ウ
ワークの内よう
感想の内よう

第1ステージ（2）時間
こんな学習をしてこんな力を！
①これまでの読書をふり返り、「モチモチの木を読んで学習かだいを立て感想を書く。
②感想を書くためにひつようなことを考え、学習かだいのかいけつの見通しとゴールをイメージする。

この単元に関わってこれまでに知っていること・できること（前の学年や前の単元までに）
・場面の様子や、人物の気持ちを想ぞうして読む。
・物語のできごとをとらえて、感想をもつ。
・物語の組み立てをとらえる。

1　単元の目標

知識及び技能	思考力、判断力、表現力等	学びに向かう力、人間性等
・様子や行動、気持ちや性格を表す語句の量を増やし、語彙を豊かにすることができる。((1)オ)	・登場人物の気持ちの変化や性格、情景について、場面の移り変わりと結び付けて具体的に想像することができる。(C(1)エ) ・文章を読んで理解したことに基づいて、感想や考えをもつことができる。(C(1)オ)	・言葉がもつよさに気付くとともに、幅広く読書をし、国語を大切にして、思いや考えを伝え合おうとする。

2　単元で取り上げる言語活動とその特徴

　本単元では、言語活動例「イ　詩や物語などを読み、内容を説明したり、考えたことなどを伝え合ったりする活動」を具体化し、物語の面白さを感想に書く活動を取り上げる。本活動では、感想を書くための要素として、「①初発の感想」、「②物語を読み終えて感じたことを観点にした感想」、「③自分の物語に対する考え方がどのように変わったのか」、の三つの内容を記述する。そのためには、場面ごとの人物の様子や気持ちを想像しながら読んだり、自分の経験と重ねながら読んだりするなど、文章を繰り返し重ねて読む必要があり、文章を読んで人物の性格などを想像する能力や自分の考えを形成する能力を育成することができる。

　本単元の「思考力、判断力、表現力等」の目標との関連において、感想を書くという目的を意識して、登場人物の気持ちの変化や情景について具体的に想像したり、感想や考えを明らかにしたりすることができるようにする。

3　単元の評価規準

知識・技能	思考・判断・表現
①様子や行動、気持ちや性格を表す語句の量を増やし、語彙を豊かにしている。((1)オ)	①「読むこと」において、登場人物の気持ちの変化や性格、情景について、場面の移り変わりと結び付けて具体的に想像している。（C(1)エ） ②「読むこと」において、文章を読んで理解したことに基づいて、感想や考えをもっている。（C(1)オ）

主体的に学習に取り組む態度
①様子や行動、気持ちや様子を表す語句の量を増やし、物語の面白さについて感想を書く活動を通して、登場人物の性格について場面の移り変わりと結び付けて具体的に想像することに向けた粘り強い取組を行う中で、自らの学習を調整しようとしている。

4 単元の指導と評価の計画（全11時間）

次	時	育成する資質・能力と指導上の留意点	評価規準・評価方法等【B】おおむね満足できる状況	主な学習活動
第一次	1 2	■導入段階 □ 感想を書くために、初発の感想を書いたり、登場人物の性格や気持ちを考えたり、登場人物の変化に対する自分の考えをまとめたりすることを検討する。		・初発の感想を書く。 ・学習課題を設定し、学びのプランを立てる。
		<学習課題> 登場人物のせいかくや気持ちのへん化に気をつけて読み、物語のおもしろさについて感想を書こう。		
第二次	3 4 5	■展開前半 □ 物語全体を五つの場面に分けて、豆太の行動や会話などに着目して読み、豆太の性格を表す小見出しを付ける。【知・技①】		
		・場面ごとに豆太の行動や会話、様子を整理できるワークシートを活用し、各場面の豆太についてどう考えたかをまとめることができるようにする。	【B】様子や行動、気持ちを表す言葉に着目し、各場面に豆太の性格を表す小見出しを付けている。 <学びのプラン> 様子や行動、気持ちやせいかくを表す言葉をとらえる。（分かること・できることア）	・場面ごとに、会話や行動を書き抜き、豆太の気持ちや性格についてまとめる。 ・場面ごとに豆太の性格を表す小見出しを付ける。
	6 7	■展開後半 □―1 どうして豆太はモチモチの木に灯がついているのを見ることができたのかを考え、物語の面白さについてまとめる。【思・判・表①】		
		・行動や情景、気持ちを表す言葉をつなげて考えさせ、物語には書かれてない豆太の気持ちを想像し、友達と話し合う場を設定する。	【B】行動や情景、気持ちを表す言葉を基に豆太の気持ちについて想像し、物語の面白さについてまとめている。 <学びのプラン> 豆太になって気持ちを想ぞうし、物語のおもしろさについて自分の考えをまとめる。（考えること・表すことイ）	・豆太に自分がなりきって気持ちを想像し、気持ちを書き込んでいく。 ・友達と交流し、想像を広げる。
	8 9	■展開後半 □―2 これまでの読みを振り返り、物語の面白さである「家族愛」「思いやり」「勇気」などといった観点で感想を書く。【思・判・表②】		
		・豆太の気持ちの変化について友達と交流することを通して、自分が考える面白さを明らかにするよう促す。	【B】豆太の気持ちの変化をから、自分が考える物語の面白さを明確にし、感想を400字程度で書いている。 <学びのプラン> 自分が考える物語のおもしろさをはっきりさせて感想を書く。（考えること・表すことウ）	・豆太の気持ちの変化について考え、物語の面白さについて考える。 ・感想を400字程度で書き、友達と交流する。
第三次	10 11	■終末段階 □ 初発の感想と前時までに書いた感想を読み比べ、自分の物語に対する考えがどのように変わったのかを400字程度で書き、友達と交流する。【主①】		
		・初発と読後の感想を比較し、読みの深まりを実感できるようにする。 ・学習課題の解決のために工夫したことや習得したこと等について、学びのプランを用いて振り返りができるようにする。	【B】自分の考えの変化について書き、単元を通して試行錯誤したことや粘り強く取り組んだこと、学びが深まったことなどについて振り返っている。 <学びのプラン> 「モチモチの木」をくり返し読み、物語のおもしろさが分かる感想になるように何度も書き直しながら、豆太についての自分の考えをつたえようとする。（工夫して学ぼうとすることエ）	・自分の考えの変化を400字程度で書き、お互いの考え方の違いやよいところを交流する。 ・学びのプランの3観点に基づき、本単元の学びを振り返り、意味付ける。

● 導入段階 　読解から記述へのゴールイメージとプロセスデザイン

Ⅰ　読書経験と初発の感想をつなげた学びの焦点化

　導入段階では、学習の目的や意義を自覚し、学習課題を設定するとともに、課題解決に向けた見通しをもち、学びのプランを立てていく。

　まずは、前単元までに、どのような読書をしてきたのかを振り返る。お気に入りの登場人物のキャラクターや薦めたい物語の感想などを交流することにより、登場人物の性格を捉え、物語の面白さについての感想を書くという目的意識をもつ。その上で教材文「モチモチの木」を読み、感想を書く学習を行うことを確認し、学習課題「登場人物のせいかくや気持ちのへん化に気をつけて読み、物語のおもしろさについて感想を書こう。」を設定する。

　その後、初発の感想を書いて友達と交流して、今の自分の読みを確認するとともに、感想を深めていくには、どのように読んでいけばよいのかを考える。感想を書くためには、①物語の設定や大まかな内容を伝える必要があること、②登場人物の性格や気持ちの変化を読むこと、③登場人物について自分の考えをもつ必要があること、などを話し合う。単元全体でどのような学習活動をし、どんな力を付けていくのかを子供が自覚して、学びのプランを立て、学びの見通しをもつことができるようにする。

● 展開前段 　論理的・分析的な読みと合目的な書き

Ⅱ　場面ごとの会話、行動、様子をつなげて、豆太の性格を小見出しにする

　展開前段では、教材文を読み、五つの場面に豆太の性格を表す小見出しを付けていく。

　まずは、登場人物はどんな性格なのかに気を付けながら教材文を読み、物語の設定、おおまかな粗筋を理解する。

　次に、場面ごとに豆太の行動や会話、様子をワークシートに書き抜き、それらの叙述をつないで各場面の豆太についてどう思ったのか、その場面の豆太はどんな性格だと思うかを考え、記述し、友達との交流を通して場面ごとの自分の豆太像をはっきりとさせていく。

　その後、各場面に自分が考えた豆太の性格にちなんだ小見出しを付ける。小見出しを考える観点としては、①「語り手が語っている豆太」②「性格が表れた豆太の言葉」③「じさまから見た豆太」④「読者から見た豆太」など、多面的に考え、小見出しを考えるようにする。その際、友達に小見出しを付けた理由について、ワークシートに書き抜かれた叙述、自分が考えた豆太の性格と照らし合わせて小見出しを付けた理由を端的に説明し合うことで、豆太の人物像について考えがより深まるようにする。

Ⅲ　豆太の気持ちの変化から物語の面白さを感想に書く

展開後段では、これまで考えてきた小見出しを比べて、豆太が変わった4の場面に着目し、豆太の気持ちの変化を捉え、物語の面白さを感想に書く。

まずは、豆太になりきって、どんなことを考えながら、どんな気持ちで暗い夜道を医者のところまで走ったのかを考える。自分と豆太とを同化させて考えることにより、文章に書かれていない豆太の気持ちについて深く考えることができるようにする。その際、子供が想像した豆太の気持ちをできるだけたくさんワークシートに書き込んでいくようにする。書き込んだ気持ちは友達と交流し、豆太の思いに共感しながらさらに想像を広げることができるようにする。

次に、豆太は、「どうしてモチモチの木に灯がともるのを見ることができたのか」について考える。「じさまを助けるために勇気を出せたから灯を見ることができた」「じさまがいなくなることの方が怖かったから勇気が出せ、灯を見ることができた」など多様な考えが出てくることが予想される。そこで、子供の考えを教師と一緒に整理し、出てきた「勇気」「家族愛」「思いやり」などの物語の面白さにつながる作品のテーマについて子供一人ひとりが考えをもち、400字程度で感想を書く。

その後、豆太のことをどのように感じたのか、どこの場面のどんな様子に共感したのかなどを友達と交流し、感じ方の違いに気付くことができるようにする。

終末段階　生成的・共創的な読みと合目的な書き

Ⅳ　初発と読後の感想の比較による自己の読みの深まりの自覚

終末段階では、初発の感想と第二次に書いた感想を比較し、自分はどのように考えが変わったのか、自分の読みがどれほど深まったのかについて400字程度で書き、友達との交流を行い、単元を通して学習したことなどを振り返る。

まずは、初発の感想と第二次で書いた感想を比較し、自己の考えの変容について400字程度で書く。その際、どんな読み方をしてどんな考えに至ったのかを振り返ることにより、自分の読みの深まりと成長を自覚できるようにする。

次に、書いた文章を読み合い、自分の読みの深まりを友達に説明するとともに、友達の学び方、読み方のよさについても気付くことができるようにする。

最後に、学びのプランの3観点に基づき、本単元の学びを振り返り、学習の意義や成果を自覚できるようにする。特に、単元を通して試行錯誤したことや粘り強く取り組んだこと、学びが深まったことなどについて振り返ることができるようにする。

記述の具体と解説

■観点に沿った小見出しの例 （展開前段）

場面＼視点	①語り手が語っている豆太	②性格が表れた豆太の言葉	③じさまから見た豆太	④読者から見た豆太
1	おくびょう豆太	真夜中の「じさまぁ」	おくびょうだけどかわいい豆太	せっちんくらいは自分で
2	昼は強い豆太	やい、木ぃ	もちを食べて強くなれ	昼のいきおいはどうした
3	あきらめる豆太	おらは、とってもだめだ	勇気を出せ豆太	あきらめが早いな豆太
4	じさまのために	よばなくっちゃ	あの豆太が	よくやった
5	弱虫でもやさしけりゃ	じさまぁ、（しょんべん）	やさしさえあれば	豆太は変わったのか？

> **解説**　多様な観点で、豆太について多面的に捉えることで、豆太の人物像について考えたり、場面の様子を想像したりできるようにしている。

■家族愛をテーマに書いた400字程度の感想文の文章例 （展開後段）

　わたしは、大すきなじさまのために、真夜中に医者様をよびに行ける豆太は、勇気があってかっこいいと思う。

　夜中はせっちんにも行けない豆太だから、夜道はとてもこわかっただろう。ねまきではだしのまま、寒かっただろうし、足がとてもいたかったことだろう。じさまのことも心配だっただろう。なきなき走るのもよく分かる。そうして、豆太はじさまも死んだおとうも見た、モチモチの木にともる灯を見ることができた。じさまが大すきで大切にしたい気持ちが、こわいという気持ちに勝ったから、モチモチの木に灯がともるのを見ることができたんだね。じさまが言った、「人間、やさしさがあれば、やらなきゃならねえことは、きっとやるもんだ。」のように、勇気とじさまへのあいじょうがたくさんある家族思いの豆太だと思う。

　でも、さい後に元の弱虫にもどっているところが豆太らしくていいね。

> **解説**　これまでに学習した、「豆太の性格」、「豆太になりきって考えた、医者を呼びに夜道を走る豆太の気持ち」、「どうしてモチモチの木に灯がともるのを見ることができたのかに対する自分の考え」、「自分が考える物語の面白さ」などをまとめている。これまでのワークシートやノートを見直し、学習を生かして記述できるようにする。

128　Chapter 2 読解と記述の連動を図る基本的な考え方と授業事例の集成

■自分の読みの深まりを400字程度でまとめる文章例　（終末段階）

はじめの感想とモチモチの木を読んだ後に書いた感想とをくらべると、自分の感想が大きく変わったと思った。

わたしは、豆太の夜中にせっちんに行けない様子や、せっかくがんばって夜道を走って勇気を出したのに、さい後に弱虫にもどることが物語のおもしろいところだと思っていた。

豆太のせいかくを会話や行動に注意して読んだり、豆太になって気持ちを考えたりしているうちにおもしろさがかわってきた。

わたしは、豆太が、おくびょうな自分をかえたというよりは、じさまが大すきだったから、勇気を出せたと考えた。じさまのためにこわい気持ちを乗りこえ走り、モチモチの木の灯を見たときにわたしは感動した。モチモチの木のおもしろさは、「じさまへのあいじょう」だと考えることができた。

さいしょとくらべて、より物語がおもしろく感じられるようになったのは、豆太のことがよく読めたからだと思う。

> **解説**　第一、二段落に最初の感想と読後の感想を比べて思ったこと、第三段落には読み方、第四段落には物語の面白さに関する自分の考え、第五段落にまとめという構成で書いている。これまでの学習で学んだ読み方やモチモチの木にともる灯を見た豆太の気持ち、読者としての豆太への見方の変化などを振り返りながら書いている。これまでの学びの集大成として、単元全体を振り返りながら自分の読みの深まりを意識できるようにしている。

■学びのプランの3観点を基に、単元の振り返りを記述した例　（終末）

【単元の振り返りを記述したノート】

さいしょとさい後の感想をくらべてみて、自分の考えが大きく変わったことが分かった。やはり、人物の気持ちやせいかく、まわりの様子について考えながら読むと、さいしょは分からなかった豆太についての発見がたくさんあった。『モチモチの木』のおもしろさについても、じっくりと考えさいしょとはかわった。それを感想に書くことはむずかしかったけど、これまでのノートやワークシートを何回も見なおして豆太の気持ちになりきったら、感想を書くことができた。これからは、人物のせいかくや気持ち、まわりの様子などをよく読んで、物語のおもしろさについて考えられるようにしたい。

> **解説**　自分が学習してきた過程をしっかりと振り返り、感想を書くために粘り強さを発揮して学習したことが分かる。また、試行錯誤し、物語の読み方、感想を書くことができた要因について自分なりに整理するなど、学びを調整している様子が伺える。

【第4学年】文学的な文章

読み浸る同化と書き綴る異化

　文学とは、虚構の世界である。虚構の世界に生きて真実に触れる体験こそが、文学を読む醍醐味である。作者は、テキストを生み出す過程で虚構の世界を描き、自己内体験をし、読者はそれを追体験しながら、意味を創り出していくという読書行為を行う。読者は、他者の生を生きて自己を豊かにしていくのである。作者と読者はともに虚構の世界における文学体験を行っているのであり、それらをより良く成立させることが文学の授業の要諦である。文学は概念で捉えがたいものを想像力によってからめ取っていく。言葉を手がかりに像を表象していくのである。その形象は多義的であるが、そのことによって読者一人ひとりの多様な意味の創出を可能にする。

　多様な意味の創出には、同化と異化が必要となる。読み浸る同化を前提し、異化して書き綴ることは豊饒な文学体験となる。同化とは、感化されて同じになる（させる）ことである。登場人物の立場や視点に立つことであり、低学年などは人物のお面をかぶって動作化するような行為がそれに当たる。異化とは、一般的には、慣れ親しんだ日常的な事象を違った認識として改めて捉え直すことである。そのことによってこれまでと違う自分の見方や考え方に立つことができる。文学体験は、私たちの感覚を鈍らせてしまう日常生活の中での慣習や決まりごとへの新たな発見や想像を促す。自分が登場人物のようにそこに居合わせ、同じような状況で判断を迫られたら、あるいは今の時代での出来事と重ねるなどしたときにどう考えるかを、読者に問いかけることになる。異化のために同化は必然である。作品に読み浸って同化し、それを基盤として異化する。異化は書き綴って共有することで対話が活性化する。

　本事例では、ごん日記を綴る活動を取り入れた。ここでは、ごんの気持ちの変化を想像し、ごんの立場になって書く「ごんの日記」と、読み手である子供がごんに対して語りかけたいことを書く「ごんへの日記」の二つとした。同化と異化を往還する読み書きの連動を意図した。

ここに注目！

第4学年「登場人物の気持ちの変化を想像し、日記にまとめよう」

POINT 1　論理的・分析的な読みと合目的な書き
…教材文を読み各場面に小見出し（「〜なごん」「〜するごん」）を付け、登場人物の行動や気持ちを捉える。

POINT 2　批判的・構造的な読みと合目的な書き
…文章を読んで想像したことを「ごんの日記」「ごんへの日記」に、それぞれ100字以上でまとめる。

POINT 3　生成的・共創的な読みと合目的な書き
…これまでの学習を基に、登場人物の気持ちについて想像したことを書いた「日記」を読み合い、学習したことを振り返る。

登場人物の気持ちの変化を想像し、日記にまとめよう

教材名「ごんぎつね」

本単元では、「ごんぎつね」を読み、登場人物の気持ちの変化や性格、情景について、場面の移り変わりと結び付けて具体的に想像し、登場人物の視点をもって日記を書く。

登場人物の気持ちの変化や性格、情景を想像するには、複数の場面の叙述を結び付けながら、気持ちの変化を見いだして想像していく必要がある。また、どの叙述とどの叙述とを結び付けるかによっても変化やそのきっかけの捉え方が異なり、多様に想像を広げて読むことができる。ここでは「登場人物の気持ちの変化を想像するための読み」や「多様に想像を広げるための読み」など、重層的な読解を経て自分の考えや感想をまとめる活動を展開する。

学びのプラン

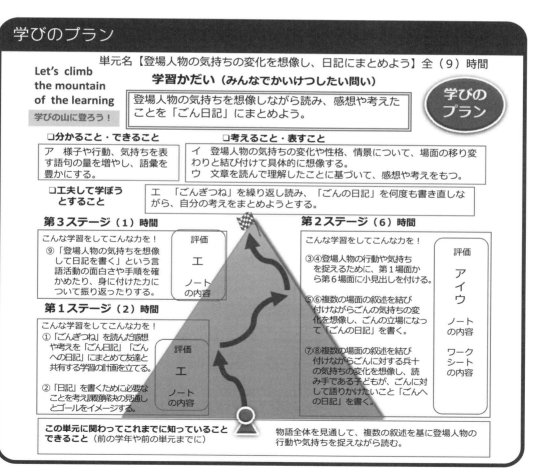

単元名【登場人物の気持ちの変化を想像し、日記にまとめよう】全（9）時間

Let's climb the mountain of the learning
学びの山に登ろう！

学びのプラン

学習かだい（みんなでかいけつしたい問い）

登場人物の気持ちを想像しながら読み、感想や考えたことを「ごん日記」にまとめよう。

□分かること・できること
ア　様子や行動、気持ちを表す語句の量を増やし、語彙を豊かにする。

□考えること・表すこと
イ　登場人物の気持ちの変化や性格、情景について、場面の移り変わりと結び付けて具体的に想像する。
ウ　文章を読んで理解したことに基づいて、感想や考えをもつ。

□工夫して学ぼうとすること
エ　「ごんぎつね」を繰り返し読み、「ごんの日記」を何度も書き直しながら、自分の考えをまとめようとする。

第３ステージ（1）時間

こんな学習をしてこんな力を！
⑨「登場人物の気持ちを想像して日記を書く」という言語活動の面白さや手順を確かめたり、身に付けた力について振り返ったりする。

評価
エ
ノートの内容

第１ステージ（2）時間

こんな学習をしてこんな力を！
①「ごんぎつね」を読んだ感想や考えを「ごん日記」「ごんへの日記」にまとめて友達と共有する学習の計画を立てる。

②「日記」を書くために必要なことを考え課題解決の見通しとゴールをイメージする。

評価
エ
ノートの内容

第２ステージ（6）時間

こんな学習をしてこんな力を！
③④登場人物の行動や気持ちを捉えるために、第１場面から第６場面に小見出しを付ける。

⑤⑥複数の場面の叙述を結び付けながらごんの気持ちの変化を想像し、ごんの立場になって「ごんの日記」を書く。

⑦⑧複数の場面の叙述を結び付けながらごんに対する兵十の気持ちの変化を想像し、読み手である子どもが、ごんに対して語りかけたいこと「ごんへの日記」を書く。

評価
アイウ
ノートの内容
ワークシートの内容

この単元に関わってこれまでに知っていることできること（前の学年や前の単元までに）

物語全体を見通して、複数の叙述を基に登場人物の行動や気持ちを捉えながら読む。

1 単元の目標

知識及び技能	思考力、判断力、表現力等	学びに向かう力、人間性等
・様子や行動、気持ちや性格を表す語句の量を増し、話や文章の中で使い、語彙を豊かにすることができる。((1)オ)	・登場人物の気持ちの変化や性格、情景について、場面の移り変わりと結び付けて具体的に想像することができる。(C(1)エ) ・文章を読んで理解したことに基づいて、感想や考えをもつことができる。(C(1)オ)	・言葉がもつよさに気付くとともに、幅広く読書をし、国語を大切にして、思いや考えを伝え合おうとする。

2 単元で取り上げる言語活動とその特徴

　本単元では、言語活動例「イ　詩や物語などを読み、内容を説明したり、考えたことなどを伝え合ったりする活動」を具体化し、教材文を読んで登場人物の気持ちなどを具体的に想像し、登場人物の視点になって日記にまとめる活動を取り上げる。本活動における日記とは、その日にあった出来事などを記す、いわゆる一般的な「日記」とは異なり、この単元における「日記」とは、ごんの気持ちの変化を想像し、ごんの立場になって書く「ごんの日記」と、読み手である子供が、ごんに対して語りかけたいことを書く「ごんへの日記」の二つに分かれる。登場人物になりきって書き、そして読み手として登場人物に語りかける活動は、視点を変えて何度も文章を読み返す必要があるため、複数の叙述を結び付けながら、気持ちを想像する力が身に付く。

　本単元の「思考力、判断力、表現力等」の目標との関連において、物語文を読んで日記を書くという目的を意識して、登場人物の気持ちの変化を場面の移り変わりと結び付けて想像したり、感想や考えをもつことができるようにする。

3 単元の評価規準

知識・技能	思考・判断・表現
①様子や行動、気持ちや性格を表す語句の量を増し、話や文章の中で使い、語彙を豊かにしている。((1)オ)	①「読むこと」において、登場人物の気持ちの変化や性格、情景について、場面の移り変わりと結び付けて具体的に想像している。(C(1)エ) ②「読むこと」において、文章を読んで理解したことに基づいて、感想や考えをもっている。(C(1)オ)

主体的に学習に取り組む態度
①様子や行動、気持ちや性格を表す語句の量を増やし、読んだ感想を日記にまとめる活動を通して、登場人物の気持ちの変化や性格・情景について、場面の移り変わりと結び付けて具体的に想像することに向けた粘り強い取組を行う中で、自らの学習を調整しようとしている。

4　単元の指導と評価の計画（全9時間）

次	時	育成する資質・能力と指導上の留意点	評価規準・評価方法等【B】おおむね満足できる状況	主な学習活動
第一次	1 2	**■導入段階　Ⅰ**「ごんぎつね」を読んだ感想や考えを「ごん日記」にまとめて友達と共有する学習の計画を立てる。【主①】		
		<学習課題>　登場人物の気持ちを想像しながら読み、感想や考えたことを「ごんの日記」にまとめよう。		・本を読んで内容をまとめた経験を振り返る。 ・学習課題を設定し、学習計画を立てる。
第二次	3 4	**■展開前半　Ⅲ**　登場人物の行動や気持ちを捉えるために、第1場面から第6場面に小見出しを付ける。【思・判・表①】		
		・場面の移り変わりと関係付けながら、ごんの兵十に対する気持ちの変化について想像するために、小見出しにまとめるよう促す。	【B】登場人物の行動や気持ちを捉えるために、第1場面から第6場面まで、それぞれの場面に小見出しを付ける。 <学びのプラン> ・「～なごん」「～するごん」など、最後に「ごん」を付けた小見出しにまとめる。（考えること・表わすことア）	・根拠となる叙述を明らかにしてそれぞれの場面の小見出しを考える。 ・ワークシートに小見出しを書き、話の内容を捉える。
	4 5	**■展開後半　Ⅲ―1**　複数の場面の叙述を結び付けながらごんの気持ちの変化を想像し、ごんの立場になって「ごんの日記」を書く。【知・技①】【思・判・表①】		
		・複数の場面の叙述を結び付けながら気持ちの変化を見いだして想像できるように、全文が書かれているワークシートに線を引いたり書き込んだりするように促す。	【B】複数の叙述を基にごんの気持ちの変化を想像し、ごんになりきって100字以上の文章にまとめている。 <学びのプラン> ごんの気持ちの変化を想像して、感想や考えたことを文章にまとめる。（考えること・表わすことイ）	・ごんの気持ちの変化に着目して文章を読む。 ・ごんの気持ちを想像し、ごんになりきって100字以上の文章にまとめる。
	6 7	**■展開後半　Ⅲ―2**　複数の場面の叙述を結び付けながらごんに対する兵十の気持ちの変化を想像し、読み手である子供が、ごんに対して語りかけたいこと「ごんへの日記」を書く。【思・判・表①】		
		・前時までの学習を生かして、複数の場面の叙述を結び付けながら登場人物の気持ちや人物同士の関係について考えるように促す。	【B】複数の叙述を基にごんの気持ちの変化を想像し、ごんへ語りかけたいことを100字以上の文章にまとめている。 <学びのプラン> ごんの気持ちの変化を想像して、感想や考えたことを文章にまとめる。（考えること・表わすことイ）	・ごんと兵十の関係に着目して文章を読む。 ・ごんに語りかけたいことを100字以上にまとめる。
第三次	8 9	**■終末段階　Ⅳ**「登場人物の気持ちを想像して日記を書く」という言語活動の面白さや手順を確かめたり、身に付けた力について振り返ったりする。【主①】		
		・友達のよいところに着目しようなど、共有する際の着眼点を示す。 ・学習課題の解決のために工夫したことや習得したこと等について、学びのプランを用いて丁寧な振り返りができるようにする。	【B】登場人物の気持ちを想像して文章を書くことを通して、試行錯誤したことや粘り強く取り組んだこと、身に付けた力などについて振り返っている。 <学びプラン> 「ごんぎつね」をくりかえし読み、登場人物の気持ちについて想像したことが明らかになるように何度も書き直しながら、感想や考えを伝えようとする。 （工夫して学ぼうとすることエ）	・日記を読み合い、互いのよいところを交流する。 ・学びのプランの3観点に基づき、本単元の学びを振り返り、意味付ける。

重層的な読みと合目的な書き

● 導入段階 **読解から記述へのゴールイメージとプロセスデザイン**

Ⅰ　読んで書く目的や意図、条件設定、学習計画の検討

導入段階では、学習の目的や意義を自覚し、学習課題を設定するとともに、課題解決に向けた見通しをもち、学びのプランを立てていく。

まずは、これまでに物語文の教材で行った言語活動や身に付けた力を振り返る。これまでの言語活動として、紹介カードづくり、読書会などの経験を通して、登場人物の気持ちを具体的に想像すること、叙述を基に登場人物の行動や気持ちを捉えることなどを身に付けている。既習の学習をみんなで共有し、「ごんぎつね」でどんな活動を行うのかを話し合う中で、学習課題「登場人物の気持ちを想像しながら読み、感想や考えたことを「ごんの日記」にまとめよう。」を設定する。

次に、教師が作成した日記のモデルを読み、モデル文に書かれた内容や構成を確認する。モデル文として取り上げる際は、「白いぼうし」など、既習の教材を活用すると、子供たちは書かれた内容や構成を把握しやすいと考えられる。その後、モデル文を基にして子供たちと話し合い、日記を書くために必要なこととして、次の3点を共通理解する。①話の内容を大まかに捉える必要があること。②複数の叙述を基に登場人物の気持ちの変化を想像する必要があること。③文章を読んで自分の考えをまとめる必要があること。単元全体で求められる力＝身に付ける力を子供自身が自覚し、課題解決の方略を検討しながら、学びのプランを立てる。

● 展開前段 **論理的・分析的な読みと合目的な書き**

Ⅱ　行動や気持ちを把握するための各場面の小見出しづくり

展開前段では、教材文を読み各場面に小見出しを付け、登場人物の行動や気持ちを捉える。小見出しを付ける際は、「〜なごん」「〜するごん」など、最後に「ごん」を付けた見出しにする。

ごんの行動や会話に着目して読み、登場人物の気持ちについて叙述を基に捉えることにつなげる。ごんや兵十の気持ちを捉える際には、登場人物の境遇や性格なども重要な要素になる。「ごんは、ひとりぼっちの小ぎつねで」「夜でも昼でも、あたりの村へ出てきて、いたずらばかりしました。」「おれと同じ、ひとりぼっちの兵十か。」など、境遇や性格を表す叙述にも着目することで、登場人物の気持ちをより深く想像することができる。また、気持ちを想像する上で、例えば全文が書かれたワークシートを用いるなどして、複数の叙述を結び付けながら行動や気持ちを捉えるように指導していく。

● 展開後段 **批判的・建設的な読みと合目的な書き**

Ⅲ　登場人物の視点に立って想像したことと読者としての視点で想像したことの記述

展開後段では、文章を読んで想像したことを「ごんの日記」「ごんへの日記」に、それぞれ100字以上でまとめる。

まず子供たちは、教材文を読んで想像したことを根拠となる叙述を明らかにしながらワークシートなどに記入し、学級全体で感想を共有する。共有する際は、ごんの兵十に対する気持ちが変化することになった出来事を捉えたり、変化する前後のごんの行動や会話を比較したりすることにより、一人で読んでいたときよりもさらに考えが深まるようにする。

　次に、ごんの視点になって想像したことを100字以上の「ごんの日記」にまとめる。ごんの視点になって考えると、ごんの兵十に対する気持ちが変化していることが分かる。「ちょいといたずらがしたくなったのです。」兵十にもいたずらをしたごんが、兵十のおっかあが死んだことにより、「ちょっ、あんないたずらをしなければよかった。」と後悔すること、「次の日も、その次の日も、ごんはくりを拾っては兵十のうちへ持ってきてやりました。」とつぐないを続けること、「おれは引き合わないなあ。」と不満に思うこと、「ごんは、ぐったりと目をつぶったまま、うなずきました。」と兵十が償いに気付くこと。これらの叙述にサイドラインを引き、関連付けながら気持ちの変化について想像したことを「ごんの日記」にまとめるようにする。

　その後、今度は視点を変え、読者としての視点からごんに語りかけたいことを100字以上の「ごんへの日記」にまとめる。自分の考えをまとめることが苦手な子には、ごんが償いを続けた場面、ごんがうたれた場面を中心に想像するように促す。ごんの償いに兵十が気付く最後の場面について、ごんに語りかけたいことは子供によって多様な考えが出ると思われる。自分の考えを十分に書くことができる子に、最後の一文「青いけむりが、まだつつ口から細く出ていました。」の意味するものについて考えるよう促すことも考えられる。

● 終末段階　生成的・共創的な読みと合目的な書き

Ⅳ　感想や考えの共有と言語活動・身に付けた力の振り返り

　終末段階では、これまでの学習を基に、登場人物の気持ちについて想像したことを書いた「日記」を読み合った後、単元を通して学習したことなどを振り返る。

　「ごんの日記」「ごんへの日記」を読み合い、感想をカードに書き合うことで、感じたことや考えたことを共有し、一人ひとりの感じ方などに違いがあることに気付くようにする。読み合う際には、「友達の考えのよいところを見つける」という交流の視点を明確にする。

　最後に、学びのプランの3観点に基づき、本単元の学びを振り返り、「登場人物の気持ちを想像して日記を書く」という言語活動の面白さや手順を確かめたり、身に付けた力について振り返ったりする。特に、単元を通して試行錯誤したことや粘り強く取り組んだこと、学びが深まったことなどについて振り返ることができるようにする。

■各場面の小見出しを付ける際に使うワークシートの例 （展開前半）

【小見出しの例】

場面1 「これは～」 →いたずら好きなひとりぼっちのごん

場面2 「ある秋のこと…」 →兵十がつかまえたうなぎにいたずらをしたごん

場面3 「十日ほど…」 →兵十のおっかあのそうしきを見て後悔するごん

場面4 「兵十が赤いいど…」 →ひとりぼっちの兵十にうなぎのつぐないをしたごん

場面5 「次の日には…」 →ひどい目にあわされた兵十を見てくりや松たけを置いて帰ったごん

場面6 「月のいいばん…」 →兵十と加助の話を聞きながら後をつけていたごん

場面7 「ごんはお念仏が…」 →加助が「神様のしわざだ」という話を聞いて「ひきあわないな」と思ったごん

場面8 「その明くる日も…」 →兵十がごんをうった後、「おまえだったのか」と気づくとともに、目をつぶったままうなずくごん

> **解説** 登場人物の行動や気持ちを捉えるために、第1場面から第6場面に小見出しを付ける。小見出しを「～なごん」と付けることで、ごんの行動や気持ちに着目して読むことにつながる。

■「ごんの日記」を100字以上でまとめた文章例 （展開後半）

【100字以上にまとめた「ごんの日記」】

おれはずっとこうかいしていたんだ。おれのいたずらのせいで兵十のおっかあはうなぎを食べられずに死んでしまった。そして、兵十はひとりぼっちになっちまった。兵十はひとりぼっちがどんなにさみしいか、おれはよく分かっている。ひとりぼっちにつぐないを続けたんだ。だから兵十につぐないが兵十に伝わってうれしいよ。（142字）

兵十、おれのつぐないに気付いてくれてありがとう。おれはずっといたずらばかりしてきた。本当は一人ぼっちでさびしかったんだよ。だから、おれのいたずらのせいで兵十が一人ぼっちになってこうかいしたんだ。だからつぐないを続けたんだ。だから、神様のしわざとおもわれたときは、ひきあわないなと思ったけど、つぐないを続けたよ。兵十、ごめん。そして気付いてくれてありがとう。（174字）

> **解説** 複数の場面の叙述を結び付けながらごんの気持ちの変化を想像し、ごんの立場になって「ごんの日記」を書く。書き手として「ごん」になりきることで、登場人物の気持ちの変化を具体的に想像することにつながる。

■「ごんへの日記」を100字以上でまとめた文章例 （展開後段）

> ごんの気持ちに注目すると同時に、兵十の心のありように迫る必要がある。兵十にごんの思いが伝わったか否かを検討し合うことを重視する。そのためには、①ごんの行為を叙述に沿って整理すること（下表）②冒頭の茂平というおじいさんの位置付けを想像することが肝となる。

<table>
<tr><td rowspan="7">解説</td></tr>
</table>

何を	どこへ	どのように
いわし	うちのうら口	投げ込んだ
くり	物置の入り口	置いた
くり	(兵十の) うち	持ってきた
くり	(兵十の) うち	持っていった
くりや松たけ	(兵十のうち) ?	持っていった
くり	(兵十のうちの) 土間	固めて置いた

解説　①においては、ごんの「投げ込む」から「置く」、そして「固めて置く」という行為をつぐないの気持ちの表れとして捉えることができるとよい。②においては、兵十が後日談として苦しかった胸の内を加助に伝え、その加助が誰かに伝えていったという伝承に気づかせたい。茂平という人物から語られている事実に注目するとき、兵十の後悔の表れとして認識することができよう。

【100字以上にまとめた「ごんの日記」】

ごんのつぐない、ようやく兵十が気付いたね。ごん、きっとうれしい気持ちでいっぱいだよね。わたしも友達とけんかをして一人ぼっちになったことがあったんだ。でも、友達が先に「ごめんね。」とあやまってくれて仲直りできたんだ。だれかと一緒だと温かい気持ちになるよね。ごん、兵十と心が通じてよかったね。（144字）

ごん、ようやく兵十に気付いてもらえたね。それなのに兵十にうたれてしまって、本当に悲しいよ。きっと兵十も悲しい気持ちでいっぱいだと思うよ。ごんはずっと一人ぼっちでさびしかったんだよね。だからおんなじ一人ぼっちの兵十と仲良くなりたかったんだよね。ごん、うたれたのは悲しいけど、きっとごんと兵十は気持ちが通じ合ったと思うよ。ごん、もう一人ぼっちではないよ。（175字）

解説　ごんに対する兵十の気持ちの変化を想像し、読み手である子供が、ごんに対して語りかけたいこと「ごんへの日記」を書く。読み手である自分が書くので、ごんと兵十の関係にも着目して読むことにつながる。

■学びのプランの３観点を基に、単元の振り返りを記述した例　（終末段階）

【単元の振り返りを記述したノート】

　今回の学習では、考えたことや想像したことを基に日記を書く活動に取り組んだ。ごんになりきって書いたり、ごんに語りかけたいことを書いたりしたので、ごんの気持ちや兵十の気持ち、ごんと兵十の関係について、初めて読んだときよりももっと想像することができた。また、登場人物の行動や気持ちを捉えるために、各場面に小見出しを付けるとき、「いたずら好き」「まじめな」など「登場人物の性格を表す言葉」を使って考えたことで、登場人物の性格について想像することができた。

　今回身に付けた力は、登場人物の気持ちの変化に注目して想像することだ。気持ちの変化にはきっかけがあり、その前後を結び付けながら考えると人物の気持ちを想像できる。次の学習でも、またふだん小説を読むときにも、人物の気持ちの変化とそのきっかけに注目して読みたい。

解説　何度も読み返すよさに気付くなど、粘り強さを発揮して学習したことが分かる。また、身に付けた力を自覚し、次の学習や日常の読書に生かそうとしていることが伺える。

ICT を "文房具" として普段使いに
～日常的な "読み書き" を ICT に置き換えて～

GIGA スクール構想により子供たちの学びの姿が変わってきています。全ての子供たちの可能性を引き出し、個別最適な学びと、協働的な学びを実現するために、児童生徒に「1 人 1 台端末」等の ICT 環境が整備され、端末を "文房具" として活用することができるような教育活動が重視されています。しかし、一言に "文房具" といっても、学校の端末整備の状況と子供たちの実態に応じて、その使い方を柔軟に工夫していかなければなりません。多くの学校・教師にとって、パソコンルームから普段の教室での 1 人 1 台端末の普段使いは、初めての試みと言えます。

「すぐにでも」、「どの教科でも」、「誰でも」活かせる 1 人 1 台端末の活用方法は、最初からパーフェクトに進められるものではありません。試行錯誤しながら、その活用方法を教師自身が見つけ出していくことが大切です。

国語科において、ICT を日常の学習のツールとして活用するためには、内容や場面に限定されない汎用的な活用が求められます。そのために、まず ICT の活用を学習過程へ位置付けて取り組むことや活動場面を限定して ICT やクラウドに置き換えることから始めてみることをお勧めします。この汎用的な活用が、子供たちの言語能力を磨く鍵になるのです。次は「読むこと」における ICT 活用場面の一例です。

【読むこと】の学習過程における ICT 活用場面の一例

構造と内容の把握	精査・解釈	考えの形成	共有
教師が作成した全文シートやデジタル教科書に、段落のつながりや登場人物の相互関係などを書き込み、画面を映し出しながら話し合う。	必要な情報や登場人物の様子などを画面上の付箋に書き出し、その付箋を並べて比較したり分類したり関係付けたりして考える。	自分の考えや感想をフォルダ内の共有ファイルなどに書き込んで保存し、蓄積したり取り出したり修正・削除したりしてまとめる。	まとめた考えや感想を一覧にして画面で共有したり、ファイルをグループ内で共有したりし、互いの違いやよさについてコメントを送る。

【人物像を具体的に想像する場面での活用（学習過程へ位置付けた取組）】

例えば、「精査・解釈」の過程の人物像を整理・分析する場面において、教師の作成した紙媒体のワークシートを端末のシンキングツールに変えるだけで、思考を可視化したり、複数の叙述を結び付けたり、順序付けたりすることができます。学習過程に位置付けることで、子供たちは主体的に言葉に着目して読み、大事な言葉を書き出し、考えを整理することができるようになります。高学年ではツールを自分で選択して取り組むことも効果的です。

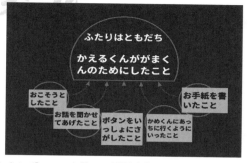
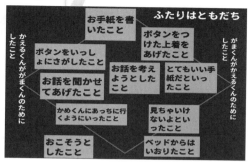

【シンキングツールを使って登場人物の行動を書き出して整理する】（クラゲチャートをダイヤモンドランキングへ）

【文章を読んで見出しやキャッチコピーをつくる（活動場面を限定して置き換えた取組）】

　記述力を高めるためには、実際何度も繰り返して書くことが不可欠です。そのためには、一日の生活の中で、毎日継続してできる活動を取り入れることが大切です。例えば、朝の短い時間でも、毎日できる活動の中に、新聞などの短い文章を読んで見出しを付けたり、キャッチコピーを考えたりする活動があります。その活動を ICT の活用に置き換えることで、より簡単により効果的に子供たちに「読んで書く→書いたものを読む力」を身に付けさせることができます。

| ステップ1：朝、端末を開き、教師から送られたデジタル新聞の記事を読む。 |

ステップ1：朝、端末を開き、教師から送られたデジタル新聞
　　　　　　の記事を読む。
ステップ2：書かれている内容を読み、見出しを考えて付箋に
　　　　　　書き、教師やグループの友達に送る。
ステップ3：友達から送られてきた見出しを読み、自分の見出
　　　　　　しと比べたり、もう一度記事を読んだりする。
ステップ4：友達の考えた見出しの付箋に赤でコメントを書き、
　　　　　　返信する。
ステップ5：友達からの返信コメントを読み、自分の見出しを
　　　　　　修正したり書き加えたりする。
ステップ6：できた見出しを教師やその日の日直に送信する。
ステップ7：日直は、今日のイチオシ見出しとその理由を考え、
　　　　　　朝の会や帰りの会で発表する。

　見出しを考える活動は、文章を要約する力を高めることができます。同じ記事でキャッチコピーを考えて比べることで、読む相手や目的に応じてまとめる力を身に付けることもできます。端末操作にとらわれることなく、ICT を文房具の一つとして普段使いをしていきたいものです。

描写への立ち止まりと視点の変換

　描写は、叙述の一部として捉えられる。叙述とは、描写のほか、記述や説明、語りなどを包含する。記述とは一般的には書き記すことと捉えられ、説明にはそこに正確性や論理性が強調され、語りは歌うことと会話することといった音声を伴う。描写には、文学を豊かに読む醍醐味につながる重要な意味がある。平成29年要領では描写について、「物事の様子や場面、行動や心情などを、読み手が想像できるように描いたものである」と説明している。登場人物の心情は、直接に表現されないことも多く、登場人物の相互関係に注目しながら、それらの行動描写、心情描写、情景描写等を捉えていくことが大切である。言葉による描写には、写真や実物を見せることなく、相手にその特徴や様子をイメージさせる効果がある。相手の頭の中にそのモノやコトがイメージできるように言葉を駆使していくことが大切である。表現者として描写力を高めていくためには、文学を読む中で巧みな描写の効果へ注目していく必要がある。

　そのための一つの手法として、スローリーディングが効果的である。速読ではなく、遅読である。他者への朗読ではなく、自分のペースでの黙読であり、再読である。作家の平野啓一郎は、小説は様々なノイズがあるから速読できないという。確かに、文学は何度も立ち止まって行間や空白を埋めようとする。

　本事例「大造じいさんとガン」に登場するガンの残雪は、黙して一言も語らない。ガンの行動は直接的に表現されたり描写されたりしているが、その心情を想像することが本作品の肝になるのではないか。残雪の心情に迫るためには、とりわけクライマックスに立ち止まり、ゆっくり何度も黙読し、残雪に同化したい。残雪の目に何が見えて、何を思い、どのような判断（即断）を下して行動したのか、大造じいさんに対峙する残雪は何を心の中で思いながらその場に立ち尽くしていたのかを豊かに想像することが大切である。描写への立ち止まり、自分のペースでスローに黙読し、また視点を変換して読み浸ることを大切にしたい。

ここに注目！

第5学年「すぐれたびょう写に注目して、すいせん文で伝えよう」

POINT 1　論理的・分析的な読みと合目的な書き

…教材文を読み、優れた描写に注目し、「行動描写」「心情描写」「情景描写」を本文から抜き出し、それぞれを解釈する。

POINT 2　批判的・構造的な読みと合目的な書き

…もし自分が大造じいさんなら、残雪を見守った翌年、どのようなことを考え、行動するのかについて自分の考えを100字程度にまとめる。

POINT 3　生成的・共創的な読みと合目的な書き

…これまでの学習を基に、物語の魅力を推薦する文章を書き、読み合った後、単元を通して学習したことなどを振り返る。

すぐれたびょう写に注目して、すいせん文で伝えよう

教材名「大造じいさんとガン」

　本単元では、「大造じいさんとガン」を読むことを通して、「行動描写」「心情描写」「情景描写」に注目して、作者の読み手へのメッセージを踏まえ、物語の魅力を伝える推薦文を書く。

　推薦文を書くためには、子供の物語の魅力を伝えたいという強い思いを基に、「行動描写」「心情描写」「情景描写」など優れた描写から、物語全体の内容を把握した上で、登場人物の心情、心情の変化を捉える必要がある。また、本文には直接書かれていない登場人物の心情について相互関係の変化を捉えながら、人物像や物語の全体像を具体的に想像することが大切である。

　ここでは、「情景描写を基に心情を捉えるための読み」や「物語全体や登場人物相互関係の変化を想像するための読み」など重層的な読みを経て、物語の魅力を伝える推薦文を書く。

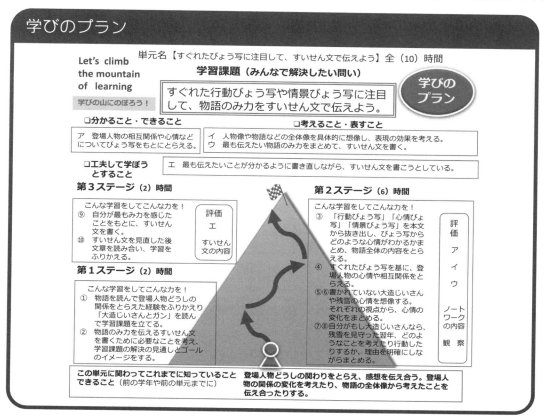

1 単元の目標

知識及び技能	思考力、判断力、表現力等	学びに向かう力、人間性等
・語感や言葉の使い方に対する感覚を意識して、語や語句を使うことができる。((1)オ)	・人物像や物語などの全体像を具体的に想像したり、表現の効果を考えたりすることができる。(C(1)ウ) ・文章を読んで理解したことに基づいて、自分の考えをまとめることができる。(C(1)オ)	・言葉がもつよさに気付くとともに、幅広く読書をし、国語を大切にして、思いや考えを伝え合おうとする。

2 単元で取り上げる言語活動とその特徴

　本単元では、言語活動例「イ　詩や物語、伝記などを読み、内容を説明したり、自分の生き方などについて考えたことを伝え合ったりする活動」を具体化し、教材文を読んで最も魅力を感じ、まだ読んだことがない相手に魅力を伝える推薦文を書く活動を取り上げる。本活動では、推薦する文章を構成する要素として、「①優れた描写から物語全体の内容の把握」、「②作者が読者に伝えたいことについての自分の考え」、「③魅力についての自分の考え」、の三つの内容を記述する。そのためには、優れた描写に注目して文章全体の内容を把握するために読む。また、書かれていない登場人物の心情を想像し、物語の魅力についての自分の考えをまとめながら読むなど、文章を繰り返し重ねて読む必要がある。人物像や物語などの全体像を具体的に想像したり、表現の効果を考えたりする能力を育成することができる。

　本単元の「思考力、判断力、表現力等」の目標との関連において、物語の魅力を伝える推薦文を書くという目的を意識して、優れた描写に注目し、物語全体を具体的に想像したりすることができるようにする。

3 単元の評価規準

知識・技能	思考・判断・表現
①語感や言葉の使い方に対する感覚を意識して、語や語句を使っている。((1)オ)	①「読むこと」において、人物像や物語などの全体像を具体的に想像したり、表現の効果を考えたりしている。(C(1)ウ) ②「読むこと」において、文章を読んで理解したことに基づいて、自分の考えをまとめている。(C(1)オ)

主体的に学習に取り組む態度
①語感や言葉の使い方に対する感覚を意識し、物語の魅力を推薦する活動を通して、人物像や物語の全体像を具体的に想像することに向けた粘り強い取組を行う中で、自らの学習を調整しようとしている。

4 単元の指導と評価の計画（全10時間）

次	時	育成する資質・能力 と指導上の留意点	評価規準・評価方法等 【B】おおむね満足できる状況	主な学習活動
第一次	1 2	■導入段階　Ⅰ　物語の魅力を伝える推薦文を書くために、優れた叙述に注目して、物語の全体像を想像したり、表現の効果を考えたりしながら、自分の考えをまとめたりすることを検討する。		・物語を読んで内容をまとめた経験を振り返る。 ・学習課題を設定し、学びのプランを立てる。
		＜学習課題＞　すぐれた行動びょう写や情景びょう写に注目して、物語のみ力をすいせん文で伝えよう。		
第二次	3 4	■展開前半　Ⅱ　「情景描写」など優れた描写を本文から抜き出し、それぞれの描写から登場人物の心情や相互関係をまとめ、物語全体の内容を把握する。【知・技①】		
		・優れた描写（行動・心情・情景）を押さえ、登場人物の心情や相互関係を捉え、物語全体の内容をまとめることができるようにする。	【B】優れた描写を抜き出し、ノートに分類して整理し、登場人物の心情や相互関係を捉え、物語全体の内容をまとめている。 ＜学びのプラン＞ 登場人物の相互関係や心情などについてびょう写をもとにとらえる。 （分かること・できることア）	・優れた描写を抜き出し、ノートに分類して整理する。 ・登場人物の心情や相互関係を捉え、物語全体の内容をまとめる。
	5 6	■展開後半　Ⅲ—1　優れた描写を踏まえ、書かれていない登場人物の心情を想像し、それぞれの視点から心情の変化を一人称でまとめる。【思・判・表①】		
		・優れた描写を出し合い、その効果を確認しながら、書かれていない登場人物の心情を想像し一人称でまとめることができるようにする。	【B】優れた描写を踏まえ、書かれていない登場人物の心情の変化を想像し、まとめている。 ＜学びのプラン＞ 人物像や物語などの全体像を具体的に想像し、表現の効果を考える。 （考えること・表すことイ）	・優れた叙述について共有し、効果を明確にする。 ・それぞれの登場人物について一人称で100字程度にまとめる。
	7 8	■展開後半　Ⅲ—2　自分が大造じいさんなら、残雪を見守った翌年、どのようなことを考えたり行動したりするかを想像しまとめる。【思・判・表②】		
		・登場人物の心情の変化や相互関係を踏まえ、物語の全体像を具体的に想像するよう促す。	【B】登場人物の心情の変化をもとに自分事として、考えをまとめている。 ＜学びのプラン＞ 人物像や物語などの全体像を具体的に想像し、表現の効果を考える。（考えること・表すことイ）	・自分事として捉えワークシートに整理する。 ・自分の考えを200字程度にまとめる。
第三次	9 10	■終末段階　Ⅳ　これまでの学習を基に推薦する文章を書き、それぞれが書いた文章を読み合って気付いたところを共有したり、学習を振り返ってさらに学びたいことなどをノートに書いたりする。【主①】		
		・第二次で書いた文章を捉えて推薦する文章を書くよう促す。 ・学習課題の解決のために工夫したことや学習したこと等について、学びのプランを用いて丁寧な振り返りができるようにする。	【B】推薦する文章を書き、単元を通して迷ってしまったことや粘り強く取り組んだこと、学習した過程や深まったことなどについて振り返っている。 ＜学びのプラン＞ 最も伝えたい物語のみ力をまとめて、すいせん文に書く。（考えること・表すことウ）最も伝えたいことが分かるように書き直しながら、すいせん文を書こうとしている。 （工夫して学ぼうとすることエ）	・推薦する文章を400字程度で書く。 ・推薦する文章を読み合い、互いに気付いたところを共有する。 ・学びのプランの3観点に基づき、本単元の学びを振り返り、意味付ける。

重層的な読みと合目的な書き

● 導入段階　読解から記述へのゴールイメージとプロセスデザイン

Ⅰ　物語の魅力を伝える推薦文を書くために、優れた叙述に注目して、物語の全体像を想像したり、表現の効果を考えたりしながら、自分の考えをまとめたりすることを検討する。

導入段階では、子供の今までの学習状況を把握し、学習の目的を明確にし、子供とともに学習課題を設定し、課題解決に向けた見通しをもち、学びのプランを立てていく。

まずは、今までの読書活動の体験において、相互の関係の変化を考えたり、物語の全体像から考えたことを伝え合ったりしたことを振り返る。そして、書かれていない心情の変化などを捉えることができなかった経験などを共有することにより、優れた描写に注目して人物像や物語全体を具体的に想像することを学習する目的意識をもつ。その上で教材文「大造じいさんとガン」を読み、物語の魅力を伝える推薦文を書く学習を行うことを確認し、学習課題「すぐれた行動びょう写や情景びょう写に注目して、物語のみ力をすいせん文で伝えよう。」を設定する。

その後、教師がすでに学習した教材をもとに作成した「推薦する文章」のモデルを読み、モデル文に書かれた内容や構成を確認しながら、推薦する文章の内容について考える。推薦する文章を書くためには、①優れた描写を踏まえ、物語全体の内容を伝える必要があること、②作者が読者に伝えたいことを踏まえて自分の考えを書く必要があること、③魅力についての自分の考えを明確にして書く必要があること、などについて学級全体で話し合う。

● 展開前段　論理的・分析的な読みと合目的な書き

Ⅱ　「情景描写」など優れた描写を本文から抜き出し、それぞれの描写から登場人物の心情や相互関係をまとめ、物語全体の内容を把握する。

展開前段では、教材文を読み、優れた描写に注目し、「行動描写」「心情描写」「情景描写」を本文から抜き出し、それぞれの描写からどのような心情が分かるのかをまとめる。

まずは、それぞれの場面で、どのような優れた描写が書かれているかに注目しながら教材文を読む。「情景描写」などについて、ノートを活用しながら描写ごとに整理し、優れた描写について捉えるとともに、その描写から分かる心情について自分の考えを書く。その後、描写ごとに整理した心情を基に、物語全体の内容を把握する。物語全体を時系列でまとめようとすると、優れた描写に注目することの目的からずれてしまう。優れた描写に注目するためには、物語全体を流して読むだけでなく、どの部分が描写なのかを正確に捉えた上で、分類する必要がある。

特に、「情景描写」について、捉えることが難しいので、既習の教材から「情景描写」についてのモデルを示し、学級全体で描写から心情を想像することを確認することが必要である。

Ⅲ　自分が大造じいさんなら、残雪を見守った翌年、どのようなことを考えたり行動したりするかを想像しまとめる。

　展開後段では、もし自分が大造じいさんなら、残雪を見守った翌年、どのようなことを考え、行動するのかについて自分の考えを100字程度にまとめる。

　まずは、子供一人ひとりが、前時までに学習した「大造じいさん」「残雪」の心情や相互関係の変化を明確にする必要がある。物語全体を読み直し、特に抜き出した描写の中で心情や相互関係の変化が見られる箇所に線を引いた後、その描写からどのような心情が分かり、どのように変化したのか理由なども合わせて学級全体で共有する。共有したことをもとに、自分が選んだ描写から分かる心情や相互関係の変化を明確にすることができるようにする。

　次に、終末の残雪を見守った翌年に視点を当て、残雪に対して考えたり、行動したりすることを、理由を明確にしながらまとめる。展開前段は、優れた描写から大造じいさんと残雪の視点から想像したことをまとめたが、後段では、人物像だけではなく物語全体を踏まえて具体的に想像することが求められる。子供の中には、自分の考えをもつ際に、今まで学習した優れた描写をもとに心情の変化などを踏まえずに記述することが考えられる。そのため、登場人物の心情や相互関係の変化などと結び付けながら自分の考えをまとめ、200字程度の文章に書く。

Ⅳ　これまでの学習を基に推薦する文章を書き、それぞれが書いた文章を読み合って気付いたところを共有したり、学習を振り返ってさらに学びたいことなどをノートに書いたりする。

　終末段階では、これまでの学習を基に、物語の魅力を推薦する文章を書き、読み合った後、単元を通して学習したことなどを振り返る。

　まずは、第二次で書いた登場人物の心情を想像した文章や登場人物になりきって自分事として捉えた三つの文章を基に、それぞれの内容を整理したり統合したりしながら、物語の魅力を推薦する文章を400字程度で書く。三つの文章をもとに物語全体の内容を把握したことをもとに、作者が読者に伝えたいことについての自分の考えを明確にすることが必要である。そして、子供が登場人物の心情や相互関係の変化を自分事として捉え、物語の魅力を実感できるようにし、まだ物語を読んでいない人に最も伝えたい魅力について自分の考えをまとめるようにする。

　推薦する文章を読み合う際には、魅力について最も伝えたいことが文章の内容に書かれているか、推薦するそれぞれの視点についても気付くことができるよう、共有の視点を明確にする。

　最後に、学びのプランの3観点に基づき、本単元の学んだ過程を振り返り、単元を通して粘り強く取り組んだこと、学びが深まったことなどについて振り返ることができるようにする。

■各場面の小見出しを付ける際に使うワークシートの例 （展開前半）

【描写を抜き出し、分類したノートの一部】　　【「情景描写」から想像した心情】

情景	心情	行動	種類
・秋の日が、美しくかがやいていました ・東の空が真っ赤に燃えて、朝が来ました	(残)残雪の目には、人間もはやおそろしくなかったおれが仲間を絶対に守る (大)いまいましく思っていた今度こそとらえてやるむねをわくわくさせながら	(残)つりばりをばらまいて今年こそとらえてやる (大)ゆだんなく気を配って仲間を安心させたい	主なびょう写と心情

【「情景描写」から想像した心情】

「東の空が真っ赤に燃えて、朝が来ました」というびょう写から、いよいよ残雪と戦う時をむかえ、大造じいさんが、戦おうとする気持ちを一きょに高めていることが分かる。赤ではなく、真っ赤と表現しているところが、より大造じいさんの本気さを表している。

> **解説**　三つの描写について抜き出すが、最初から全て抜き出すのではなく、特に印象深い描写について抜き出している。特に、「情景描写」に注目して想像した心情を書いている。

■書かれていない登場人物の心情を想像したことを100字程度にまとめた文章例 （展開後段）

【書かれていない「大造じいさん」と「残雪」の心情を100字程度にまとめた文章】

「なんと思ったか、再びじゅうを下ろしてしまいました。」
おれは、今がチャンスと思い残雪をねらった。でもどうしてもうつことができなかった。自分の命をなげだしてでも、仲間を救おうとする勇気に感動したのだ。おれだけひきょうなことをしたくない。なぜか、残雪に生きのびてほしいと思った。

「むねの辺りをくれないにそめて、ぐったりとしていました。」
わたしは、自分の子どもだけではなく、仲間のことも自分の子どもと同じぐらい大切なのだ。仲間を守るためならどんなことでもする。仲間を救うことができたのだからもう思い残すことはない。後はもう仲間が無事に生きのびることをいのるばかり。

> **解説**　特に心情や相互関係に変化が見られると思う描写を選び、「おれは、ねらった」「わたしは、大切なのだ」など、一人称に言い換えながら100字程度にまとめている。

■残雪を見守った翌年、自分ならどうするかを200字程度にまとめた文章例 （展開後段）

【大造じいさんの心情の変化のメモ】

・残雪が腹立たしい
・なかなかやるな
・絶対しとめてやる
・残雪をなんとかしないといけない

【200字程度にまとめた文章】

わたしは、長い間残雪と仲間のことを考えていた。
しかし、残雪の仲間を思う気持ちに感動したので、残雪をにがした。そのことは全然こうかいしていない。
今年もまた、残雪たちが来る季節になった。残雪たちをむかえるので、いろいろ作戦を考えている。
しかし、作戦を実行できるかどうかは分からない。残雪に会うことがいつの間にか楽しみになっているから。

> **解説**　心情や相互関係の変化をもとに、登場人物の心情を自分に置き換えてまとめている。

■魅力を伝えるための400字程度の推薦する文章例（終末段階）太字は、読み合い後訂正箇所

【「大造じいさんとガン」を推薦する文章　上段：大造じいさんの視点　下段：残雪の視点】

①この物語には、かりうどである大造じいさんとガンの群れを率いる「残雪」との戦いの様子がえがかれています。残雪の仲間を守ろうとするすがたに、大造じいさんの心が動かされていきます。

②作者のむくはと十さんは、「ただ、救わねばならない仲間のすがたがあるだけでした。」という表現を通して、動物も人間も仲間や家族を思う気持ちは同じであることを伝えたいのだと思います。

③この物語のみ力は、読み進めていくと、ドキドキするようなきん張感のあるところです。
さらに、心温まる場面もあります。人間と動物の心の交流がえがかれ、命を守ることの大切さについても伝わってきます。
ぼくは、犬を飼っていますが、母犬が子犬を守るすがたに似ていると感じました。だれかを守るために生きると強くなれると感じました。ぼくも、だれかを守るために、強く生きていきたいです。
これからの生活に生かすことができる物語です。
ぜひ、一読して感想を聞かせてください。

①この物語には、かりうどである大造じいさんとガンの頭領「残雪」との知え比べの様子がえがかれています。残雪が仲間を守るため、必死にハヤブサと戦うすがたに、大造じいさんが心を打たれます。

②作者のむくはと十さんは、「快い羽音一番、一直線に空へ飛び上がりました。」という表現を通して、リーダーとして、迷うことなく堂々と行動することのすがすがしさを伝えたいのだと思います。

③この物語のみ力は、登場人物の気持ちが、行動や情景びょう写で表現されているところです。
さらに、残雪の具体的な行動からかしこさや勇気があることが想像できます。常に、リーダーシップがあることも伝わってきます。
わたしは、サッカーチームのキャプテンをしていますが、自分のことだけで精一ぱいで仲間のことを考えていませんでした。リーダーとして勇気の大切さを感じました。生活を見つめ直していきます。
感動するのでみなさんで、声をかけあって読んでみてください。

解説　推薦する文章の構成として、①物語全体の内容、②作者が読者に伝えたいこと、③魅力を感じたことに対する自分の考えを書いている。①は端的にし、②で人物像や物語の全体像を具体的に想像して書くようにしている。また、優れた描写を踏まえることにより、③の自分の考えにつながるようにしている。

■学びのプランの3観点を基に、単元の振り返りを記述した例　（終末段階）

【単元の振り返りを記述したノート】

これまで、自分が思ったことだけを感想に書いていた。今回の学習で、すぐれたびょう写に注目すると物語の全体を想像できた気がする。書いてないことを想像したり、登場人物になりきったりすることで、いろいろな視点から物語のみ力を感じるようになった。作者のメッセージもふまえたすいせん文になった。これからの読書活動に生かしていきたい。

解説　様々な視点に立ちながら、学習の過程を大切して振り返っていることが分かる。

事例 12

作品世界という全体像の解明

　文学を読むとは、作者がその作品に込めた主題や内容的価値を作品全体の構成や作風といった言語形式の特徴を関連付けながら精査し解釈し、自分の考えを形成する営みといえる。平成20・29年要領では、作品を解釈することについて、「内容を理解し意味付ける」行為だとしている。また、主題や内容的な価値を捉えることについては、「書き手の意図を推論する」と説明している。いずれにおいても、作品世界に入り込み、作品の解釈の精度を上げることは重要であり、それは単に読解力という枠組みではなく、物事の認識力を高めることになる。

　これに関連して、平成29年要領の文学的な文章に関する精査・解釈の指導事項に「全体像」という用語が登場した。その説明を、「登場人物や場面設定、個々の叙述などを基に、その世界や人物像を豊かに想像すること」としている。そのためには、「何が書かれているか」という内容面だけでなく、「どのように描かれているか」という表現面に注目し、かつ「どのような表現の効果があるか」という読み手側に立って検討することを求めている。いわゆる解説や批評の視点に立って、全体像を捉えることの重要性が示唆される。全体像をベン図で捉えると、その内側の位置する円は「人物像」であろう。主人公の変化をもたらした何かを検討することは、作品世界がもつ全体像の解明につながる。

　本事例では、戦争文学である「川とノリオ」の作品世界という全体像を解明していくために、「解説ノート」を書く活動を取り上げる。戦争文学には、子供たちにはイメージできない用語が多く登場する。その一つひとつまで調べて解説ノートにまとめる。また、時間軸に即して「物語の構造図」をまとめたり、複雑な人間模様を「人物関係図」に整理したりする。さらに、描かれていない登場人物の心情や色の意味、暗示性の高い表現など、各自が追究したいと考えた内容についてグループに分かれて考察し、解説する文章を書きまとめて共有することで、全体像を解明しようとするものである。

ここに注目！

第6学年「多様な表現に着目して、物語の全体像を解説しよう」

POINT 1 論理的・分析的な読みと合目的な書き

　…教材文を読み、優れた描写に注目し、「行動描写」「心情描写」「情景描写」を本文から抜き出し、それぞれを解釈する。

POINT 2 批判的・構造的な読みと合目的な書き

　…叙述には描かれない人物の心情や色の意味、暗示性の高い表現、「川」の意味について、200〜300字程度で解説する。

POINT 3 生成的・共創的な読みと合目的な書き

　…解説ノートの「あとがき」を書き、それぞれがまとめた解説ノートを読み合った後、単元を通して学習したことなどを振り返る。

多様な表現に着目して、物語の全体像を解説しよう

教材名「川とノリオ」

　本単元では、「川とノリオ」を読み、多様な表現に着目してその効果を考えるなどしながら、物語の全体像を解明し、作品を解説する文章を書く。

　物語の全体像を捉えるためには、「何が書かれているか」という言語内容と、「どのように書かれているか」という言語形式の両面から作品に迫る必要がある。比喩や反復などの表現の工夫を見付け、その効果を考えるとともに、登場人物や場面設定、個々の叙述などを手がかりに、その世界や人物像など叙述には書かれていないことについても豊かに想像していくことが求められる。ここでは「描写を基に登場人物の相関関係や心情を捉えるための読み」や「比喩や反復などの表現の工夫を見付けるための読み」、「叙述に書かれていないことを想像するための読み」など、重層的な読解を経て物語の全体像を解明し、解説する文章を記述する活動を展開する。

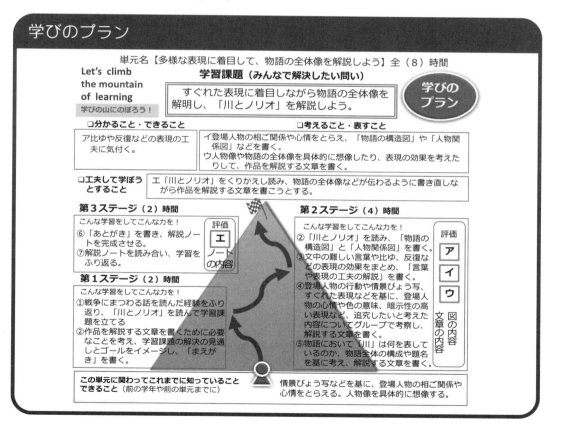

1　単元の目標

知識及び技能	思考力、判断力、表現力等	学びに向かう力、人間性等
・比喩や反復などの表現の工夫に気付くことができる。((1)ク)	・登場人物の相互関係や心情などについて、描写を基に捉えることができる。(C(1)イ) ・人物像や物語などの全体像を具体的に想像したり、表現の効果を考えたりすることができる。(C(1)エ)	・言葉がもつよさに気付くとともに、幅広く読書をし、国語を大切にして、思いや考えを伝え合おうとする。

2　単元で取り上げる言語活動とその特徴

　本単元では、言語活動例「イ　詩や物語、伝記などを読み、内容を説明したり、自分の生き方などについて考えたことを伝え合ったりする活動」を具体化し、「川とノリオ」の多様な表現の効果などを考えて物語の全体像を解明し、「解説ノート」を書く活動を取り上げる。本活動では、描写を基に登場人物の相互関係を捉えたり、反復や比喩などの表現の工夫を見付けたりして「物語の構造図」「人物関係図」「言葉や表現の工夫の解説」をまとめた後、叙述には描かれていない登場人物の心情や色の意味、暗示性の高い表現など、各自が追究したいと考えた内容について、グループに分かれて考察し、解説する文章を書く。また、物語の中で綿々と流れる「川」に着目し、物語全体の構成や題名なども考えながら、「川」が何を表しているのかを解説する文章を書く。物語をくり返し重ねて読むことを通して、登場人物の相互関係について描写を基に捉えたり、表現の効果を考え、物語の全体像を具体的に想像したりする能力を育成することができる。

　本単元の「思考力、判断力、表現力等」の目標との関連において、作品を解説する文章を書くという目的を意識して、物語の全体像を具体的に想像したり、表現の効果を考えたりすることができるようにする。

3　単元の評価規準

知識・技能	思考・判断・表現
①比喩や反復などの表現の工夫に気付いている。((1)カ)	①「読むこと」において、登場人物の相互関係や心情などについて、描写を基に捉えている。(C(1)イ) ②「読むこと」において、人物像や物語などの全体像を具体的に想像したり、表現の効果を考えたりしている。(C(1)オ)
主体的に学習に取り組む態度	
①比喩や反復などの表現の工夫に気付き、物語の全体像を解説する活動を通して、人物像や物語の全体像を具体的に想像したり表現の効果を考えたりすることに向けた粘り強い取組を行う中で、自らの学習を調整しようとしている。	

4　単元の指導と評価の計画（全8時間）

次	時	育成する資質・能力 と指導上の留意点	評価規準・評価方法等 【B】おおむね満足できる状況	主な学習活動
第一次	1 2	■導入　①　「川とノリオ」の解説を書くために、目次の内容（「物語の構造図」、「人物関係図等」）を検討し、「まえがき」を書く。 <学習課題>　多様な表現に着目しながら物語の全体像を解明し、「川とノリオ」を解説しよう。		・戦争にまつわる読書経験を振り返り、学習課題を立てる。 ・学びのプランを立て、「まえがき」を書く。
第二次	3	■展開前段　Ⅲ—1　描写を基に登場人物の相互関係や心情などを捉え、「物語の構造図」と「人物関係図」を書く。【思・判・表①】 ・主な出来事や人物の相互関係、心情などを場面ごとに整理できるワークシートを活用し、物語の構成や人物関係を捉えることができるようにする。	【B】描写を基に物語の構成や登場人物の相互関係を理解し、「物語の構造図」と「人物関係図」を書いている。 <学びのプラン> 登場人物の相互関係や心情をとらえ、「物語の構造図」や「人物関係図」などを書く。（考えること・表すことア）	・物語の構成や登場人物の相互関係をワークシートに整理する。
	4	■展開前段　Ⅲ—2　文中の難しい言葉の意味を調べたり、比喩や反復などの表現の工夫を見付け、その効果についてまとめたりして「言葉や表現の工夫の解説」を書く。【知・技①】 ・比喩、反復などの表現の工夫を取り上げ、その効果について、学級全体で考える場を設定する。	【B】難しい言葉の意味や表現の工夫の効果について、各50字程度にまとめている。 <学びのプラン> 比喩や反復などの表現の工夫に気付く。（分かること・できることア）	・難しい言葉の意味や比喩や反復などの表現の効果について、50字程度にまとめる。
	5 6	■展開後段　Ⅲ　登場人物の行動や情景描写、優れた表現などに着目し、叙述には書かれていない人物の心情や「川」の意味などについて考察し、解説する文章を書く。【思・判・表②】 ・表現の工夫とその効果を踏まえて人物の心情などについてまとめるように促す。 ・ノリオの様子と「川」の様子を対比しながら考える子供に発言を促し、考えを学級全体で共有する。	【B】登場人物の行動などを基に、叙述には描かれない人物の心情や色の意味などについてまとめたり、物語において「川」が何を表しているのかを考えたりする。 <学びのプラン> 人物像や物語の全体像を具体的に想像したり、表現の効果を考えたりして、作品を解説する文章を書く。（考えること・表すことウ）	・人物の心情や色の意味など追究したい内容についてグループで考え、200字程度にまとめる。 ・物語において「川」が何を表しているのかを考え、300字程度にまとめる。
第三次	7 8	■終末　Ⅳ　解説ノートの「あとがき」を書き、それぞれが書いた「解説ノート」を読み合ってよいところを交流したり、学習を振り返って学びの意味などをノートに書いたりする。【主①】 ・学習課題の解決のために工夫したことや習得したこと等について、学びのプランを用いて丁寧な振り返りができるようにする。	【B】解説ノートの「あとがき」を300字程度で書き、単元を通して試行錯誤したことや粘り強く取り組んだこと、学びが深まったことなどについて振り返っている。 <学びのプラン> 「川とノリオ」をくりかえし読み、物語の全体像などが伝わるように書き直しながら作品を解説する文章を書こうとする。 （工夫して学ぼうとすることエ）	・解説ノートの「あとがき」を300字程度で書く。 ・解説する文章を読み合い、互いのよいところを交流する。 ・学びのプランの3観点に基づき、本単元の学びを振り返り、意味付ける。

Ⅰ 読んで書く目的や意図、条件設定、読むテキストの選択、方略の検討

導入段階では、学習の目的や意義を自覚し、学習課題を設定するとともに、課題解決に向けた見通しをもち、学びのプランを立てていく。

まずは、これまでに読んだ戦争にまつわる話を振り返り、それぞれの話に「家族」「親子の絆」「かけがえのない命」など、作品のテーマを感じることができることを交流する。その上で教材文「川とノリオ」のテーマや全体像について、表現の工夫などに着目しながら解明し、作品を解説する学習を行うことを確認し、学習課題「すぐれた表現に着目しながら物語の全体像を解明し、『川とノリオ』の解説ノートを書こう。」を設定する。

その後、教師が作成した解説ノートのモデルから、①物語の構造図、②人物関係図、③言葉や表現の工夫の解説、④叙述に描かれていない人物の心情や時の移り変わりについての解説、⑤作品における「川」についての解説、などを書いていくことを確認し、単元の学習を見通しながら学びのプランを立て、解説ノートの「まえがき」を書く。

Ⅱ 描写に基づいた物語の構成と登場人物の相互関係、多様な表現の効果の検討

展開前段では、描写を基に登場人物の相互関係や心情などを捉え、「物語の構造図」と「人物関係図」を作成した後、言葉の意味や表現の工夫と効果についてまとめる。

「川とノリオ」は、物語の中でノリオを取り巻く環境や人物の相互関係が大きく変化し、その中でノリオが成長していく様子が描かれる。母親との幼少期の場面や八月六日前後の場面、じいちゃんと生きる小学二年の場面など、物語の構成や登場人物の相互関係を捉え「物語の構造図」と「人物関係図」を作成する。

まずは、「早春」などの場面ごとに、時間、主な出来事、場面や人物の様子などを表に整理し、大きく状況が変わる箇所を確認しながら物語全体の構成を捉えて「物語の構造図」を書く。

その後、物語の構成を踏まえ、ノリオと母ちゃん、じいちゃんを軸にして「金色の光に包まれた、幸せな二歳の神様」など、象徴的な表現も書き込みながら「人物関係図」を作成する。

さらに、戦争に係る言葉や比喩、反復、オノマトペ、体言止めなど、作品中の難しい言葉や表現の工夫を見付け、その意味や効果について、50字程度にまとめる。各自がまとめた言葉の意味や表現の効果を学級全体で共有し、作品中の象徴的な表現などを確認することにより、物語の全体像を考えることにつなげていく。

Ⅲ　言葉と表現の工夫の解説、叙述には書かれていない心情や「川」の意味についての解説

　展開後段では、叙述には描かれない人物の心情や色の意味、暗示性の高い表現など、各自が追究したいと考えた内容や作品における「川」の意味について、200 〜 300 字程度で解説する。

　まずは、叙述には書かれていない人物の心情や色の意味、暗示性の高い表現など、それぞれが追究したいと考えた内容について 200 字程度にまとめる。「ノリオは父や母の死をどう理解し受け止めていたのか」、「青いガラスのかけらを投げてやったノリオは、どのような心情だったのか」「作品に出てくる色には、何か意味があるのか」など、叙述には直接書かれていない様々な疑問の中から、特に追究したい内容を一つ選び、展開前段で検討した表現の効果と複数の叙述を関連付けるなどしながら、具体的に想像して解説する文章を書く。

　その後、全員が共通して追究する内容として、物語における「川」が何を表しているのかを検討し、300 字程度にまとめる。物語の構成や「川とノリオ」という題名などに着目したり、登場人物の行動や心情と関連付けたりしながら、「川」は物語の中でどのような存在なのか、「川」を描くことによって作品全体にどのような効果があるのかなど、「川」の存在について考え、解説する文章を記述する。

Ⅳ　「あとがき」の記述を通した単元の総括と共有を通した学びの意味付け

　終末段階では、これまでの学習を基に、解説ノートの「あとがき」を書き、それぞれがまとめた解説ノートを読み合った後、単元を通して学習したことなどを振り返る。

　まずは、単元の導入で書いた「まえがき」やこれまでに作成した図、解説する文章を読み返すなどしながらこれまでの学習を振り返り、解説ノートの「あとがき」を 300 字程度で書く。展開後段で検討した登場人物の心情や色の意味、「川」の存在などを踏まえ、改めて「川とノリオ」のテーマを自分なりに考えてまとめたり、本単元で学習したことや今後の読書人生に生かしていきたいことなどを記述したりする。

　その後、「まえがき」、「物語の構造図」、「人物関係図」、「解説」など、これまでまとめてきた図や文章を冊子として綴じて解説ノートを完成させ、学級の中で読み合い、互いのよいところを交流する。

　最後に、学びのプランの 3 観点に基づき、本単元の学びを振り返り、学習の意義や成果を自覚できるようにする。特に、単元を通して試行錯誤したことや粘り強く取り組んだこと、学びが深まったことなどについて振り返ることができるようにする。

■「解説ノート」の目次と「まえがき」の例 （導入段階）

【「解説ノート」の目次】

◎ まえがき
一 物語の構造図
二 人物関係図
三 言葉と表現の工夫の解説
四 各自が設定した追究課題（叙述に描かれない内容等）の解説
五 「川」の意味の解説
◎ あとがき

【150字程度にまとめた「まえがき」】

これまで私は、戦争にまつわる話をいくつか読んできた。「ちいちゃんのかげおくり」では、命の尊さ、「一つの花」では、親子のきずなについて考えさせられた。
「川とノリオ」には、どのようなメッセージが込められているのだろうか。様々な表現に着目しながら作品を分析し、作者の思いについて、私なりに探ってみたい。

解説 「まえがき」では、自身の読書経験や学習の見通し、期待することなどを記述している。

■「物語の構造図」と「人物関係図」の例 （展開前段）

【物語の構造図の一部】

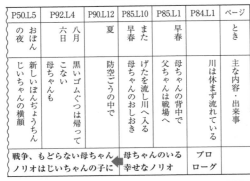

P50.L5	P92.L4	P90.L12	P85.L10	P85.L1	P84.L1	ページ
おぼんの夜	八月六日	夏	早春 また	早春		とき
新しいぼんちょうちん じいちゃんの横顔	黒いゴムぐつは帰ってこない 母ちゃんも	防空ごうの中で	げたを流し川へ入る 母ちゃんのおしおき	母ちゃんの背中で 父ちゃんは戦場へ	川は休まず流れている	主な内容・出来事
戦争、もどらない母ちゃん ノリオはじいちゃんの子に		母ちゃんのいる 幸せなノリオ			プロローグ	

【人物関係図（イメージ）】

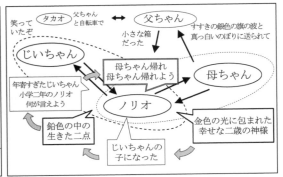

解説 両図とも、ノリオを取り巻く環境や人物関係の変化を大きく捉えながら作成している。

■表現の工夫とその効果について50字程度でまとめた例 （展開前段）

【表現の工夫とその効果】

P49.L9〜	P97.L2	P96.L7	P90.L10	ページ
サクッ、サクッ、サクッ、母ちゃん帰れよう（オノマトペ、反復）	鉛色の中の生きた二点（象徴）	父ちゃんは小さな箱だった	金色の光に包まれた、幸せな二歳の神様だった（色、比喩）	表現の工夫
力強くかまで草をかる音に合わせて、ノリオの心の声をくり返すことで、ノリオの思いの強さと現実を対比的に表している。	川の中の白い二羽のアヒルをノリオとじいちゃんに重ねている。重苦しい「鉛色」の中に生きる小さな「二点」が象徴的である。	父の死を意味する表現。ノリオの視点から描かれており、ノリオがまだ父の死を理解していないことが伝わってくる。	あたたかな母ちゃんとともに、何不自由なく幸せに生きるノリオの様子を印象的に描いており、その後の「鉛色」との対比が心に残る。	効果

解説 作品中から、それぞれが特に気になった表現の工夫について取り上げ、その効果について50字程度で解説する。左の例では、比喩や反復などの表現技法のほか、色や象徴的な表現などについてもまとめている。

■それぞれが追究したいと考えた内容について200字程度で解説した文章例 （展開後段）

【両親の死とノリオの思いについて解説する文章】

ノリオは、母と父の死をどう理解し、どう受け止めたのか。

二人の死は、どちらもノリオの視点から描かれている。幼いノリオは、母が帰らず新しいぽんぢょうちんが下がっていること、父が「小さな箱」になったことを見ているが、「死」を理解してはいなかったようである。

時がたち、小学二年のノリオは「母ちゃんはヒロシマで焼け死んだ」と聞き、理解している。「何が言えよう」とあるとおり、ノリオには何もできない。「母ちゃん帰れよう」と心で叫ぶノリオは、その思いをかまで断ち切ろうとしているのかもしれない。

【「青」の意味について解説する文章】

金や鉛色は状況を表す色といえる。では、青は何を表しているのか。

青で表現されているのは、防空ごうから出た空や岸辺の草、ヤギの目などである。これらからは「生」や「命」を感じる。

印象的なのは、青く燃えるりんの火と青いガラスのかけらである。りんは命を燃やす色であり、ノリオが見た「うす青い世界」は、りんの火が燃えたあの日を表しているのではないか。ノリオが青いかけらを川に投げるのは、それを忘れようとする行動と考えられる。

> 解説　いずれも「追究する問い」「考えの根拠」「解釈、自分の考え」の順で記述している。

■「川」の存在について300字程度で解説する文章例 （展開後段）

物語の中で川はどのような存在であると言えるのか。

物語の冒頭と終末には、川が休まず流れ続ける様子が描かれている。また、各場面では、物を流し、笑い、ノリオと遊ぶ友達のような存在として描かれたり、時にこわい存在として描かれたりしている。「鉛色の川」のようにノリオたちの様子を表すときもあれば、父の死の場面で「さらさらと歌って」いるときもある。

川は、様々な表情を見せるが、どんなときも、変わらず流れ続けている。人々が戦争にほんろうされ、ノリオが様々な状況に置かれながら成長していくのとは対照的に、川はずっと変わらない存在として描かれる。

「川とノリオ」という題名は、そんな大きな存在である川と、変化の中で成長していくノリオを表したものと言える。

> 解説　川が作品の中でどのように描かれているかを確かめ、「変わらず流れ続ける」存在として、ノリオと対照的に描かれていることを題名と関連付けながら解説している。

■これまでの学習を振り返り、物語のテーマについてまとめた「あとがき」の例 （終末段階）

【300字程度にまとめた「あとがき」】

「川とノリオ」は、一人の少年の成長の物語である。母との幸せな幼少期を過ごしたノリオは、戦争によりじいちゃんの子となり、重く苦しい時代を生きることになる。

この作品は、時代の流れにほんろうされながらけん命に生きていく人の営みがテーマなのではないかと感じている。

今回、作品を何度も繰り返し読むことにより、直接描かれていない人物の心情を想像したり、表現の意味を考えたりした。一読しただけではわからなかったことがだんだんわかってくる面白さや、自分なりに考える楽しさを味わうことができた。これからも、考え、想像する読書を楽しんでいきたい。

> 解説　作品の内容と自分なりに感じたテーマをまとめ、繰り返し読んで想像したり考えたりする読書の楽しさについて書いている。本単元を通じて粘り強く、学びを調整してきたことがわかる。

偉人に出会い、自分の今と重ね、未来を描く
～国語科のキャリア教育にもっと"伝記"を～

　伝記を読む意味は、何よりその伝記人物の魅力にあります。伝記人物が生きた過去の時代にタイムスリップし、その人物が偉人と呼ばれるに値する業績を知ることは、歴史を学ぶことになります。それは、社会科の歴史学習にもつながります。

　伝記人物という個別的な事象から、自分の今を重ね合わせながら未来を描くという上位の概念や理想に導くという読みを経験させることが大切です。偉人は、様々な挫折の経験をしながら目標を設定し、あるターニングポイントとなる経験や恩人となる出会い、あるいはライバルをもつという特徴があります。こうした特徴は複数の伝記を読んだときに発見できるのかもしれません。偉人の考え方や生き方に共通した概念を見いだせることが、上位という意味になります。そこには、古いや新しいはあまり関係なくなるのではないでしょうか。

　ここでは、伝記を読むことを通して、描かれている偉人の言動や生き方から、読み手である子供が自分の生き方と比較し、生き方について見つめ直す機会を意図的に設けるような事例を紹介します。偉人に共感したことや疑問に感じたことを明確にし、以下に示すようなメモを基に「生き生きカード」を共有することで、自分の生き方を見つめ直すきっかけとします。

【関心をもった人物の伝記を読む】

　国語科を中心として、社会科や理科などで学習した内容と関連深い人物について、「さらに知りたい」「どうしてそうしたのか疑問に感じる」など子供が関心をもった人物の伝記を読みます。読んだことを次のようなメモとして残し、書く時に自分の思いが伝わりやすいように構成をします。

〈生き生きカード①〉

徳川家康を読んで

一　人物を選んだ理由
・社会の授業で、約三百年も続いた江戸幕府を開いたことを知り驚いたから

二　人物の生き方について
・どうして幼いころ辛い思いをしたのに頑張れたのか
・いろいろな仕組みを作って賢い
・一度決めたことはあきらめない

三　自分の現状と課題
・ボランティアをしている
・自分から行動できない
・あきらめることもある

四　今後の生き方について
・あきらめないで行動する
・自分から行動する

　構成をする際には、人物の言動などで必要な情報を選択します。そして、必要な情報を基に、「人物の生き方」「自分の現状と課題」「今後の生き方」などについてまとめていきます。

【伝記を読むことから自分の生き方について書く活動へ】

　メモの下書きをもとに、以下に示す「生き生きカード」を書きます。伝記を読み、人物の生き方を知ることを目標としている授業が多く見られます。人物の生き方を踏まえ、自分の生き方について見つめ直す機会としてつなげていくことは、キャリア教育の視点からも大切です。

　例えば、6年生「徳川家康」について書かれたカードの指導例を紹介します。

> 《生き生きカード②》
>
> あきらめずに自分が決めたことを最後までやり通す
>
> 　家康に、一度決めたことをあきらめずに最後までやりとおしていくことを学んだ。
>
> 　ぼくは、毎月川の土手にごみ拾いにいく。暑い日や寒い日など、面倒になって行きたくない時もある。そんな時、徳川家康の伝記を読んだ。幼いころ今川氏の人質になり辛い思いをしたが、決して最後まであきらめない姿に感動した。
>
> 　将来環境問題について深く学んでいきたい。環境を守るためには、最後まであきらめないことが大切だと感じた。

　　ホップ ：メモの下書きをもとに、伝記を読んで、「生き生きカード」を書く。

　　ステップ ：自分が感動したところが伝わるように文章の構成を考え、必要に応じて伝記を読み直す。
　　　　　　　自分の生き方に取り入れたいところを再度吟味し、書き直す。

　　ジャンプ ：キャリアパスポートにも綴り、総合的な学習の時間等で互いのこれからの生き方について
　　　　　　　出し合う。疑問に感じたことなどを質問し、共有したことをもとに自分で振り返る。

　複数の伝記を読むことを通して、様々な人物の言動、考え方、生き方があることを知ることができます。そして、自分の考え方や生き方と比べ、これからの生き方について見つめ直す機会になります。

　何かを成し遂げた偉人は、地道な努力を重ねることで成長を続け、偉業を成した人です。このプロセスを追体験するような読みを展開することで、努力の意味を考えることになります。偉人の様々な失敗を知ることにより、「失敗してもいい」、「チャレンジすると失敗はある」という前向きな姿勢が生まれることでしょう。そうした読みが、「偉人のようになりたい」「偉人の考え方を自分にも取り入れたい」と思うようになることが期待できます。こうした伝記を読むことは、まさしくキャリア教育につながります。国語科においてキャリア教育を推進していくためには、もっと"伝記"と出会う機会の拡充を図りたいものです。

Chapter3

教科等横断的な視点に立った読解と記述
〜全国学力調査からのメッセージ

Chapter 3 では、近年の全国学力調査（小学校国語、算数、理科）の記述式問題の中から正答率が低調だった問題の結果を誤答傾向に注目して分析・考察した上で、教科等横断的な視点に立った汎用的な読解と記述に係る今後の指導の方向を示す。

1　全国学力調査では何が問われているのか

　平成 29 年 3 月に公示された小学校及び中学校の学習指導要領は、教科等の目標や内容について、生きて働く「知識及び技能」、未知の状況にも対応できる「思考力、判断力、表現力等」、学びを人生や社会に生かそうとする「学びに向かう力、人間性等」という三つの柱に基づいて再整理されており、これらの資質・能力の三つの柱は相互に関係し合いながら育成されるものという考え方に立っている。このことを踏まえ、平成 31 年度以降の全国学力調査の調査問題では、学習指導要領の改訂の方向について各教育委員会や各学校の理解を促すため、それ以前の「主として『知識』に関する問題（A）」と「主として『活用』に関する問題（B）」に区分するといった整理を見直して、「身に付けておかなければ後の学年等の学習内容に影響を及ぼす内容や、実生活において不可欠であり常に活用できるようになっていることが望ましい知識・技能等」と「知識・技能を実生活の様々な場面に活用する力や、様々な課題解決のための構想を立て実践し評価・改善する力等」を一体的に問うこととして調査問題を構成している。問題形式は、従前と同様に選択式、短答式、記述式の 3 種類である。

　現在、全国学力調査の問題は紙媒体で配付され、鉛筆で解答用紙に解答する。今後、コンピュータを使った試験方式（CBT）への移行が検討されているが、キーボードによる文字入力においても記述式問題と呼ぶことになるだろう。いずれにしても印字、あるいはデジタル情報として提示される文や文章をはじめ、記号、式、絵、図、表、グラフなどを読解して記述する。各教科等における見方・考え方といった思考や判断の働かせ方に違いはあるが、全国学力調査は、読解の力が基盤として必要となる。そして、第三者に分かるような記述の力が問われている。

　なお、Chapter 1 では 10 か年分（平成 19 〜 29 年度）の小学校国語科の記述式問題の結果分析から明らかになった課題を整理した上で、国語科における重層的な読みと合目的な記述が連動する授業の具体を示した。Chapter 3 では、小学校国語科においては平成 29 年度以降の記述式問題の解答状況を継続して追跡する。併せて小学校算数及び理科の

記述式問題の解答状況も分析する。その上で、今後における教科等横断的な視点に立ち、読解と記述の連動の方策を整理する。

2　小学校国語科の記述式問題〜つまずきにどう対応するか

(1)　国語科の記述式問題の特徴

　国語科の記述式問題では、知識及び技能を生かし、相手や目的、意図、場面や状況などに応じて自分の考えを明確にして書くことを求めている。具体的には、大問の中に一題程度、記述式問題を取り入れ、複数の考え方、答え方があるものなどについて出題している。「Ａ　話すこと・聞くこと」、「Ｂ　書くこと」、「Ｃ　読むこと」のそれぞれの記述式問題には、具体的な評価の観点を明確にする上で、必要に応じて解答の条件を示している。

　直近の５年間の問題形式別の平均正答率の状況を見ると（**表1**）、「選択式」が71.6％、「短答式」が57.5％、「記述式」が43.4％であり、「記述式」、「短答式」、「選択式」の順次に課題があると言える。

表1　問題形式別の平均正答率の状況（平成29年度〜令和3年度の5年間）

年度	選択式			短答式			記述式		
	A	B	AとBの平均	A	B	AとBの平均	A	B	AとBの平均
29	71.9	64.7	68.3	79.6	69.4	74.5		41.9	41.9
30	74.1	67.7	70.9	35.8		35.8		33.3	33.3
31			75.2			48.9			57.8
3			71.9			70.7			40.4

※令和2年度は未実施

【三領域における記述式問題の特徴】

①「話すこと・聞くこと」

　「話すこと・聞くこと」の指導においては、相手や目的、意図に応じ、事柄が明確に伝わるように話す順序や構成を工夫し、適切な言葉遣いで話す能力を高めるとともに、話の中心や話し手の意図を捉えながら聞き、質問をしたり、感想や意見を述べたりする能力などを高めることが求められる。

　「話すこと・聞くこと」の記述式問題では、スピーチで話す事柄を分かりやすく整理したり、インタビュー記録などのように聞いた事柄やそれらに対する感想、意見などを区別したり、また、話し合いの中で自分の考えなどをまとめたりして書くような内容を出題している。

②「書くこと」における記述

「書くこと」の指導においては、相手や目的、意図に応じ、調べたことや考えたことなどについて全体の構成を整えたり、下書きをよりよく推敲したりして書く能力などを高めることが求められる。その際、礼状や依頼状、意見文、紹介文、記録文、報告文などの様々な文章の種類や形態の特徴を踏まえた上で、書くことの一連のプロセスに即して書くことが重要である。

「書くこと」の記述式問題では、書くことの一連のプロセスの各段階で必要とされる能力を抽出し、前述した様々な文章の種類や形態の特徴に応じて調べたことや考えたことなどを適切に書くことを求めている。

③「読むこと」における記述

「読むこと」の指導においては、目的に応じ、本や文章の内容を的確に押さえて要旨を捉えたり、事実と感想、意見などとの関係を押さえて自分の考えを明確にしながら読んだりする能力などを高めることが求められる。

「読むこと」の記述式問題では、目的に応じて本や文章を読み、その内容や構成などについて理解したこと、要旨や書き手の意図について解釈したことなどを書く内容を出題している。また、これまでの読書経験、体験などと関係付けながら、感想や評価などを書くことを求めている（表2）。

表2 「読むこと」の記述式問題（平成29年度～令和3年度の5年間）

年度	問題番号	問題の概要	出題の趣旨	指導事項	正答率(%)	無解答率(%)
29	B③三	「きつねの写真」から取り上げた言葉や文を基に，松ぞうじいさんととび吉がきつねだと考えたわけをまとめて書く	物語を読み，具体的な叙述を基に理由を明確にして，自分の考えをまとめる	5・6エ 文学的な文章の解釈	43.9	19.3
30	B③二	【伝記「湯川秀樹」の一部】を読んで，【ノートの一部】C 最も心がひかれた一文とその理由の文章の □□□ に入る内容を書く	目的に応じて，文章の内容を的確に押さえ，自分の考えを明確にしながら読む	5・6ウ 説明的な文章の解釈	52.5	11.8
31	②一(2)	食べ物の保存についてまとめている【ノートの一部】の イ に，疑問に思ったことの②に対する答えになるように考えて書く	目的に応じて，文章の内容を的確に押さえ，自分の考えを明確にしながら読む	5・6ウ 説明的な文章の解釈	76.0	5.0
2		未出題				
3	②三	面ファスナーに関する【資料】を読み，メストラルは，何をヒントに，どのような仕組みの面ファスナーを作り出したのかをまとめて書く	目的に応じ，文章と図表とを結び付けて必要な情報を見付ける	5・6ウ 精査・解釈	34.6	4.0

3	②四	面ファスナーに関する【資料】を読み，面ファスナーが，国際宇宙ステーションの中でどのように使われているのかをまとめて書く	目的を意識して，中心となる語や文を見付けて要約する	3・4ウ 精査・解釈	29.9	5.5

(2) 正答率が低い問題の状況と改善～「読むこと」

①「説明的な文章」における記述式問題（令和３年度調査問題②三）

◆問題と正答率

説明的な文章を読み、分かったことをまとめる　　正答率34.6%

国際宇宙ステーションとその内部

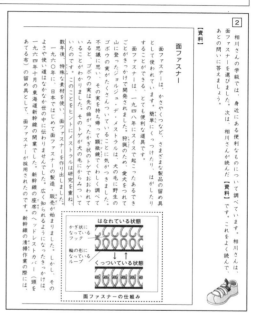

面ファスナーの仕組み

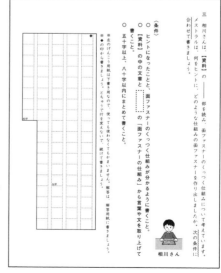

本問の趣旨は、「目的に応じ、文章と図表とを結び付けて必要な情報を見付けることができるかどうかをみる」である。本問は、新学習指導要領（平成29年告示）の内容に基づいて出題している。関係する内容は、第５学年及び第６学年〔思考力、判断力、表現力等〕の「Ｃ読むこと」の「精査・解釈」に関する指導事項のウ「目的に応じて、文章と図表などを結び付けるなどして必要な情報を見付けたり、論の進め方について考えたりすること」である。

本問では、相川さんが【資料】を読み、面ファスナー【資料】のくっつく仕組みについて考えている

ことを捉え、【資料】の中の文章と「面ファスナーの仕組み」とを結び付けて必要な情報を見付け、ヒントになったこととくっつく仕組みが分かるように書く必要がある。ここでは、文章からゴボウの実のトゲが「かぎ状」であること、「面ファスナーの仕組み」から面ファスナーのフックが「かぎ状」であることを見付け、これらを結び付けて理解することが求められる。

〈正答の条件〉

次の条件を満たして解答している。
①以下の内容を取り上げて書いている。
　　a ヒントになったこと　　b 面ファスナーのくっつく仕組み
②【資料】の中の文章と「面ファスナーの仕組み」から言葉や文を取り上げて書いている。
③50字以上、80字以内で書いている。

〈正答例〉

・メストラルは、ゴボウの実が犬の毛にからみついていたことをヒントに、かぎ状のフックが輪の形をしたループに引っかかることでくっつく仕組みの面ファスナーを作り出した。（80字）

◆正答率が低い理由

〈誤答例①〉

・山に登ったメストラルは、犬の毛にゴボウの実がたくさんついていることを不思議に思い、けんび鏡で調べてみると、トゲでおおわれていることが分かった。（71字）

このように、ヒントになったことが分かるように書いているが、面ファスナーのくっつく仕組みが分かるように書いていない反応が、39.0％あった。このように解答した子供は、文章から必要な情報を見付けることはできているが、図から必要な情報を見付けたり、見付けた情報を言葉に表したりすることができていないと考えられる。

〈誤答例②〉

・面ファスナーのくっつく仕組みは、かぎ状になっているフックと輪の形になっているループでできています。これがくっつくと、フックがひっかかって留めることができます。（79字）

このように、面ファスナーのくっつく仕組みが分かるように書いているが、ヒントになったことが分かるように書いていない反応が、11.8％あった。このように解答した子供は、図から必要な情報を見付けたり、見付けた情報を言葉に表したりすることはできているが、文章から必要な情報を見付けることができていないものと考えられる。

なお、図表やグラフなどを含む文章を取り上げる場合には、表やグラフの読み取りが学習の中心となるなど、国語科以外の他教科等において行うべき指導とならないよう留意する必要がある。国語科においては、図表やグラフを文章と結び付けて読み、必要な情報を見付けたり、論の進め方について考えたりすることが重要である。

◆改善の方向

　目的に応じて、文章と図表などを結び付けるなどして必要な情報を見付けるためには、まず、読む目的を明確にすることが重要である。同じ文章を読んでも、読む目的によって必要な情報が異なる場合があることを子供が実感できるようにすると効果的である。その上で、目的に応じて、必要な情報が資料のどの部分に書かれているかを判断したり、資料のどの部分とどの部分が結び付くのかを明確にしたりして、子供自身が主体的に必要な情報を見付けることができるように指導することが大切である。特に、図表などを含む文章を読む際には、図表などが文章のどの部分と結び付くのかを明らかにし、文章と図表などとの関係を捉えて読むことが重要である。例えば、語や文を線で結び付けるなどして必要な情報の関係性を視覚的に理解できるようにすることが効果的である。また、ICT を活用して視覚的に捉えることなどが考えられる。

　日常的に図表などを伴う文章を読む経験を増やすことが望まれる。学校図書館を積極的に利活用し、本を読み比べたり、図表や資料のある新聞を読んだりする活動を多く取り入れたい。

②「読むこと（文学的文章）」における記述式問題（平成 29 年度調査問題Ｂ３三）

◆問題と正答率

物語を読んで、感想を伝え合う（あまんきみこ「きつねの写真」）　正答率 43.9%

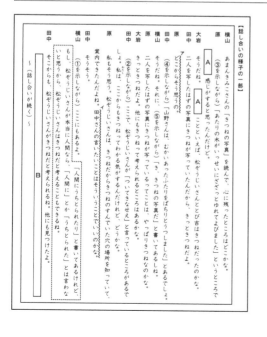

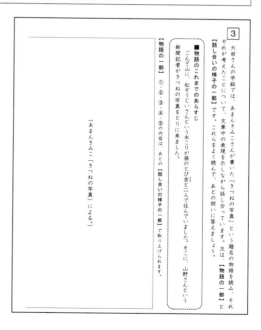

本問の趣旨は、「物語を読み、具体的な叙述を基に理由を明確にして、自分の考えをまとめることができるかどうかをみる」である。関係する学習指導要領（平成20年告示）における内容は、第5学年及び第6学年「C読むこと」の「文学的な文章の解釈」に関する指導事項のエ「登場人物の相互関係や心情、場面についての描写をとらえ、優れた叙述について自分の考えをまとめること」と、第5学年及び第6学年「B書くこと」の「記述」に関する指導事項のウ「事実と感想、意見などとを区別するとともに、目的や意図に応じて簡単に書いたり詳しく書いたりすること」である。

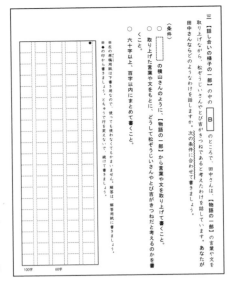

本問では、【物語の一部】を読んだ後、【話し合いの様子の一部】のように、感想を伝え合う中で、叙述を基に理由を明確にして自分の考えを書く場面を設定している。ここでは、松ぞうじいさんやとび吉がきつねであると考えたわけについて、具体的な叙述を基にどのように解釈したのかを書くことが求められる。

〈正答の条件〉

次の条件を満たして解答している。
① ▢▢▢ の横山さんのように、【物語の一部】から言葉や文を取り上げて書いている。
②取り上げた言葉や文をもとに、どうして松ぞうじいさんやとび吉がきつねだと考えるのかを書いている。
③60字以上、100字以内で書いている。

〈正答例〉

・「松ぞうじいさんの目に、なみだがきらりとひかりました」というところは、人間にうちとられてしまった仲間のきつねを思う気持ちが表れていると思うから、松ぞうじいさんはきつねだと考えたよ。

◆正答率が低い理由

〈誤答例①〉

・山野さんがきつねの写真をとりたいと言ったあとに、「そこまでくると、松ぞうじいさんの目に、なみだがきらりとひかりました」と書いてあるから、松ぞうじいさんはきつねだと考えることができるよ。（92字）

・「山野さんは、むかいあったふたりをぱちりとうつしました」と書いてあるし、松ぞうじいさんが「ついてきなせえ」と言ったところがあるので松ぞうじいさんやとび吉がきつねだと考えた。（86字）

このように、【物語の一部】から言葉や文を取り上げて書いているが、取り上げた言葉

や文をもとに、どうして松ぞうじいさんやとび吉がきつねだと考えるのかを書いていない反応が、25.8％あった。このように解答した子供は、松ぞうじいさんやとび吉がきつねであることが分かる叙述を取り上げることはできているが、その叙述を基にして、松ぞうじいさんやとび吉がきつねである理由を解釈することができていないと考えられる。

〈誤答例②〉

> ・しっぽが少し出ていて、このしっぽはきつねだなと思ったからです。そして、しゃべり方もきつねみたいで、目も動物みたいな目だったからです。（66字）

このように、叙述を基にせず、想像したことを書いている反応も見られた。このように解答した子供は、言葉を正確に理解した上で、叙述を基に想像しながら読むことができていないと考えられる。

◆改善の方向

本問の誤答傾向を見ると、必要な叙述を見付けることができなかったり、叙述を基に理由を明確にして考えをまとめることができなかったりする反応が見られる。物語を読み、叙述を基に理由を明確にして、自分の考えをまとめる力を育成することが必要である。

叙述を基に理由を明確にして自分の考えをまとめるためには、まず、読む目的を明確にして必要な叙述を見付ける必要がある。そのためには、場面の展開に沿って、登場人物の行動や会話、気持ちの変化や性格、相互関係や心情、情景描写や表現の効果などを捉えて読むことが重要である。特に高学年では、感動やユーモアなどを生み出す優れた叙述、暗示性の高い表現、メッセージ性を意識させる表現などに着目して読むことができるような指導を強化する。

また、複数の場面の叙述を相互に関係付けながら読むことができるようにすることが大切である。物語全体を見通すことができるような学習シートを用いたり、ＩＣＴを活用したりしながら、どの叙述に着目したのかを明確にすることができるように指導することが考えられる。

このようにして必要な叙述を取り上げた上で、叙述を基にしてどう考えたのかをまとめることが求められる。その際、自分の考えがどの叙述に基づいているのかを明らかにしながら交流すると効果的である。交流することで、それぞれの考えが既有の知識や体験、読書経験に基づいていたり、他の叙述を関係付けられていたりすることに気付くことができるようにすることが大切である。

3　小学校算数科の記述式問題〜つまずきにどう対応するか

(1)　算数科の記述式問題の特徴

　小学校算数の調査問題については、次のような考え方に立脚している。

> 　算数科の学習においては、言葉や数、式、図、表、グラフなどを用いて、筋道を立てて説明したり論理的に考えたりして、自ら納得したり他者を説得したりすることができることが大切である。

　このことを踏まえ、次の「事実」、「方法」、「理由」の３種類に分類して記述内容に関わる問題を出題している。

a　「事実」を記述する問題

　算数科の学習では、数量や図形、数量の関係を考察して見いだした事実を確認したり説明したりすることが大切である。「事実」を記述する問題では、計算の性質、図形の性質、二つの数量の関係などの記述、表やグラフなどから見いだすことができる特徴や傾向の記述を求めている。また、「事実」を記述する際には、説明する対象を明らかにして記述することを求めている。

b　「方法」を記述する問題

　算数科の学習では、問題を解決するために見通しをもち、筋道立てて考え、その考え方や解決方法を説明することが大切である。「方法」を記述する問題では、問題を解決するための自分の考え方や解決方法の記述、他者の考え方や解決方法を解釈して記述することを求めている。また、ある場面の解決方法を基に別の場面の解決方法を考え、その記述を求めている。

c　「理由」を記述する問題

　算数科の学習では、論理的に考えを進めてそれを説明したり、判断や考えの正しさを説明したりすることが大切である。「理由」を記述する問題では、ある事柄が成り立つことの理由や判断の理由の記述を求めている。また、「理由」を記述する際には、「AだからBとなる」のように、Aという理由及びBという結論を明確にして記述することを求めている。さらに、理由として取り上げるべき事柄が複数ある場合には、それらを全て取り上げて記述することが必要となる。

⑵ 正答率が低い問題の状況と改善

① 「事実」を記述する問題（平成 30 年度Ｂ ③(1)）

◆問題と正答率

> メモの情報と棒グラフを組み合わせたグラフを関連付け、総数や変化に着目していることを解釈し、それを言葉や数を用いて記述できるかどうかをみる。
> （正答率 20.9％）

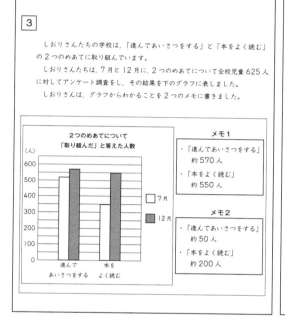

　本問では、「メモ１が 12 月の人数に着目して書かれていること。メモ２が７月の人数と 12 月の人数の差に着目して書かれていること。」を記述する必要がある。

＜正答の条件＞

> 次の①、②の全てを書いている。
> ①メモ１が 12 月の人数に着目して書かれていることを表す言葉や数
> ②メモ２が７月と 12 月の人数の差に着目して書かれていることを表す言葉や数

＜正答例＞

> メモ１は、12 月の人数に着目して書かれていて、メモ２は、７月の人数と 12 月の人数の差に着目して書かれています。

◆正答率が低い理由

　最も反応率が高かった誤答は、解答類型４で正答条件①の「メモ１が 12 月の人数に着目して書かれていることを表す言葉や数を書いているもの」で、11.2％であった。

解答類型２は、「12月の人数に着目して書かれていることと、７月の人数と12月の人数の差に着目して書かれていることは書いているが、メモ１とメモ２のどちらを対象としているのかが明確ではないもの、または対象を誤って書いているもの」であり、反応率は0.1％と低いものの、このような解答をした子供がいることに着目する必要がある。

　これらの誤答傾向から、説明する対象を明確にし、その対象について説明しているという関係性を確実に捉えて思考・表現することができていないと考えられる。また、メモ２が人数の差に着目していることを捉えられていないことから、複数のグラフを関連付けて解釈することができていないと考えられる。

◆改善の方向

　日常の授業における指導場面でも、子供たちが何を取り上げて説明しているのかを注目し、その対象を明確に捉えていない場合は、教師による問い返しが必要である。特に、主語と述語の関係や指示語が指している事柄を明確化することである。「何について説明していますか」「『これ』の『これ』とは何を表していますか」「何と何の関係を説明していますか」などと問い返し、設定された問題場面が説明している内容を正確に理解できるような指導の強化が必要である。子供たちの表現する言葉を注意深く聞き取り、その表現を「事実の説明」の視点から捉えるという意識で指導することが大切であると考える。

　例えば、平成30年度Ｂ①(2)（次頁参照）に、次のような問題が出題されている。出題の趣旨は、「敷き詰め模様の中から図形を見いだし、その構成要素や性質を基に、一つの点の周りに集まった角の大きさの和が360°になっていることを言葉や式を用いて記述できるかどうかをみる」である。正答例は、「点Ｃのまわりには、正三角形が２つと正六角形が２つしきつめられています。正三角形の１つの角の大きさは60°で、正六角形の１つの角の大きさは120°なので、点Ｃのまわりに集まった角の大きさの和は、$60 \times 2 + 120 \times 2 = 360$ で、360°です」などとなる。正答率は48.5％である。問題文で指示している、「着目した図形の名前」と「角の大きさ」を明確にする必要がある。誤答としては、「角の大きさ」を正確に説明できていないものがある。一つの点のまわりが360°になっている事実を、対象から見いだした図形とその構成要素や性質を基に説明することが不十分である。授業においては、子供の目の付け所（数学的な見方）を顕在化させる教師の働きかけが重要である。

はるとさんたちは、次に、**きっこう模様**も調べることにしました。
はるとさんたちが調べている**きっこう模様**は、合同な正六角形でしきつめられていました。
はるとさんたちは、**うろこ模様**と**きっこう模様**について、話し合っています。

はるとさんたちは、さらに、**かごめ模様**も調べることにしました。
はるとさんたちが調べている**かごめ模様**は、合同な正三角形と合同な正六角形でしきつめられていました。

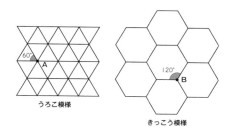

うろこ模様

きっこう模様

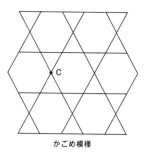

かごめ模様

はると

図形の辺どうしがぴったりあっていて、すきまも重なりもなくしきつめられているので、点Aや点Bのまわりに集まった角の大きさの和は、それぞれ 360° になっているはずです。

ともや

点Aのまわりには、正三角形が 6 つしきつめられています。正三角形の 1 つの角の大きさは 60° なので、点Aのまわりに集まった角の大きさの和は、60 × 6 = 360 で、360° です。

かすみ

点Bのまわりには、正六角形が 3 つしきつめられています。正六角形の 1 つの角の大きさは 120° なので、点Bのまわりに集まった角の大きさの和は、120 × 3 = 360 で、360° です。

はると

点Cのまわりに集まった角の大きさの和は、360° になっています。

(2) 点Cのまわりに集まった角の大きさの和が、360° になっていることを、着目した図形の「名前」と「角の大きさ」がわかるようにして、言葉や式を使って書きましょう。

② 「方法」を記述する問題（平成 29 年度 B ③ (2)）

◆問題と正答率

仮の平均を用いた考えを解釈し、示された数値を基準とした場合の平均の求め方を、言葉や式を用いて記述できるかどうかをみる。（正答率 26.3%）

＜正答の条件＞

次の①、②、③の全てまたは①、②を書いている。
①7 m 20 cm との差の部分の平均を求める式や言葉
②基にした 7 m 20 cm に、求めた平均の 20 cm をたすことを表す数や言葉
③車が進んだ距離の平均が、7 m 40 cm になることを表す数や言葉

次に、車の先頭が④の位置に来るまで輪ゴムをのばした場合の、車が進んだきょりを5回調べ、表2のようにまとめました。表2をもとに、きょりの平均を考えます。

表2 ④の位置に来るまで輪ゴムをのばした場合の記録

回数	車が進んだきょり
1	7 m 52 cm
2	7 m 31 cm
3	7 m 54 cm
4	7 m 20 cm
5	7 m 43 cm

かずやさんは、平均を求める計算を簡単にするために、7 mをこえた部分に着目し、次のように平均を求めました。

【かずやさんの平均の求め方】

7 mをこえた部分の平均を求めます。
$(52 + 31 + 54 + 20 + 43) \div 5 = 40$
7 mに、求めた平均の40 cmをたします。
車が進んだきょりの平均は、7 m 40 cmです。

【かずやさんの平均の求め方】を聞いたはるなさんは、次のように考えました。

はるな

7 mのかわりに、7 m 20 cmをこえた部分に着目しても、平均を求めることができます。

(2) 7 m 20 cmをこえた部分に着目した平均の求め方を、言葉や式を使って書きましょう。

<正答例>

7 m 20 cmをこえた部分の平均を求めます。
$(32 + 11 + 34 + 0 + 23) \div 5 = 20$
もとにした7 m 20 cmに、求めた平均の20 cmを、たします。車が進んだきょりの平均は7 m 40 cmです。

　本問は、理科の学習場面に関連して、ゴムの力で動く車が進んだ距離の平均を求める場面である。実験結果の測定値としていくつかの数量があったとき、それらを同じ大きさの数量にならすことでより妥当な数値が得られる場合がある。その際、飛び離れた数値や予想外の数値があった場合にそのわけを調べ、場合によっては、それらを除いて平均を求めることが必要な場合がある。また、能率的に処理するために、平均がおよそどのくらいかを見積もり、工夫して計算できるようにすることも重要である。

◆正答率が低い理由

<誤答例①>

7 mを基準にして記述しているもの　（反応率17.7%）
・$(52 + 31 + 54 + 20 + 43) \div 5 = 40$
7 m に求めた40 cmをたします。平均は7 m 40 cmです。

　このように解答した子供は、問題に示されている【かずやさんの平均の求め方】をそのまま記述していると考えられる。【かずやさんの平均の求め方】を解釈し、基準とする数値が7 mから7 m 20 cmに変わったことを捉えることができていない。

<誤答例②>

「①を書いているもの」（反応率10.0%）
・$(32 + 11 + 34 + 0 + 23) \div 5 = 20$

このように解答した子供は、7 m 20 cm をこえた部分の平均のみ記述していると考えられる。車が進んだ距離の平均を求めるという目的を確実に捉えて問題解決に向かうことができなかったと考えられる。

◆改善の方向

　日常の授業における指導場面において他者の考え方を解釈する場面をつくり、「対話的な学び」の視点からの授業改善を推進していく必要がある。自分の考え方のみならず、友達の考え方を解釈する場面を丁寧に遂行できるようにする必要がある。思考過程を共有するために、「聞き手」の主体性を重視し、話し手と聞き手が対話しながら共有する過程が重要である。また、他者の考え方を共有した後は、自分一人では考えられなかった解決方法を用いて適用問題を解き、実感的な理解へ導く指導も重要である。

　例えば、平成31年度大問①(3)の問題設定の文脈として、次のような「対話的な学び」の場面が描かれている。

　「【ゆうたさんの求め方】の中の「8×2」が、どのようなことを表しているのかを、まさるさんが説明している場面」である。

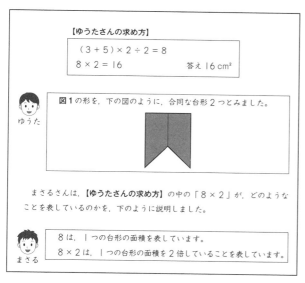

　他者の考えを共有させるための様々な指導方法が提案されている。例えば、「式のみを提示し、図を考えさせる」、その逆として「図から式を考えさせる」としている。また、「考えの途中まで提示し、その続きを考えさせる」などである。

　他者の思考過程に寄り添い、対話的な学びを展開した後には、一人ひとりがそれらの学びを自己内対話によりノート等にまとめる活動を設定することが重要である。

③「理由」を記述する問題（平成28年度B4(3)）

◆問題と正答率

> グラフから貸出冊数を読み取り、それを根拠に、示された事柄が正しくない理由を、言葉や数を用いて記述できるかどうかをみる。（正答率25.0%）

(3) 各学校の図書委員たちは，読書活動をすすめた成果を表すために，4月から7月までの4か月間の「物語」の貸出冊数の変化の様子を，それぞれ折れ線グラフにまとめました。

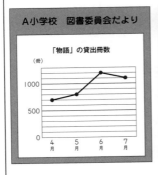

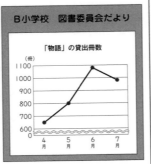

けんたさんは，上の2つのグラフの，5月から6月までの「物語」の貸出冊数の変化の様子を見比べて，次のように言いました。

けんた

A小学校に比べてB小学校のほうが，5月から6月までの線のかたむきが急です。
だから，A小学校に比べてB小学校のほうが，5月から6月までの「物語」の貸出冊数の増え方は大きいです。

けんたさんが言っている，＝＝部のことは正しくありません。
そのわけを，グラフから読み取れる貸出冊数に着目して，言葉や数を使って書きましょう。

本問は、解釈が正しくないことの理由を、グラフの視覚的な変化の様子のみにとらわれずに、グラフから読み取ることができる情報を根拠にして説明することを求めている。日常生活の問題の解決に向けて、必要な情報を収集し、表やグラフに表現することで、事象の特徴を捉えようとする資質・能力の育成は重要である。

＜正答の条件＞

次の①、②、③の全てを書いている。
①A小学校の5月から6月までの「物語」の貸出冊数が、約400冊増えていること。
②B小学校の5月から6月までの「物語」の貸出冊数が、約300冊増えていること。
③A小学校に比べてB小学校のほうが、5月から6月までの「物語」の貸出冊数の増え方は大きくないこと。

＜正答例＞

5月から6月までの「物語」の貸出冊数は、A小学校が約400冊増えていて、B小学校が約300冊増えています。だから、A小学校に比べてB小学校のほうが、5月から6月までの「物語」の貸出冊数の増え方は大きくないです。

◆正答率が低い理由

＜誤答例＞

「③を書いているもの」（反応率は13.6％）
・グラフから貸出冊数を読み取ると、B小学校よりA小学校のほうが貸出冊数の増え方が大きいです。

このように解答した子供は、グラフから読み取れる貸出冊数に着目して解答できていないと考えられる。思考・判断の正しさを説明するためには、明確な根拠を示す必要がある。特に、その根拠を数値として示すことができれば、相手の納得を得やすい。

◆改善の方向

例えば、平成31年度B大問②(3)では、「二つの棒グラフから資料の特徴や傾向を読み

(3) 次に，かいとさんたちは，市全体の水の使用量には，人口が関係しているのではないかと思い，**グラフ2**と**グラフ3**を見つけ，2つのグラフをもとに考えています。

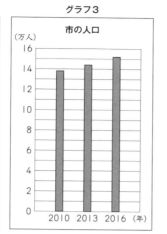

グラフ2　市全体の水の使用量

グラフ3　市の人口

かいと

　私たちは，水を大切に使っているといえるのでしょうか。

ゆうか

　市全体の水の使用量はわかりますが，1人で水をどのくらい使っているのかはわかりません。

あやの

　グラフ2と**グラフ3**を見ることで，1人あたりの水の使用量についてもわかります。

　あやのさんが言うように，**グラフ2**と**グラフ3**を見ることで，2010年から2016年までの1人あたりの水の使用量についてわかることがあります。

　2010年から2016年までの，3年ごとの1人あたりの水の使用量について，どのようなことがわかりますか。

　下の **1** から **4** までの中から1つ選んで，その番号を書きましょう。

　また，その番号を選んだわけを，**グラフ2**と**グラフ3**からわかることをもとに，言葉や数を使って書きましょう。

1　1人あたりの水の使用量は，減っている。

2　1人あたりの水の使用量は，変わらない。

3　1人あたりの水の使用量は，増えている。

4　1人あたりの水の使用量は，増えたり減ったりしている。

取り、それらを関連付けて、一人当たりの水の使用量の増減を判断し、判断の理由を言葉や数を用いて記述できるかどうかをみる。」の趣旨の問題が出題された。正答率は52.3%であった。

　典型的な誤答の具体例は、「一人当たりの水の使用量は、変わらない。」と判断したものであり、反応率は23.7%であった。判断の根拠を説明する場合、本問のように、複数の事柄を関連付けて根拠を明確にすることが必要であり、このことは、前述の「事実の記述」の項目でも述べた。

　日常の授業における指導場面でも、「比較する活動」の際には、「何と何を比較しているのか」や「対象のどこに着目して比較しているのか」「比較した結果を数値で示すことはできないか」など、数学的な見方・考え方を顕在化させる指導が重要である。

4　小学校理科の記述式問題～つまずきにどう対応するか

(1)　小学校理科の記述式問題の特徴

　小学校理科の調査問題では、記述式問題を以下のねらいで出題している。

　①科学的な概念やデータを基に考察し、判断の根拠や理由を示しながら自分の考えを説明することができるかどうかをみる。

　②より妥当な考えをつくりだすために、実験結果を基に分析して考察した内容を記述することができるかどうかをみる。

　③実験結果から言えることだけに言及した内容を記述することができるかどうかをみる。

　また、小学校理科の調査問題では、理科に関する知識・技能の「適用」、「分析」、「構想、「改善」を主な枠組みとして位置付けて出題している。

　「適用」を枠組みとする問題は、学んだ知識・技能を自然や日常生活などに当てはめて用いることができるかどうかを問うものである。問題では、場面として提示された自然事象を的確に捉え、それを既習の内容や生活経験と結び付けて解釈することができるかどうかをみることになっている。

　「分析」を枠組みとする問題は、自然事象との関わりから得られる様々な情報や、観察、実験などの結果について、その要因や根拠を考察し、説明することができるかどうかを問うものである。問題では、場面として提示された自然事象について量的・関係的や質的・実体的などの見方を働かせて捉え、対象から必要な情報を取り出し、「比較」や「原因と結果」などの関係で考察しているかどうかをみることになっている。

　「構想」を枠組みとする問題は、知識・技能を用いて、様々な場面や文脈において、問題点を把握し、解決の方向性を構想したり、問題の解決方法を想定したりすることができるかどうかを問うものである。問題では、提示された自然事象について生じた疑問から問題を見いだし、その問題を解決するために、自然事象に関係があると考えられる要因を洗い出し、条件を制御するといった考え方を用いたり、予想や仮説が確かめられた場合に得られる結果を予想したりするなど、解決に向けた方法を発想できるかどうかをみることになっている。

　「改善」を枠組みとする問題は、自分や他者の考えについて、多様な観点からその妥当性や信頼性を吟味することにより、自分の考えを批判的に捉え、改善し、より妥当な考え

をつくりだすことができるかどうかを問うものである。

(2) 正答率が低い問題の状況と改善

① 「適用」における記述式問題（平成27年度②(5)）

◆問題と正答率

> 植物の適した栽培場所について、成長の様子と日光の当たり方を適用して、その内容を記述できるかどうかをみる。正答率44.4%

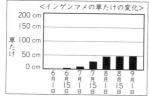 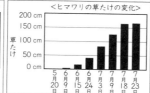

(5) よし子さんたちの学年では、1組と2組が同時にインゲンマメ（つるなし）とヒマワリの種子を学校の畑にまくことにしました。
下の観察記録は、よし子さんが過去にインゲンマメとヒマワリをそれぞれ育てたときの草たけの変化を記録したものです。

これらの観察記録から、インゲンマメとヒマワリの種子を学校の畑のどの場所にまくと、**成長するまでインゲンマメとヒマワリの両方に日光がよくあたる**と考えられますか。下の **1** から **4** までの中から1つ選んで、その番号を書きましょう。また、その番号を選んだわけを書きましょう。

 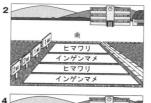

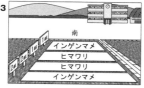 

本問では、「植物の成長には、日光や肥料などが関係していること」と、「太陽が東の方から南の空を通って西の方へ動くこと」を適用して、栽培に適した場所を考察する必要がある。判断した理由として、第4学年の「季節と生物」の学習を通して獲得した「植物の成長は、季節によって違いがあること」といった知識と共に、「インゲンマメはヒマワリより草たけが低い」といった両種の草丈の関係についてグラフから読み取った事実を問題場面と結び付け、「インゲンマメを南側に植えるとヒマワリのかげにならない」などのように日光の当たり方について解釈した内容を記述することが求められている。

〈正答の条件〉

> 番号を4と解答し、次の①、②の全てを記述している。
> ① 「インゲンマメはヒマワリより草たけが低い」や「ヒマワリはインゲンマメより草たけが高い」など、グラフからインゲンマメがヒマワリより低いことを示す趣旨で解答しているもの
> ② 「インゲンマメを南側に植えるとヒマワリのかげにならないから」や「ヒマワリを北側に植えるとインゲンマメにも日光があたるから」など、日光の当たり方を示す趣旨で解答しているもの

〈正答例〉

> ・インゲンマメはヒマワリより草たけが低いので、インゲンマメを南側に植えるとヒマワリのかげにならないから。

◆正答率が低い理由

　判断の理由を示すには、事実や解釈したことを根拠として記述する必要性を理解していないことが考えられる。

◆改善の方向

　対話的な学びにおいては、自分の考えを他者に伝えるために、その考えに至った根拠を示して説明することが求められる。本問のように、獲得した知識を日常生活などに適用する場面においては、当てはめて考えようとする状況を的確に捉え、既習の内容や生活経験で獲得した内容を根拠として解釈したことを説明することになる。例えば、植物の適した栽培場所を判断する場合においては、既習である植物の成長の様子と日光の当たり方を適用して考察することになる。指導に当たっては、話合いの前に、説明しようとする内容をノートなどに記述し、考えの根拠が説明できているかどうかをあらかじめ確認するなどの工夫が考えられる。

② 「分析」における記述式問題（平成30年度2(3)）

◆問題と正答率

> 　より妥当な考えをつくりだすために、実験結果を基に分析して考察し、その内容を記述できるかどうかをみる。正答率20.2%

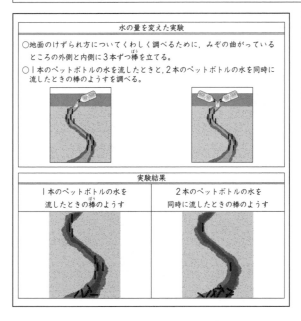

(3) 上の実験の結果から、川を流れる水の量が増えると、川の曲がっているところの外側と内側の地面のけずられ方は、どのようになると考えられますか。下の **1** から **4** までの中から1つ選んで、その番号を書きましょう。また、その番号を選んだわけを実験結果の「水の量」と「棒のようす」がわかるようにして書きましょう。

1 外側も内側もけずられる。
2 外側も内側もけずられない。
3 外側だけがけずられる。
4 内側だけがけずられる。

　本問では、大雨が降ったときの地面の削られ方について実験結果を基にして考察するために、一度に流す水の量を増やした場合の棒の様子と水の量を増やす前の棒の様子とを比較し、分析して考察することが必要である。判断した理由としては、「水の量」と「棒のようす」について言及しながら記述することが求められている。

178 Chapter 3 ■教科等横断的な視点に立った読解と記述～全国学力調査からのメッセージ

〈正答の条件〉

> 番号を1と解答し、次の①、②の全てを記述している。
> ①「2本のペットボトルの水を同時に流して、水の量を増やすと」など、条件について、一度に流す水の量を増やしたことを示す趣旨で解答しているもの
> ②「みぞの曲がっているところの外側と内側の両方とも棒がたおれたから」など、実験結果について溝の曲がっているところの外側と内側の両方で棒が倒れた様子を示す趣旨で解答しているもの

〈正答例〉

> ・2本のペットボトルの水を同時に流して、水の量を増やすと、みぞの曲がっているところの外側と内側の両方とも棒がたおれたから。

◆正答率が低い理由

判断した根拠となる事実として、一度に流す水の量を増やしたときに、溝の曲がっているところに立てた外側の棒も内側の棒も倒れた様子を的確に記述できないことが考えられる。

◆改善の方向

問題を解決するために行った実験の結果を分析して考察し、その内容を記述できるようにするためには、観察、実験の結果から得られた「事実」とその「事実」から考えられる「解釈」の両方を示しながら、説明できるようにすることが必要である。 指導に当たっては、『全国学力・学習状況調査の結果を踏まえた授業アイディア例』（右図）で示すように、まずは、客観的な視点をもって観察、実験で得られた結果を事実として整理

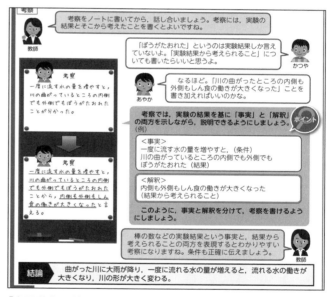

『全国学力・学習状況調査の結果を踏まえた授業アイディア例』
小学校（一部抜粋）

し、その事実から考えられた解釈を「考えられること」として付け加えて表現することで、他者の納得が得られるより的確な説明になることを捉えられるように指導することが大切である。例えば、本問の内容では、実験結果である倒れた棒の本数を表などに整理して、考えの根拠となる事実を明確にした上で記述するといった学習活動が考えられる。

③ 「分析」における記述式問題（平成 27 年度③(6)）

◆問題と正答率

> 析出する砂糖の量について分析するために、グラフを基に考察し、その内容を記述できるかどうかを
> みる。正答率 29.2%

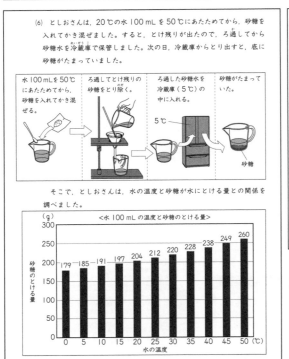

(6) としおさんは、20℃の水 100 mL を 50℃にあたためてから、砂糖を入れてかき混ぜました。すると、とけ残りが出たので、ろ過してから砂糖水を冷蔵庫で保管しました。次の日、冷蔵庫からとり出すと、底に砂糖がたまっていました。

水 100 mL を 50℃にあたためてから、砂糖を入れてかき混ぜる。 → ろ過してとけ残りの砂糖をとり除く。 → ろ過した砂糖水を冷蔵庫（5℃）の中に入れる。 → 砂糖がたまっていた。

そこで、としおさんは、水の温度と砂糖が水にとける量との関係を調べました。

＜水 100 mL の温度と砂糖のとける量＞

0℃:179 5℃:185 10℃:191 15℃:197 20℃:204 25℃:212 30℃:220 35℃:228 40℃:238 45℃:249 50℃:260

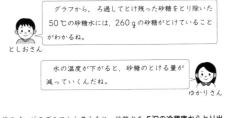

グラフから、ろ過してとけ残った砂糖をとり除いた 50℃の砂糖水には、260 g の砂糖がとけていることがわかるね。　としおさん

水の温度が下がると、砂糖のとける量が減っていくんだね。　ゆかりさん

前のページのグラフから考えると、砂糖水を 5℃の冷蔵庫からとり出したとき、とけきれなくなってたまっていた砂糖は約何 g だと考えられますか。下の 1 から 4 までの中から 1 つ選んで、その番号を書きましょう。また、その番号を選んだわけを書きましょう。

1　約 19 g
2　約 75 g
3　約 185 g
4　約 260 g

　本問では、溶け残った砂糖の量について考察するために、グラフから 50℃のときと 5℃のときの砂糖の溶ける量を読み取り、その差を温度が 5℃に下がったときの析出量として判断することが必要である。判断した理由としては、5℃まで冷やすと溶ける量が 185 g になることを根拠として、析出量について分析し的確に記述することが求められている。

〈正答の条件〉

> 番号を 2 と解答し、次の①、②の全てを記述している。
> ①「（5℃まで冷やすと）185 g までしかとけない」など、グラフに示された砂糖の溶ける量のうち、5℃で 185 g までしか溶けないことを示す趣旨で解答しているもの
> ②「とけきれなくなって出てくるのは、50℃と 5℃のときのとける量の差」など、50℃で溶ける砂糖の量 260 g と 5℃で溶ける砂糖の量 185 g との差や、50℃のときと 5℃のときの溶ける量の変化を示す趣旨で解答しているもの

〈正答例〉

> ・5℃まで冷やすと 185 g までしかとけず、とけきれなくなって出てくるのは、50℃と 5℃のときのとける量の差だから。

◆正答率が低い理由

〈誤答例①〉

・温度を下げると溶けきれなくなった分だけ、砂糖が底にたまるから。

〈誤答例②〉

・水が100mLだから、75gだと思いました。

　誤答例①は、実験から得られた事実を根拠とせず、既有の知識をもって説明しているに止まり、グラフから読み取った事実とその事実を根拠として解釈したことを記述することができていない。誤答例②は、50℃と5℃のときに水に溶ける砂糖の量の差から析出した砂糖の量を導き出すことができているが、事実としてグラフから読み取った内容や、読み取った事実を基に解釈したことを記述できていない。考えたことを他者に説明する場面では、自分の考えを示すだけでなく、その考えを導き出した経緯や根拠を示す必要があることが理解できていない。

◆改善の方向

　自然事象についてグラフを基に定量的に分析して考察するためには、グラフから読み取れることを実際に目の前で起こる現象と関係付けて捉えることが大切である。本問のように、水溶液の温度が下がった際に析出する溶質の量を考える際には、水に溶ける量の変化とその要因となる温度とを関係付けて考えることが重要である。まずは、水の温度が上がると溶質が溶けていく様子とともに、温度が下がると溶質が析出する様子をじっくりと観察する場面を設定することが重要である。

　その上で、水に溶けている溶質の量を電子てんびんなどを用いて可視化し、析出する場合も含めて水の温度変化に伴って溶けている溶質の量の変化をおお

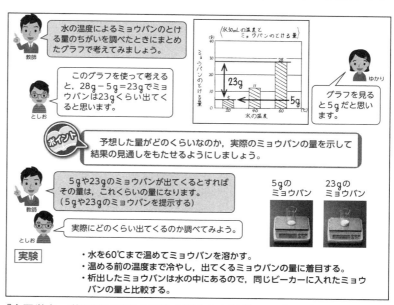

『全国学力・学習状況調査の結果を踏まえた授業アイディア例』小学校（一部抜粋）

むね捉えられるようにすることが考えられる。

④ 「改善」における記述式問題（平成30年度④(4)）

◆問題と正答率

実験結果から言えることだけに言及した内容に改善し、その内容を記述できるかどうかをみる。正答率36.0%

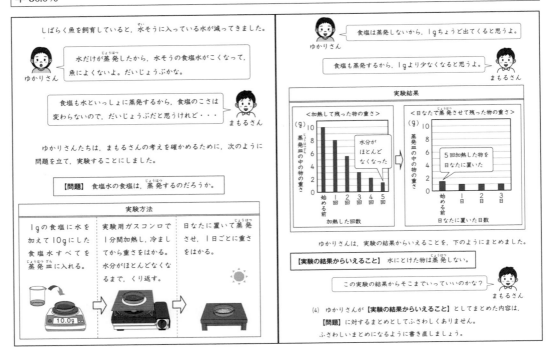

本問では、食塩水を蒸発させても食塩は蒸発しないことについて考察するために、食塩水を蒸発させた結果を分析して考察することが必要である。また、学習問題に対して実験の結果から導き出したゆかりさんの考えをより妥当な考えに改善するためには、実験で得られた結果を事実として的確に捉え、言えることだけに言及することが必要である。学習問題に対するふさわしいまとめとしては、「水にとけた物は蒸発しない」としたまとめに対して、設定した問題に立ち返った上で、実験結果は食塩のみで得られたものであることから、食塩が蒸発しないことだけの言及に止めた内容に改善し、記述することが求められている。

〈正答の条件〉

・「食塩水の食塩は、蒸発しない」など、食塩のみが蒸発しないことを示す趣旨で解答しているもの

〈正答例〉

・食塩水の食塩は、蒸発しない。

◆正答率が低い理由

〈誤答例①〉

・溶かした食塩は全て残っている。

〈誤答例②〉

・食塩が残るので、水が蒸発しても残る。

　誤答例①や②は、実験結果を分析して考察し、問題に正対した結論を導き出す過程において、実験結果をそのまま結論として記述していることから、実験結果と考察、結論のそれぞれで求められる記述すべき内容を理解していないことが考えられる。

◆改善の方向

　理科における問題解決の活動では、自然事象についての学習問題を観察、実験など科学的に解決する活動を通して、より妥当な考えをつくり出し、結論として導き出すことになる。

　実験結果を基に分析し、学習問題に正対した結論を導き出すためには、学習問題に立ち返り、実験などで得られた結果を客観的に分析し、実験結果から言えることだけに言及した内容かどうかについて検討することが大切である。指導に当たっては、実験によってどこまでが明らかになってどこからが明らかになっていないのかを意識できるようにし、結論としてまとめようとしている内容が、明らかになった範囲を超えていないか確認する場を設けることが考えられる。また、対話的な学びの視点による授業改善を通して、問題解決の様々な場面で自分の考えを表現し、他者の考えを基に自分の考えを振り返ったり見直したりするなどの対話的な学びを重視した学習活動を展開することを重視する中で、より妥当な考えをつくり出す力を育成することが大切である。

【参照】

　　https://www.nier.go.jp/kaihatsu/zenkokugakuryoku.htm
　○「全国学力・学習状況調査　調査問題」(小学校国語、小学校算数、小学校理科)
　○「全国学力・学習状況調査　解説資料」(小学校国語、小学校算数、小学校理科)
　○「全国学力・学習状況調査　報告書」(小学校国語、小学校算数、小学校理科)
　○「全国学力・学習状況調査の結果を踏まえた授業アイディア例　小学校」

5　教科等横断的な視点に立つ読解と記述の連動

　国語の記述式問題では、「話すこと・聞くこと」、「書くこと」、「読むこと」の言語活動を遂行する際に意識される相手や目的、意図、場面や状況などに応じて自分の考えを明確にすることが問われる。算数では、「事実」、「方法」、「理由」の３分類で記述式問題を出題している。数量や図形、数量の関係において示される事実を確認し、解決の方法を検討し、一定の考えに至る理由や根拠を論理的に説明することが問われる。理科では、理科に関する知識・技能の「適用」、「分析」、「構想」、「改善」の４分類で記述式問題を出題している。科学的な概念やデータを基に結果から言及できる範囲で考察し、より妥当な考えをつくり出していく過程を重視している。

　記述式問題は、国語、算数、理科それぞれの教科の特性に即して出題されているので、課題を統合することは難しい。ただ、全国学力調査における課題の多くが読解及び記述に関するものである。次は、今回の結果分析を通して浮かび上がった３教科に共通する課題である。

☑読解の側面

1　問題そのものが読めていない。 　☞設定されている問題場面（リード文や設問文）を的確に捉えることが十分でない。 2　問題に埋め込まれた情報に溺れている。 　☞問題に埋め込まれた事実を事実として認識した上で正確に取り出すことが十分でない。 3　複数の情報を関係付けることに抵抗がある。 　☞文字情報と図や表、グラフなどに含まれる情報とを関係付けることが十分でない。

☑記述の側面

4　各教科等における見方や考え方を働かせた説明ができない。 　☞どのような見方で、どう考えたのかという思考を論理的に説明することが十分でない。 5　事実認識が甘く、理由や根拠が脆弱である。 　☞考えに至った理由や根拠について必要な情報を用いて説明することが十分でない。 6　相手を意識した説明ができていない。 　☞自分なりに理解していることを相手にも分かるように説明することが十分でない。

こうした共通する課題を改善するためには、教科等横断的な視点に立って読解と記述を連動させていくことが重要である。次に七つの改善のポイントとその関係図を示し、各々について述べる。

①所与のテキスト形式の理解と対応
②複数の資料や過多な情報の処理
③内的な思考・判断の言語化
④所与の条件に即した記述
⑤他者からのフィードバックによる精査
⑥短時間に読み、短時間に書く状況の設定
⑦読み書きの体幹の強化

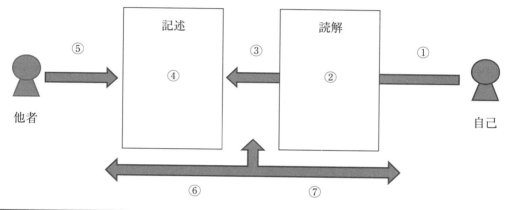

①所与のテキスト形式の理解と対応

テキストは、各教科等によって多様な捉え方がある。例えば、社会科では社会的事象の全てがテキストとなる。それは、人間の社会的な行為やその結果としてのしくみなど、社会生活の維持、向上に欠かせない人の営みや物事などである。算数・数学科では、身の回りにおける数量や図形にかかわる事柄などがテキストとなる。それは具体物を伴って表れるものであり、言葉や数、式、図・表、グラフなどの表現手段を用いて書き表れる。理科では、自然の事物や現象、観察・実験の結果などがテキストである。理科の場合、作者の意図のような予め決められ、埋め込まれた意味は存在しないのが特徴である。音楽科では、楽譜や歌詞、それをもとにして演奏されたものなどがテキストである。それは耳に届く鳴り響くものとして表現されたものを含む。図画工作、美術では、形や色、材料、作品そのものがテキストである。ただ、そこにあるだけではなく、能動的な行為を伴うことでテキストとなる。技術・家庭科では、衣食住や家庭の生活などに関する事物や事象、技術など

がテキストである。様々なメディアやプログラムなどのシステムや情報を含む。保健体育科では、心と体に関する事実や事例、技能などがテキストとなり、目の前で展開される運動、その動きを観察した結果も対象となる。こうした広範な意味をもつテキストの読解を通して、記述という行為へと移行していくことになる。

　国語科におけるテキストは、文字言語と音声言語を媒介にした語や文、文章などである。PISA調査の読解リテラシーに係るテキスト形式には、連続型テキストと非連続型テキストがある。連続型テキストは、文章、そして段落から構成されているものである。非連続型テキストは、図、グラフ、表などがそれに当たる。前述のとおり、非連続型テキストの読解に課題がある。記述には、読解の対象を認識し理解することが前提となる。

　各教科等の学習指導においては、テキストの読解の状況を言語化したものが記述という活動となる。音声言語による話合いと異なり、記述には一定の負荷がかかる。記述の目的や課題、方途を吟味した上で、それを課すことが大切である。

　国語科で身に付けた「書くこと」の能力を基盤としつつ、各教科等における資質・能力としての思考力、判断力、表現力の指導と評価の一体化を図る上でも記述という活動を一層重視することが重要である。

②複数の資料や過多な情報の処理

　資料と情報を区別して捉えることが重要である。資料は先に①で述べたとおり、テキストと置き換えたほうが分かり易い。資料の種類や形態にはそれぞれの特徴がある。例えば、各教科等で活用する紙媒体としての新聞記事は、事件や事実の周辺や背景を解説したり、筆者の見解や評論を記したりしている。インタビュー記事は、取材に基づく根拠となる事実の一つとなる。図表は客観的なデータとして論拠となり価値がある。こうした言語形式（様式、書式）の特性を捉えないと必要な情報が見えていない。資料に記載されている内容は全てが情報である。多くの情報の中から何が大切かを判断できないと情報に溺れてしまう。

　情報収集したあとの処理や整理が重要である。他者から付与されたり、自らが収集したりした情報を取捨選択する際、目的に応じて必要か否かを十分に検討することが大切である。情報を比較・分析しながら事実と感想、意見などを区別し、自分の考えの根拠となる情報を的確に取り出し整理する手続きを丁寧に行うことが大切である。総合的な学習の時間などで用いている、「考える技法」や「思考ツール」を各教科等でも有効に活用すると

よい。

③内的な思考・判断の言語化

　平成29年要領において思考力、判断力、表現力等を育成することが求められている。その際、内的な思考・判断が肝である。外言として言語化することで、内言としての思考・判断が顕在化され、それを検討し合うことを通して高次化することができる。

　内的な思考・判断の言語化に関しては、各教科等における言語活動の質の再考が大切となる。各教科等における言語能力の育成の要は、引き続き言語活動の充実である。学習指導要領改訂の度に何かを変えなければならないという意識が強まるが、これまでの成果は継続し深化させていくことが重要である。平成20年改訂では、特に「思考力・判断力・表現力等」を育み、各教科等の目標を実現するための手立てとして、言語活動の充実について規定した。その成果として、全国学力調査結果などから、言語活動の充実が子供の学力の定着に寄与したとの報告がある。各教科等においては、今後も一層「記録、要約、説明、論述、話合い等」の言語活動を通して言語能力を育成するという基本的な考え方は踏襲しつつ、従前の言語活動の在り方に再考を加えたい。

　例えば、各教科等で頻出する「説明」という言語活動を展開するとき、どのような目的や条件が示されていたであろうか。言語活動の量的な側面から子供に多くの表現機会が保障されたことを是としつつ、言語活動の質の向上へと展開させたい。表層的な活動主義に陥ってはいけない。言語能力を構成する資質・能力は、①テクスト（情報）を理解するための力が「認識から思考へ」という過程の中で、②文章や発話により表現するための力が「思考から表現へ」という過程の中で働いている。算数と理科の言語活動で検討してみる（下線は筆者によるもの）。

・「三角形、平行四辺形、ひし形及び台形の面積の求め方を、具体物を用いたり、言葉、数、式、図を用いたりして考え、説明する」といった算数的活動の充実（算数）
・「観察、実験の結果を整理し考察する学習活動や、科学的な言葉や概念を使用して考えたり説明したりするなどの学習活動」の充実（理科）

　上記に付した傍線部は、一重線が①、二重線が②に当たる。今後は、「思考力・判断力」と「表現力」とを効果的につなぎ、言語活動に何を求めるかを再考することが重要である。形式的な「表現力」との関連だけで言語活動を捉えるのでなく、「思考力・判断力」の関連から言語活動の質を高め、言語能力の育成を図りたい。

④所与の条件に即した記述

　国語科のみならず各教科等において、自由に記述する学習活動は比較的多い。それのほうが、子供たちは束縛されることなく、豊かに表現できる。しかし、フリーばかりでは放任と捉えられることもある。全国学力調査においては、文章や資料の内容を分析したり、物事を論理的に説明したりする記述に課題がある。自由な記述と厳密な規定、条件等に即応した記述とを区別した指導が必要である。

　条件を検討する際、例えば、国語科においては次のような観点が考えられる。

> 時間／字数／文章の形態や種類／文体（常体・敬体、一人称・三人称等）／テーマ／対象／使用語彙／要約／引用／事例／技法（反復・倒置・比喩・反語等）／構成（頭括型・尾括型・双括型、現在→過去→現在等）等

　このような条件に即応するには、優れたモデルを意図的に提示することが重要である。モデルを基に獲得した知識を活用したり模倣したりしながら、具体的な記述の仕方を繰り返し指導することが重要である。各教科等においても記述を取り入れる際、漫然とした問いではなく、走り高跳びのようなバーを与えることも重要である。日常的には、本時の課題に対するまとめ（解答）を記述する際、「時間（Zikan）」と「字数（Zisuu）」を提示するとよい。また、「条件（Zyoken）」として教師側から必須となる用語なども与えるとよい。「時間」「字数」、そして「条件」の頭文字（平仮名）を使った、「３Ｚ（ゼット）」を意識して記述の場面を工夫する。

⑤他者からのフィードバックによる精査

　記述したものについては、適切な他者評価が必要である。教師による目標に準拠した評価は当然として、子供相互の評価も重要である。そのためには、記述した内容を作品化し交流して、よい点や改善点を出し合うなどの相互評価が記述する意欲の喚起と持続化につながる。それは、完成後だけでは不十分である。記述の完成に向けた中途での精査が重要である。自分だけが分かり納得していても、他者にはそれらが十分に伝わっていないことが日常よく起こることである。目的や条件を踏まえた記述になっているか否かという視点から他者からのフィードバックを得る場を効果的に設定することが重要である。生産性のある「対話的な学び」を一層促進させる。

⑥短時間に読み、短時間に書く状況の設定

　高度情報化社会という概念は一昔前のものとなり、今後はＡＩが社会を席捲する超スマート社会が到来する。一層、日常的に見聞きするメディアを含む情報に主体的に関わり、目的や意図に応じて情報を操作し、適切に処理するという一連の情報活用能力が求められている。また、その活用には今後一層の即時性や高速な処理が必要な場面も想定される。ある意味、全国学力調査は、初見の問題を所定の時間内で解答するという、情報処理の場面であり、習得した知識及び技能を活用する能力が問われている。

　こうした観点に立つと、各教科等における記述にも短時間における簡潔性や論理性を育成することが必要となる。適切な付与条件に即応し、短時間に読み、短時間で簡潔に記述する機会を多く設定するなどの指導が大切である。それは、長文の記述にも貢献していくものと考える。

⑦読み書きの体幹の強化

　日常的かつ継続的に記述の機会を増やすことにより、その能力は高まると考えられる。時機を捉えた話題や新聞記事などについての感想や意見を書き留めさせたり、日々の感動体験を短作文帳などに随時自由に記録させたりする。教師は、話題や新聞記事などを分析的に捉える視点などを一覧にして示したり、感想や意見のよさや着眼点を交流する場を設定したりすることが考えられる。記述することを日常化し、継続して取り組むことで様々な事象などについて深く考えることができるように支援することは重要である。

　読み書きの体幹を強化することは、表現主体である自己を形成することにつながる。他者や事象への認識を高め、自己の在り方や生き方を深く考え、それを表現することで他者を理解しようとする態度を育成する。こうした自己表現や他者理解という視点を踏まえた、各教科等の学習指導、とりわけ国語科の現状はどうであろうか。日頃、教室の中の子供たちは、読みや表現の主体者としてどう位置付けられ、その主体性を育成するために教師はどのような配慮や支援を工夫しているかを問う必要がある。子供たち一人ひとりの思いや考えを表出する場をどう保障し、それらをどのように生かし認めているか、また、教師主導の授業から脱却し、子供が能動的に探究する課題解決的な学習の展開をどのように工夫するかといった観点を取り上げ、学校全体で点検する必要があろう。さらに、子供たちの学校や家庭等での実生活における現状にも目を向けたい。直接的な自然体験、社会的・文化的な体験、人・もの・コトとの触れ合いによる感動体験や実社会との関わりによる気付

きや発見が、自己を見つめ、言葉のもつよさを実感し、言葉を豊かに紡いでいくことにどのように貢献しているかという視点からも点検する必要がある。

　子供たちが各教科等における読み書きを厭わず、自主的に読み書きの絶対量を増やしていくような働きかけを工夫していくことで、その体幹は強化されていくに違いない。

おわりに

　本書の刊行に至った契機は、二つある。

　一つ目として、平成19年度から開始された全国学力調査が10回を超える実施を重ねる中で、一度立ち止まってその結果を再検討したいとの考えが沸き上がった。同調査では読解力において資料の中から必要な情報を適切に取り出すことができず、複数の情報を関係付ける問題になるとお手上げの状態が続いている。記述式問題は、国語科のみならず算数・数学や理科でも大きな課題として横たわっている。今回の執筆により、これまでの同調査のデータを新たな観点から分析することで広範な知見を得ることができた。本書では、一に読解、二に読解、それと同時に記述の連動の重要性を説いた。現下、カリキュラム・マネジメントの充実が叫ばれる中、学習の基盤となる言語能力の要として各教科等においてもより一層読解力と記述力の育成を期待したい。

　二つ目には、近年の学校教育におけるGIGAスクール構想の進展に伴い、文字を"打つ"が主となり"書く"は弱体化へ向かうのではないかという危惧がある。コンピュータでの文字入力も一つの記述と捉えることができるが、鉛筆を持っての記述を軽視してはならない。一人一台端末を活用した授業は不可欠であり、更なる取組が期待される。文部科学省では、令和6（2024）年を目途に全国学力調査をCBT化する予定である。筆者は、令和4（2022）年1月より国立教育政策研究所委託事業「全国学力調査のCBT化に向けたCBTの特性を生かした出題内容・出題方法に係る調査研究」の主査（小学校国語）を務めている。世界諸国と共通に受検するPISA調査は横書きの連続型テキスト、そして非連続型テキストがふんだんに掲載され、それらを読解していく必要がある。国語科の調査問題が縦書きから横書きへと移行せざるを得ない状況も理解しなければならない。今後においては、タイピングのスピードを速めることができるよう、ICTを文房具のように使いこなしていくことが求められる。しかし、言わずもがな、鉛筆をはじめとする筆記具を用いた縦書きのテキストを読み書きする日本文化は不滅である。CBTに順応することを含めて、筆記具で記述する機会を重視することは不易である。

　本書では、順調に向上しない記述を確かな読解と連動させる必要性を主張した。重層的な読解を重視しながら合目的な記述が重なり、読解力と記述力とを相乗的に育成する指導の方向を提起した。本書が、全国の先生方の指導改善の後押しになれば幸いである。読解力と記述力の育成は国語科の指導改善が要であると同時に、国語科と他教科等とが連動することにより、一層の効果を上げることが期待される。

　最後に、本書の刊行の機会を与えてくださった教育出版各位、とりわけ編集の阪口建吾さま、武井学さまに企画段階からお世話になった。そして、全国の優秀な研究者や実践者にも情報提供を頂いた。ここに記して感謝を申し上げる。

参考

1 国立教育政策研究所教育課程研究センター、『平成 19 年度　全国学力・学習状況調査解説資料　小学校国語』、平成 19 年 5 月

2 文部科学省　国立教育政策研究所、『平成 19 年度　全国学力・学習状況調査　小学校報告書』、平成 20 年 1 月

3 国立教育政策研究所教育課程研究センター、『平成 20 年度　全国学力・学習状況調査解説資料　小学校国語』、平成 20 年 4 月

4 文部科学省　国立教育政策研究所、『平成 20 年度　全国学力・学習状況調査　小学校報告書』、平成 20 年 11 月

5 国立教育政策研究所教育課程研究センター、『平成 21 年度　全国学力・学習状況調査解説資料　小学校国語』、平成 21 年 4 月

6 文部科学省　国立教育政策研究所、『平成 21 年度　全国学力・学習状況調査　小学校報告書』、平成 21 年 12 月

7 国立教育政策研究所教育課程研究センター、『平成 22 年度　全国学力・学習状況調査解説資料　小学校国語』、平成 22 年 4 月

8 文部科学省　国立教育政策研究所、『平成 22 年度　全国学力・学習状況調査　小学校報告書』、平成 22 年 10 月

9 国立教育政策研究所教育課程研究センター、『平成 24 年度　全国学力・学習状況調査解説資料　小学校国語』、平成 24 年 4 月

10 文部科学省　国立教育政策研究所、『平成 24 年度　全国学力・学習状況調査　小学校報告書』、平成 24 年 9 月

11 国立教育政策研究所教育課程研究センター、『平成 25 年度　全国学力・学習状況調査解説資料　小学校国語』、平成 25 年 4 月

12 文部科学省　国立教育政策研究所、『平成 25 年度　全国学力・学習状況調査　小学校報告書』、平成 25 年 8 月

13 国立教育政策研究所教育課程研究センター、『平成 26 年度　全国学力・学習状況調査解説資料　小学校国語』、平成 26 年 4 月

14 文部科学省　国立教育政策研究所、『平成 26 年度　全国学力・学習状況調査　小学校報告書』、平成 26 年 8 月

15 国立教育政策研究所教育課程研究センター、『平成 27 年度　全国学力・学習状況調査解説資料　小学校国語』、平成 27 年 4 月

16 文部科学省　国立教育政策研究所、『平成 27 年度　全国学力・学習状況調査　小学校報告書』、平成 27 年 8 月

17 国立教育政策研究所教育課程研究センター、『平成 28 年度　全国学力・学習状況調査解説資料　小学校国語』、平成 28 年 4 月

18 文部科学省　国立教育政策研究所、『平成 28 年度　全国学力・学習状況調査　小学校報告書』、平成 28 年 8 月

19 国立教育政策研究所教育課程研究センター、『平成 29 年度　全国学力・学習状況調査解説資料　小学校国語』、平成 29 年 4 月

20 文部科学省　国立教育政策研究所、『平成 29 年度　全国学力・学習状況調査　小学校報告書』、平成 29 年 8 月

著者

樺山　敏郎　大妻女子大学 教授

　　　　　　元文部科学省国立教育政策研究所　学力調査官（兼）教育課程調査官

　　　　　　・『平成29年改訂　小学校教育課程実践講座国語』、編著、ぎょうせい、2017

　　　　　　・『資質・能力を育成する小学校国語科 授業づくりと学習評価』、共編著、明治図書、2021　他

執筆協力者（2022年3月現在）

荒木　昭人　神奈川県相模原市立双葉小学校 指導教諭

尾崎　裕樹　鹿児島県肝属郡錦江町教育委員会 指導主事

小林　詠二　茨城県古河市教育委員会指導課 副参事

高橋　聡子　岩手県一関市立中里小学校 副校長

積田　裕子　千葉県教育庁東上総教育事務所夷隅分室 指導主事

庭田　瑞穂　青森県中津軽郡西目屋村立西目屋小学校 校長

樋口　浩　埼玉県さいたま市立針ヶ谷小学校 教頭

平山　道大　北海道教育庁オホーツク教育局 主査

藤田　陽子　茨城県ひたちなか市立枝川小学校 スクールサポーター

山中　謙司　北海道教育大学旭川校 准教授

　　　　　　（元文部科学省国立教育政策研究所　学力調査官（兼）教育課程調査官）

読解×記述
重層的な読みと合目的な書きの連動

2022年6月23日　第1刷発行

著　者　樺　山　敏　郎

発行者　伊　東　千　尋

発行所　教　育　出　版　株　式　会　社

〒135-0063　東京都江東区有明 3-4-10　TFTビル西館
電話　03-5579-6725　振替　00190-1-107340

©T. Kabayama 2022　　　　　　　印刷　モリモト印刷
Printed in Japan　　　　　　　　製本　上島製本

落丁・乱丁本はお取替いたします

ISBN978-4-316-80488-0　C3037